조선시대 언간을 통해 본 왕실 남성의 삶

이 저서는 2016년 대한민국 교육부와 한국학중앙연구원(한국학진흥사업단)의
한국학총서 사업의 지원을 받아 수행된 연구임(AKS-2016-KSS-123001)

한국학총서 조선시대 언간을 통해 본 남성과 여성의 삶 ❶

조선시대 언간을 통해 본 왕실 남성의 삶

배영환 지음

역락

국어학을 공부하면서 새로운 자료를 대할 때면 늘 마음이 설렌다. 자료를 발굴하고 그것의 가치를 조명하면서 새로운 의미를 부여할 때의 희열은 가슴 속 깊은 울림으로 남기 때문이다. 하지만 내가 과연 자료를 제대로 해석했을까 하는 자괴감이 생길 때마다 가슴 한 켠에 부끄러움이 솟아나는 것 또한 사실이다. 소중한 가치를 지닌 자료를 면밀하게 해석하지 못한 것은 아닐까 하는 의구심을 지니고 더 잘할 수 있었을 텐데 하며 아쉬움을 느끼는 마음은 연구자라면 누구나 겪는 일이기에 때로는 숙명처럼 받아들이고 가끔은 스스로를 채찍질하면서 버텨오고 있는지도 모른다.

'언간', 조선시대 한글 편지를 처음 대한 것도 어찌 보면 숙명이었을지 모른다. 자료를 대하는 자세와 배움의 태도를 실천으로 보여주시는 이광호 교수님, 그리고 열정이 곧 학인의 길임을 올곧게 보여주시는 황문환 교수님 덕분에 언간과의 만남이 가능했다. 언간과 필사본 자료에 대한 관심은 그분들의 일깨움 덕분이라 할 수 있다. 그분들의 학문적 역량과 열정을 하루아침에 따라잡을 수 없어 송구스러운 마음도 들지만, 그보다는 오늘의 부족한 필자가 이만큼 성장하는 데에 두 분께서 보여주신 애정에 더 큰 감사를 드리는 마음이다.

그동안 필자가 언간 자료를 수없이 다루면서 많은 논문을 써 왔지만 이 연구는 모두 국어학적 논의였기에 조선시대 언간을 통해 본 왕실 남성의 삶을 다루는 주제에 접근하기 위해서는 전혀 다른 시각이 필요했다. 언간의 세세한 내용을 많이 알고 있다고는 하지만 '삶'에 초점을 두고 한 편의 책을 쓴다는 것은 필자에게는 큰 모험이었다. 그럼에도 불구하고 잘할 수 있을 것이라는 막연한 기대와 동료들의 응원 덕분에 한국학진흥사업단의 공모 사업에 도전했고 운이 좋게도 선정되었다.

하지만 막상 집필을 앞둔 상황이 되니 점점 자신이 없어지고 필자의 능력 밖이라는 생각에 움츠려들기도 했다. 지금까지 해 왔던 글쓰기 방식과는 전혀 다른 능력이 필요했기 때문이다. 특히 총서의 한 책을 완성해야 한다는 부담감과 함께 연구 책임자로서 사업을 이끌어 가고 조율하는 일까지 해야 하는 것이 버겁게도 느껴졌다.

필자가 평소 대학원 학생들에게 강조하는 말이 있다. 글을 쓸 때는 '一以貫之'해야 한다는 것이다. 이렇게 강조하는 이유는 필자 또한 이것이 어렵게 느껴지기 때문이다. 집필 후에 돌아보니 이 책 역시 '일이관지'가 잘 안 되어 있는 것은 아닌가 하는 부끄러움이 앞선다. 아마도 본격적인 연구서도 아니고 대중서도 아닌 어정쩡한 결과물이 아닐까 하는 두려움 때문일 것이다.

그럼에도 불구하고 이 부끄러운 책을 내는 데 많은 분의 도움이 있었다. 눈길을 걸을 때 앞선 사람의 발자국을 따라 걷는 것도 좋지만, 함께 나란히 그 발자국을 남기는 것이 더 큰 가치를 지닐 수 있다. 그런 의미에서 같은 분야의 공부를 하고 비슷한 길을 걸어가며 함께 고민을 나눌 수 있는 동료가 있다는 사실은 내 삶의 가장 큰 행운이다. 신성철 선생님과 이래호 선생님! 늘 옆에서 많은 도움을 주고 학문적인 자극을 주신다. 또 이남희 교수님은 이 책을 쓰는 데 많은 도움을 주셨다. 아울러 부족한 필자를 학문의 세계로 이끌어 주시고 학문하는 자세의 결과 마음의 무늬를 새겨 주신 이광호 선생님과 황문환 선생님, 조항범 선생님께 새삼 깊은 감사의 말씀을 드린다. 정리되지 않은 원고를 멋지게 책으로 만들어 주신 역락 출판사 이대현 사장님과 강윤경 대리님께도 특별히 감사를 드린다. 끝으로 곁에서 묵묵한 응원을 보내는 아내와 곁에 없는 시간에도 따스한 햇빛 한 조각을 품게 해 준, 사랑스러운 두 딸 유빈, 유정에게도 고맙다는 말을 전한다.

2021.12. 저자 씀.

● 차례

Ⅰ. 조선시대 한글 편지의 현황 및 특징

1. 조선시대 한글 편지란?

조선시대 한글 편지를 흔히 '언간'이라고 한다. 언간은 언문으로 작성된 편지를 말하는데, 언문이란 조선시대 우리글, 즉 '한글'을 가리킨다. 현대 사회에서는 편지를 쓸 일이 많지 않지만 조선시대에서 편지쓰기는 멀리 떨어져 있는 가족이나 친척, 또는 친구에게 소식을 전할 수 있는 가장 대표적인 수단이었다.

조선시대 편지쓰기 방식은 남성과 여성에서 차이가 있다. 편지는 기본적으로 편지를 쓰는 발신자와 편지를 받는 수신자 사이에 주고받는 내용으로 이루어진다. 이때 발신자와 수신자가 모두 남성일 경우, 즉 남성들끼리 편지를 주고받을 때에는 대부분 한문으로 편지를 작성하였다. 이를 한문 간찰이라고 한다. 반면, 발신자와 수신자 가운데 여성이 있을 경우에는 언문, 즉 한글로 사연을 적게 된다. 이를 한글 편지 또는 언간이라고 하였다.

현재까지 소개된 언간 자료는 약 3,000여 건이 넘는 것으로 알려졌다.

이들 언간은 15세기 이른 시기의 편지부터 19세기 말에 걸쳐 시기적으로 폭넓게 분포하고 있다. 특히 언간은 발신자를 기준으로 할 때 남녀노소는 물론이고 계층적으로도 최하위 계층에서부터 최상위 계층인 왕에 이르기까지, 언문을 이해하는 계층이라면 누구나 이용했다는 점에서 자료적 가치가 있다.

2. 한글 편지의 주요 현황

현재까지 알려진 한글 편지 가운데 최초의 편지는 대전 회덕 지역에서 발굴된 〈신창맹씨묘출토언간〉이다. 이른바 '나신걸 언간'으로 불리는 이 편지는 함경도로 군관을 나간 나신걸이 고향에 있는 아내 '신창맹씨'에게 쓴 것이다. 나신걸의 생몰년(1461~1524)을 감안할 때 이 편지는 15세기 말(구체적으로는 1490년대)에 쓰였음을 알 수 있다. 이 편지는 군인이라는 신분 때문에 고향에 갈 수 없는 상황과 집안의 농사 문제를 아내에게 부탁하는 내용 등을 담고 있다. 특히 훈민정음이 만들어진 지 불과 50여 년 만에 지방에 거주하고 있는 부부 사이에 편지를 주고받았다는 사실에서, 새로운 문자인 훈민정음이 당시에 많이 보급되었음을 추측해 볼 수 있다.

한편 초기의 편지 가운데 가장 관심을 끌었던 자료는 〈순천김씨묘출토언간〉이다. 1977년 충북 청주 북일면 순천김씨 묘에서 편지 192건이 출토되었는데, 이를 흔히 〈순천김씨묘출토언간〉으로 불렀다. 그 가운데 한글 편지는 189건이다. 이들은 모두 임진란 이전 16세기 중후반에 쓰였다는 점에서 중세국어 자료로 관심을 끌었다. 〈순천김씨묘출토언간〉의 주된 필사자인 신천강씨는 고향이 경상도 '선산'으로 알려졌다. 신천강씨는 선산에서 태어나 거기서 성장기를 보낸 후, 서울로 시집와서 살았으며, 말년에는 경상도로 다시 내려가서 살았던 것으로 추정된다. 이 편지는 조선시대의 다른 자료에 비해 여성의 목소리가 주체적으로 드러나는 특성을 갖는다. 즉, 신천강씨가 딸인 순천김씨에게 쓴 편지에서는 육십이 넘어서 겨우 말단 찰방 벼슬을 한 남편에게 새로운 여자가 생겼다며 죽고 싶다고 하소연하는 대목이 있는데, 이는 부부의 의리를 저버린 남편에 대한 서운한 감정을 고스란히 드러낸다. 이 편지를 통해 조선시대 사대부가 여성의 목소리를 직접 들을 수 있는 점에서 소중한 자료라고 할 수 있다.

16세기 말에 쓰인 〈이응태묘 출토 언간〉 역시 많은 관심을 끌고 있다. 이 편지는 1998년에 발견되었다. 이는 먼저 세상을 떠난 남편에게 쓴 한 건의 관중서(棺中書)로서, '이응태 부인 언간', 또는 '원이 엄마 편지' 등으로 불리기도 한다. 이 편지에는 평생을 함께하자 했던 남편이 갑자기 죽자 혼자 어떻게 살아갈지를 남편에게 한탄하는 내용을 담고 있다. 특히 편지의 뒷부분에는 뱃속에 있는 아기는 누구를 보고 아빠라고 하느냐는 대목이 있어 사연을 읽는 사람의 눈시울을 뜨겁게 한다. 부부간의 사랑을 담은 이 편지는 고등학교 교재에도 소개될 정도로 널리 알려져 있다.

한편, 〈진주하씨묘출토언간〉 역시 경상도 지역에서 쓰인 가문 편지라는 점에서 여러 가지로 관심을 끈다. 〈진주하씨묘출토언간(현풍곽씨언간)〉은 1989년 경북 달성에서 발굴되었는데, 진주하씨의 남편 곽주의 언간을 비롯해서 진주하씨 주변의 인물이 작성한 것으로 168건에 이른다. 이 편지는 그 시기 이 지역의 생활풍습뿐 아니라 언어적 특성도 드러내므로 중요한 연구자료로 이용된다. 특히 질병과 치료, 금기 일과 삼갈 일 등의 생활 습속과 민간 신앙은 물론 아이들의 교육, 언문 가르치기 등 17세기 경상도 사대부가의 일상의 모습이 잘 나타나 있다.

〈이동표가 언간〉은 경상도 지역의 전형적인 사대부인 이동표가 쓴 언간을 말한다. 그중 이동표가 과거를 보면서 파방을 겪었던 일들을 편지 사연 속에 담고 있어 주목된다. 아울러 어머니와 서모에게 보낸 편지 등에서 당시의 과거 시험 장면이나 경상도 지역의 일상적인 모습 등도 엿볼 수 있다.

또, 〈'선찰' 소재 언간〉, 〈'선세언독' 소재 언간〉, 〈송준길 후손가 언간〉 등은 대진에 세기해 오던 온진 송씨 가문의 편지로, 역시 이 지역과 이 가문의 생활풍습 등을 잘 드러낸다. 이 지역에 대대로 내려오던 이들 한글편지는 현재까지 400여 건으로 알려져 있다. 이들 편지에는 당대의 생활 양상, 문화 등이 고스란히 드러나 여러 방면에서 관심을 끌고 있다.

〈총암공수묵내간 소재 언간〉과, 〈창계선생묵보국자 소재 언간〉은 창계 '임영'과 관련이 있는데, '임영'은 전라도 나주 지역에 세거해서 살았던 인물이다. 이 편지는 남동생 임영이 누나한테 쓴 편지로 이러한 유형의 발·수신 관계의 편지가 드물다는 점에서 의의가 있다.

또, 〈해남윤씨가 언간〉 등은 고산 윤선도 가문에서 내려오는 편지로 여러 대에 걸쳐 쓰인 편지인데 당시의 전라도 지역의 문화 등이 잘 드러난다.

〈의성김씨 학봉 김성일가 언간〉은 가문 편지로, 특히 경상도 지역의 여성 편지가 주류를 이룬다는 점에서 자료적 가치가 있다. 이 편지의 대부분은 아내인 여강이씨가 벼슬길에 나가 있는 남편 김진화에게 쓴 것이다. 편지에는 임지에 가 있는 남편을 대신해 집안 대소사를 관장하며 살아가는 모습, 그리고 남편이 무탈하게 지내기를 바라는 마음, 그리고 남편의 첩에 대한 본처의 감정 등 조선 후기 경상도 여인이 처한 삶의 모습이 잘 드러나 있다.

또, 〈추사가언간〉과 〈추사 언간〉은 추사와 추사 가문에서 전해져 내려오는 편지이다. 추사의 집안은 충남 예산 지역에 살아왔는데, 추사 언간의 경우에는 추사가 임지인 여러 지역에서 보낸 편지와 유배지인 제주도에서 보낸 편지가 있어 발신지 측면에서 독특하다고 할 수 있다. 아울러 그 당시 제주도의 생활 모습 등이 간접적으로 드러나 있다.

〈송병필 후손가 언간〉은 충북 영동 지역에서 쓰인 편지로, 19세기 말부터 20세기 초 충청도 지역의 일상의 모습이 잘 드러나 있다. 특히 송병필의 딸들이 쓴 편지는 노비 때문에 힘들어 하는 모습, 남편이 첩을 두어 집안을 돌보지 않아 어렵게 살아가는 19세기 후반의 여인의 모습 등을 담고 있다.

한글 편지 가운데는 왕실의 편지도 있는데, 대표적인 편지로는 〈숙명신한첩〉과 〈숙휘신한첩〉이라고 할 수 있다. '숙명신한첩'은 효종의 둘째 딸인 숙명공주가 왕실의 주변 인물과 주고받은 편지를 모은 것이다. 아울러 '숙휘신한첩'은 효종의 셋째 딸 '숙휘공주'와 인평위 '정제현'을 중심으로 주고받은 편지집이다. 이들은 대체로 17세기 국어를 반영할 뿐 아니라 그 당시 왕실 문화를 간접적으로 보여준다는 측면에서 귀중한 자료라고 할 수 있다.

정조 역시 한글 편지를 남겼다. 정조의 한문 간찰첩이 최근에 발견되어 흥미를 끈 바가 있지만, 정조는 이미 세손 때부터 왕위에 오른 후까지 지속적으로 한글 편지를 써왔다. 다만, 외숙모 '여흥민씨'와 생질녀 청선공주의 딸과 같이 수신자가 여성이라는 특징이 있다. 특히 정조의 한글편지에서는 어머니 혜경궁 홍씨에 대한 효도심과 외숙모에 대한 지극한 사랑 등이 잘 드러나 있다.

〈순원왕후 한글 편지〉는 조선 후기 막강한 권력을 구축했던 안동 김문의 여성인 순원왕후의 편지라는 점에서 여러 관심을 끌고 있다. 아들과 손자까지 잃은 상황에서 뜻하지 않게 정권을 잡게 되고 그러한 가운데 측근들을 믿고 나갈 수밖에 없는 순원왕후의 인간적인 면모 등이 잘 드러난다. 아울러 손자인 헌종을 잃은 슬픔과 철종을 왕위에 오르게 하면서 느끼는 불안함 등 정치적 상황과 관련된 감정을 담고 있어 주목된다.

〈명성황후 한글 편지〉 역시 130여 건이 넘는 많은 편지가 현재까지 전한다. 명성황후 편지는 이전에 알려지지 않았던 명성황후의 인간적 면모와 정치적 상황 등을 살필 수 있는 자료이다. 다만, 많은 편지에 비해 동일한 내용이 반복된다는 점에서 자료적 가치는 상대적으로 떨어진다고 할 수 있다.

이 밖에 흥선대원군 역시 한글 편지를 남겼는데, 흥선대원군이 톈진의 보정부에 유배되었을 때 아들 이재면, 그리고 며느리인 명성황후에게 보낸 편지가 있다. 특히 이 편지에서는 며느리인 명성황후를 '마노라'로 칭했다는 점에서 '마누라'가 현대적 의미와 달랐음을 알 수 있다.

3. 한글 편지의 자료적 가치

조선시대 언간 자료에 대한 특징은 대부분 국어사적 가치를 논하는 가운데 다루어졌다. 특히 기존 논의는 간본 자료와 비교하여 언간 자료의 특성을 '일상성', '자연성', '구어성', '개인성', '사실성' 등이 두드러진다고 하였다. 그런데 언간 자료의 이러한 특성은 국어학 측면에서 부각된 것이다. 언간 자료는 국어사적 측면뿐만 아니라 역사적 측면에서도 충분히 자료적 가치가 있다. 더욱이 언간 자료는 발신자와 수신자가 주고받은 것이므로 그 사연 속에는 지금까지 밝혀지지 않은 많은 역사적 사실이 숨어 있을 것이다.[1]

3.1. 일상 생활적 특징

언간은 공적인 영역에서는 사용이 제한되었지만 사적인 영역에서는 일상생활에서의 감정을 전달하는 가장 보편적인 수단이었다. 즉, 남녀노소나 왕실, 또는 사대부가 등에서 언간은 매우 폭넓게 실용되었다. 특히 발신자나 수신자 가운데 여성이 개재할 경우는 필연적으로 언간으로 사연을 전달하였다. 그러므로 언간에는 당시의 일반 사람들, 즉 남녀노소의 일상생활이 잘 드러난다. 이런 점들을 미루어 볼 때 언간은 조선시대의 일상 생활사를 엿볼 수 있는 중요한 자료 중의 하나라고 할 수 있다.

흔히 '생활사'란 '인간의 일상적인 생활 모습이나 생활양식 또는 그 변화상을 추구하는 역사의 한 분야'라고 할 수 있는데, 언간에는 이러한 특징이 잘 드러난다. 언간에 담겨진 다양한 사연은 왕이나 사대부, 일반 백성, 또는 남성이나 여성 등 신분이나 성별을 초월하여 인간의 보편적인 감정을 담고 있는 것이다. 이러한 보편적인 감정은 결국 한국인에 내재한 감정의 원형과 직접적으로 맞닿아 있다. 그러므로 언간에 나타나는 인간의 보편적인 감정을 통해 한국인의 감정의 원형을 재구성해 볼 필요가 있으며, 이는 현재를 살아가는 현대인에게도 많은 시사점이 있으리라 판단된다.

(1) 안부 그지업시 수업시 ᄒᆞ뇌 지븨 가 어마님미라 아기라 다 반가이 보고 가고져 ᄒᆞ다가 쟝쉬 혼자 가시며 날 몯 가게 ᄒᆞ시니 몯 가 ᄃᆞᆫ녀가뇌 이런 민망ᄒᆞ고 셜온 이리 어듸 이실고 군과늘 ᄌᆞ망ᄒᆞᆫ 휘면 내 ᄆᆞᄋᆞ모로 마디 몯ᄒᆞᄂᆞᆫ 거실쇠 가디 말라 ᄒᆞᄂᆞᆫ 거술 긋드리 가면 병조의셔 회덕 골로 힝이ᄒᆞ여

1 이 부분은 배영환(2018)의 내용을 참조함.

자바다가 귀향 보낼라 ᄒᆞ니 이런 민망ᄒᆞᆫ 이리 어ᄃᆡ 이실고 아니 가려 ᄒᆞ다가 몯 ᄒᆞ여 영안도로 경셩 군관 ᄒᆞ여 가뇌〈신창맹씨-1, 나신걸→신창맹씨〉

[안부를 그지없이 수없이 하네. 집에 가 어머님과 아기 다 반가이 보고 가고자 하다가 장수(將帥)가 혼자 가시며 날 못 가게 하시니, 다녀가지 못하네. 이런 민망하고 서러운 일이 어디에 있을꼬? 군관(자리)에 자망한 후면 내(자기) 마음대로 말지(그만두지) 못하는 것일세. 가지 말라고 하는 것을 구태여 가면 병조(兵曹)에서 회덕 고을(관아)로 문서를 발송하여 조회하여 잡아다가 귀향 보낼 것이라 하니 이런 민망한 일이 어디에 있을꼬? 아니 가려 하다가 못하여 영안도(永安道=咸鏡道)로 경성(鏡城) 군관이 되어 가네.]

위의 편지는 남편인 '나신걸'이 고향에 있는 아내 '신창맹씨'에게 보낸 것으로 현재까지 소개된 언간 가운데 최초의 것으로 알려졌다. 위의 편지에서 '나신걸'은 고향인 회덕에 있는 아내에게 편지를 보내면서 어머님과 아기가 보고 싶어 집에 다녀가고 싶지만 장수가 집에 가지 못하게 하여, 결국 고향에 가지 못한다는 안타까운 사연을 적고 있다. 아울러 군관을 자망하면 마음대로 할 수 없고 고향에 가지 말라고 하는데 굳이 간다면 병조에서 잡아다가 귀향을 보낸다고 썼다. 여기에서 당시의 군기와 관련된 생활사 내용을 엿볼 수 있는데, 즉, 장수가 군관을 통제하고 있고 그 명령을 따르지 않을 경우 귀향 보낸다는 사실이다. 또, 예나 지금이나 가족을 두고 군대를 가는 일이 얼마나 힘겨운 일인가를 잘 드러내고 있다.

한편, 한글 편지는 그 당시 민간에서 성행했던 신앙생활을 보여 주기도 한다.

(2) 동토 방법

븟두막 우희 세 우믈 믈을 기러다다가 병의 녀허 엄나모 가지ᄅᆞᆯ 병 부리의 박고 그 병을 달ᄒᆞᆫ ᄯᅡ희 갓다가 두로 다히면 븟는 고디 잇거든 그 ᄯᅡ희 기음의털을 놋코 ᄉᆞ 모흐로 피마ᄌᆞᄯᅢᄅᆞᆯ 셰오고 남글 갓가 네 모희 나모 목 ᄌᆞ 열식 써셔 당쳐 셰우고 ᄒᆡᄉᆞᆷ과 사ᄅᆞᆷ의 니 ᄲᅡ딘 거슬 뭇고 무든 사ᄅᆞᆷ이 바로 오디 말고 잠간 밧그로 나셔 도라보디 말고 드러오면 즉시 둇ᄂᆞ니라 ᄯᅩ 방튝의 바근 남글 ᄲᅢ혀다가 동토ᄒᆞᆫ 고듸 것구로 박고 도라오면 즉시 둇ᄂᆞ니라 찰방게셔 ᄀᆡ별ᄒᆞ야시니 즉시 이대로 ᄒᆞ라〈이동표가-05, 1658~1700년, 이동표→미상〉

[부뚜막 위에 세 곳의 우물의 물을 길어다가 병에 넣어 엄나무 가지를 병 부리에 박고 그 병을 부드럽게 고른 땅에 가져다가 두루 대면 붙는 곳이 있거든 그 땅에 띠를 놓고 네 방향으로 피마자대를 세우고 나무를 깎아 네 방향에 나무 목(木) 자 열 개씩 써서 꼭꼭 다져 세우고, 해삼과 사람의 이 빠진 것을 묻고, 묻는 사람이 바로 오지 말고 잠깐 밖으로 나가서 (뒤를) 돌아보지 말고 들어오면 즉시 좋아진다. 또 방축의 밖에는 나무를 뽑아다가 동토한 곳에 거꾸로 박고 돌아오면 즉시 좋아진다. 찰방께서 기별하였으니 즉시 이대로 하라.]

위의 편지는 이동표가 집안에서 쓰인 것인데, 수신자는 정확히 누구인지 나타나지 않는다. 다만, 동토(동티)[2] 방법이 소개되어 있어, 이 편지를 통해 당시 행해졌던 동토의 방법을 자세히 알 수 있다. 위에서 이동표는 '소퇴계'라고 일컬어졌을 만큼 유교 사상이 강했다고 알려졌는데, 이동표의 집안에

2 땅, 돌, 나무 따위를 잘못 건드려 지신(地神)을 화나게 하여 재앙을 받는 일. 또는 그 재앙.〈표준국어대사전〉

서도 민간 신앙으로 간주될 '동토'를 믿고 동토 방법을 행했다는 점에서 당시의 풍습을 가늠해 볼 수 있다. 나아가 여기 제시된 동티 방법은 경상도 지역에서 실제 행해진 민간 신앙이라는 점에서 관심을 끈다.

3.2. 정치적 특징

언간 자료는 발신자와 수신자가 주고받은 것이므로 그 사연 속에는 지금까지 밝혀지지 않은 많은 역사적 사실이 숨어 있다. 이는 언간이 아주 생생한 정보를 담고 있는 1차 사료이기 때문이다. 특히 언간에는 여성이 정치에 개입한 내용이 많이 나타난다. 남성은 한문으로 사연을 적어 보낼 수 있었지만 한문에 능숙하지 않았던 여성은 언간을 통해 정치적인 이야기를 했기 때문이다. 그 가운데 특히 〈순원왕후언간〉은 흥미로운 정치적 이야기를 많이 담고 있다.

(3) 일월이 무졍ᄒᆞ여 인봉이 얼프시 디나시고 ᄉᆞ우ᄀᆞ디 디나시니 원확 통운ᄒᆞ기 그음업고 텬품의 명민 긔이ᄒᆞ시던 거시 그린 �떡이 되며 녜일이 되여시니 이제야 뉘가 본셩의 비샹ᄒᆞ시던 줄을 알 니가 업스니 앗갑고 원통ᄒᆞ기 죽기 젼 엇디 이질고 ᄒᆞᆫ갓 믈욕의 ᄆᆞ든 님군으로만 알 일이 원통 원통히 나ᄂᆞᆫ 완득ᄒᆞ여 시식이 여젼ᄒᆞ니 이러ᄒᆞᆫ 졍니ᄂᆞᆫ 다시 업ᄂᆞᆫ ᄃᆞᆺ히 쥬상긔셔 태평ᄒᆞ시고 오월이나 보니 텬셩이 슌젼이 챡ᄒᆞ시니 잘만 보도ᄒᆞ면 아모 념녀가 업슬 ᄃᆞᆺᄒᆞᄃᆡ 그러ᄒᆞᆯ 수가 업스니 속의 시름이로세〈순원(어필1)-03,1849, 순원왕후→김흥근〉

[일월이 무정하여 국상이 어렴풋이 지나가고 사우제(四虞祭)까지 지났으니 원확 통운(通運)하기 한이 없고 천품이 명민하고 기이하시던 것이 그린 떡이

되며 옛일이 되었으니 이제야 누가 본성이 비상하시던 것을 알 리가 없으니 아깝고 원통하기 죽기 전 어찌 잊을꼬. 한갓 물욕에 묻은 임금으로만 알 일이 원통하고 원통하오. 나는 완득(頑得)하여 시식이 여전하니 이러한 정리는 다시 없는 듯하오. 주상께서 태령하시고 오월이나 보니 천성이 순전히 착하시니 잘만 도와 이끌면 아무 염려가 없을 듯하되 그러할 수가 없으니 속의 시름이로세.]

(4) 대뎐의셔 결단코 그른 일은 아니실 거시오 바히 총도 업디 아니시고 슌실ᄒᆞ신 ᄌᆞ품이니 그대로만 보도ᄒᆞ면 태평이오리이다 쌕쌕ᄒᆞᆫ 고집은 약간 겨시나 츈츄 더ᄒᆞ시면 그도 나으시오리이다 억셕ᄒᆞ여 일변 심ᄉᆞ가 엇더타 ᄒᆞᆯ 길이 업습더이다 ᄂᆡ뎐ᄂᆡ ᄉᆞ업이 어이 잇ᄉᆞ오리잇가마ᄂᆞᆫ 하ᄂᆞᆯ긔 명모 타기를 긔구이 ᄒᆞ여 이 터를 거듭 당ᄒᆞ여 흥쇠가 여긔 이ᄣᅢ 달녀시니 샹감 셩취의 내 죄 잇고 업기 ᄆᆡ여시니 여의ᄒᆞ면 조종의 뵈올 안면이 이실 거시니 이거시 내게ᄂᆞᆫ ᄉᆞ업이니 슈ᄆᆡ지간이나 닛고 ᄒᆞ리라 엇디 ᄆᆞ음 노하 디내오리잇가 ᄇᆞ라ᄂᆞᆫ ᄆᆞ음은 내 긔츌 ᄌᆞ손의 비ᄒᆞ여 몃 ᄇᆡ가 더ᄒᆞᆯ 줄 모ᄅᆞ게습ᄂᆞ이다〈순원(어필1)-10,1851, 순원왕후→김흥근〉

[대전(大殿)에서 결단코 그른 일은 아니하실 것이오 전혀 총도 없지 아니하시고 순실하신 자품이니 그대로만 보도하면 태평(太平)입니다. 빽빽한 고집은 약간 있으시나 춘추(春秋) 더하시면 그도 나으실 겁니다. 억석하여 일변 심사가 어떠하다 할 길이 없더이다. 내전 내 사업이 어이 있습니까마는 하늘에 명모 타기를 기구이하여 이 터를 거듭 당하여 흥쇠(興衰)가 여기 이때 달렸으니 상감 성취의 내 죄 있고 없기 매였으니 여의하면 조종의 뵈올 안면이 있을 것이니 이것이 내게는 사업이니 수매지간이나 있고 할 사람이나 어찌 마음 놓아 지내오리까?]

(5) 대뎐의셔도 츈츄 더ᄒᆞ시고 태평이 디내시니 흔만ᄒᆞ오며 텰념을 ᄒᆞ니 외면 과연 싀훤타 ᄒᆞᄃᆡ 속은 것만 ᄀᆞᆮ디 못ᄒᆞ여 답답ᄒᆞ오이다 엇디 만긔지무를 급족이 다 잘ᄒᆞ실 길이야 잇ᄉᆞ오리잇가마ᄂᆞᆫ 보도를 잘ᄒᆞ여 ᄀᆞᄅᆞ쳐 드려야 될 일이니 속이 답답ᄒᆞ오이다 이 ᄆᆞ옴은 언제나 싀훤히 트일디 모ᄅᆞ게ᄉᆞ오며 판셔ᄂᆞᆫ 내 말대로 ᄒᆞ려니와 젼혀 당신으로 만은ᄒᆞ실 길 업스니 아ᄃᆡᆨ 보아 드리면 잘 아라 공ᄉᆞ의 무폐 무탈ᄒᆞ면 됴코 견ᄃᆡ여 가려니와 이와 샹반ᄒᆞ면 엇디ᄒᆞᆯ디 ᄯᅡᆨᄒᆞ오이다 속의 ᄀᆞ득ᄒᆞᆫ 말이 잇ᄉᆞ오나 다 ᄒᆞ디 못ᄒᆞ옵이다〈순원(어필2)-07,1851, 순원왕후→김흥근〉

[대전(大殿)에서도 춘추(春秋) 더하시고 태평(太平)이 지내시니 흔만(欣滿)하며, 철렴(撤簾)을 하니 외면(外面) 과연 시원하다고 하되, 속은 겉만 같지 못하여 답답합니다. 어찌 만기지무(萬機之務)를 급자기(急-) 다 잘할 길이야 있겠습니까마는 보도(輔導)를 잘하여 가르쳐 드려야 될 일이니 속이 답답합니다. 이 마음은 언제나 시원이 트일지 모르겠으며 판서(判書)는 내 말대로 하려니와 전혀 길이 없으니 아직 보아 드리면 잘 알아 공사(公私)에 무례(無禮) 무탈(無頉)하면 좋고 견디어 가려니와 이와 상반(相反)하면 어찌할지 딱합니다. 속에 가득한 말이 있으나 다 하지 못합니다.]

순원왕후는 재종 동생인 김흥근에게 편지를 보내 정치적인 문제를 자주 논의하였다. 순원왕후는 순조와 헌종에 이어서 두 번에 걸쳐 수렴청정을 할 정도로 기구한 삶을 살았지만, 그만큼 조선 후기 권력의 핵심에 있었다고 할 수 있다. 순원왕후의 편지에는 왕에 대한 언급이 나타나는데, 특히 철종에 대한 평가가 자주 나타난다. (3)에서는 순원왕후가 손자인 헌종에 대해 설명하는 대목이 나타난다. 순원왕후는 헌종에 대해 "천품이 명민하고 기이한 것이 그림의 떡이 되었다"라고 하면서 한갓 물욕에 먼 임금으로 기억될까 원통하다는 평가를 하였다. 그리고 철종에 대해 언급한 대목이 있는데, 순원왕후는 "천성이 착하니 잘만 이끌면 아무 탈이 없을 것으로 보지만 그럴 수가 없어 시름"이라고 하였다. 이 편지는 철종이 왕위에 오른 후 5개월이 흐른 뒤에 쓴 것으로 순원왕후는 철종에 대해 부정적인 평가를 내리고 있었음을 추정해 볼 수 있다.

(4) 역시 철종에 대한 평가와 기대를 동시에 나타내고 있다. 철종에 대해 "총기도 있고, 성품이 순실하여 그대로 이끌면 태평"하겠다고 언급하고 있다. 또, 성격이 뻣뻣한 고집은 있지만 그것도 나이를 먹으면 나아질 것으로 생각하고 있다. 아울러 철종에 대해 자기 생각대로 되면 조종을 뵐 낯이 있지만 그렇지 않았을 때를 생각해 보면 마음을 놓을 수 없다고 적었다. 즉, 철종을 왕위에 오르게 한 선택이 옳은 것인지 불안한 감정을 그대로 드러내고 있다.

(5)는 순원왕후가 수렴청정을 끝내는 시기에 쓴 편지이다. 철렴을 하면서 시원하기는 하지만 속은 겉만 같지 못하다고 하였다. 그러면서 속에 할 말은 많지만 여기에 다 쓰지 못하는 것을 적고 있다. 결국 이러한 사연에서 새로운 왕인 철종에 대한 기대와 그리고 불만과 실망 등을 엿볼 수 있다.

정치적인 사연은 순원왕후뿐만 아니라 명성황후의 언간에서도 확인되는데, 명성황후의 조카인 민영소(閔泳韶)에게 보낸 편지가 다수 전하고 있다.

(6) 글시 보고 야간 무탈ᄒᆞᆫ 일 든든ᄒᆞ며 예ᄂᆞᆫ 샹후 문안 만안ᄒᆞ오시고 동궁 졔졀 ᄐᆡ평 ᄐᆡ평ᄒᆞ시니 츅슈 츅슈ᄒᆞ며 나ᄂᆞᆫ ᄒᆞᆫ가지나 담쳬로 괴롭다 오ᄂᆞᆯ 우후 일긔 청냥ᄒᆞ다 니ᄐᆡ용이ᄂᆞᆫ 옥당 시겨다〈명성황(민)-082, 명성황후(고모)→민영소(조카)〉

[글씨 보고 밤사이에 아무 탈 없이 지낸 일 든든하며, 여기는 임금의 문안

도 아주 평안하시고, 동궁의 정황도 매우 편안하시니 (앞으로도 편안하기를) 축수하며 나는 한결같으나 담체로 괴롭다. 오늘은 비가 온 이후에 맑고 서늘하다. 이태용이는 옥당을 시켰다.]

(7) 글시 보고 야간 무탈ᄒᆞᆫ 일 든든ᄒᆞ며 예ᄂᆞᆫ 상후 문안 만안ᄒᆞ오시고 동궁 졔졀 ᄐᆡ평 ᄐᆡ평ᄒᆞ시니 축슈 축슈ᄒᆞ며 예ᄂᆞᆫ ᄒᆞᆫ가지나 현긔로 괴롭다 오ᄂᆞᆯ 일긔 쳥닝ᄒᆞ다 역과ᄂᆞᆫ ᄒᆞ나 밧 못ᄒᆞ게시니 그 듕 ᄒᆞ나만 긔별ᄒᆞ야라〈명성황(민)-112, 명성황후(고모)→민영소(조카)〉

[글씨 보고 밤사이에 아무 탈 없이 지낸 일 든든하며, 여기는 임금의 문안도 아주 평안하시고, 동궁의 정황도 매우 편안하시니 (앞으로도 편안하기를) 축수하며 여기는 한결같으나 현기증으로 괴롭다. 오늘 일기는 맑고 차다. 역과에서는 하나밖에 (뽑지를) 못하겠으니 그 (여러 사람) 중 하나만 기별하여라(알려라).]

명성황후 역시 정치적인 내용이 담긴 편지를 측근들과 자주 나누었다. 그런데 명성황후의 편지를 살펴보면, 글쓰기 방식이 특이한 사실을 발견할 수 있다. 즉, 명성황후의 편지는 일관되게 '글시 보고'로 시작하여, 상후 문안, 동궁 제절, 그리고 본인의 건강 상태 순으로 기술하는 형식을 보인다. 그리고 나서 비로소 용건을 간단하게 쓰는 방식을 취하고 있다. 위의 두 편지에서도 그러한 양상이 잘 드러나는데, 마지막 내용이 주로 은밀한 정치적인 이야기를 담고 있다. 즉, (6)의 편지에서는 '니ᄐᆡ용'을 옥당에 임명한 사연이 드러나고, (7)은 역관에 관한 이야기가 확인된다. 실제 〈고종실록〉에 따르면, 고종 31년(1894년) 3월에 이태용을 홍문관(弘文館, 玉堂) 부수찬에 임명했다는 기록이 나온다. 이러한 사실은 인사 문제 등과 같이 민감한 정치 문제를 민씨 가문과 긴밀하게 협조했음을 의미한다.

3.3. 지역적 특징

조선시대 언간은 발신자의 출신지나 성장지 또는 거주지에 따라 서울, 경기 지역뿐 아니라 경상도 지역, 충청도 지역, 전라도 지역 등으로 나누어 볼 수 있다. 언간은 여러 지역에서 작성되었기 때문에 당시 각 지역의 시대상을 드러낸다. 특히 추사의 언간에는 타인의 시선으로 본 제주도의 모습이 담겨 있다는 점에서 독특하다.

(8) 북어 죠흔 거슬로 셔올 구홀넌지 ᄒᆞ야 두어 쫴 ᄇᆡ 오ᄂᆞᆫ 편의 잘 부치개 ᄒᆞ옵 팔도의 다 인ᄂᆞᆫ 거시 여긔 업ᄉᆞ오니 그도 아니 고이ᄒᆞ옵 여긔ᄂᆞᆫ 북어 명틔라 말을 듯지도 못ᄒᆞ여습더니다〈추사-36, 1840년~1842년, 추사(남편)→예안이씨(아내)〉

[북어 좋은 것으로 서울에서 구하던지 하여 두어 쾌를 배가 오는 편에 잘 부치도록 하십시오. 팔도(八道)에 다 있는 것이 여기에 없으니 그도 아니 괴이합니까? 여기는 북어, 명태라는 말을 듣지도 못하였습니다.]

(9) 일것 ᄒᆞ야 보낸 촌믈은 마른 것 외의ᄂᆞᆫ 다 샹ᄒᆞ야 먹을 길이 업습 약식 인졀미가 앗갑습 슈이 와도 셩히 오기 어려온듸 일곱 달 만의도 오고 쉬워야 두어 달 만의 오옵ᄂᆞᆫ 거시 엇지 셩히 올가 보옵 셔울셔 보낸 침ᄎᆡᄂᆞᆫ 원악 염을 과히 ᄒᆞᆫ 거시라 변미ᄂᆞᆫ ᄒᆞ야시나 그려도 침ᄎᆡ의 쥬린 입이라 견듸여 먹어습 ᄉᆡ오젓ᄂᆞᆫ 변미ᄒᆞ고 조긔젓과 장복기가 변미 그리 아니ᄒᆞ오니 이샹ᄒᆞ옵 미어와 산포ᄂᆞᆫ 관겨지 아니ᄒᆞ옵 어란 갓튼 거시나 그 즈음셔 엇기 쉽거든

어더 보내ᄋᆸ 산채ᄂᆞᆫ 더러 잇나 보ᄃᆡ 여긔 샤ᄅᆞᆷ은 슌젼 먹지 아니ᄒᆞ오니 고이ᄒᆞᆫ 풍속이ᄋᆸ 고ᄉᆞ리 쇼로쟝이와 두릅은 잇기 혹 어더먹습 도모지 져ᄌᆡ와 쟝이 업ᄉᆞ오니 범거시 ᄆᆡᄆᆡ가 업ᄉᆞ오니 이셔도 모로고 어더 먹기 어렵습〈추사-21, 1841년, 추사(남편)→예안이씨(아내)〉

[일껏 해서 보낸 찬물은 마른 것 이외에는 다 상해서 먹을 길이 없습니다. 악식과 인절미가 아깝습니다. 빨리 와도 성하게 오기 어려운데 일곱 달 만에도 오고 빨리 와야 두어 달 만에 오는 것이 어찌 성히 올까 보옵니다. 서울에서 보낸 김치는 워낙 소금을 과하게 한 것이라 맛은 변하였으나 그래도 김치에 주린 입이라 견디며 먹었습니다. 새우젓은 변미하고 조기젓과 볶은 장은 그리 맛이 변하지 않았으니 이상합니다. 민어와 산포는 상관없습니다. 어란 같은 것이나 그 즈음에서 얻기 쉽거든 얻어 보내십시오. 산채는 더러 있나 보지만 여기 사람은 전혀 먹지 않으니 이상한 풍속입니다. 고사리와 소로장이 두릅은 있기에 혹 얻어먹습니다. 도무지 시장과 장이 없으니 평범한 것이 매매가 없으니 있어도 모르고 얻어먹기 어렵습니다.]

주지하듯이 추사는 1840년부터 1848년까지 약 8년간 제주도에서 유배생활을 하였다. 현재까지 알려진 추사의 한글 편지는 40건이다. 이 가운데 추사가 제주도 유배 당시에 쓴 편지는 21건이다. 위의 (8)과 (9)에 제시된 내용은 추사가 제주 유배 시기에 아내인 예안이씨에게 보낸 편지 가운데 일부이다. (8)의 편지는 제주 유배 시기 중 초기에 쓰인 것으로 볼 수 있는데, 그는 아내에게 북어 좋은 것 두어 쾌를 보내달라고 하면서 "팔도에 다 있는 것이 여기는 없고, 여기 사람들은 '북어'나 '명태'를 들어본 적이 없다"라고 전하고 있다. 아마도 한류성 어종인 명태가 그 당시 제주도에 없었음 알 수 있다. 또, 제주는 다른 해산물을 즐겼기 때문에 굳이 명태를 찾지 않았다고도 할 수 있다. 이를 통해 그 당시 제주도에는 '명태'나 '북어' 등이 존재하지 않았음을 알 수 있다.

(9) 역시 추사가 아내인 예안이씨에게 보낸 편지의 일부이다. 이 편지는 1841년에 보낸 것으로 추정되는데, 이때는 추사가 제주에 유배를 오고 난 후 약 1년 정도 지난 시기이다. 이때라면 추사가 제주에 유배를 온 지 어느 정도 되어, 현지에 적응했었을 가능성이 있다. 또, 사연을 통해 보면 예안이씨가 보낸 물건들이 제주에 도착하기까지는 최대 일곱 달에서 최소 두어 달은 걸리는 것으로 드러난다. 아울러 제주 사람들이 당시에 산채를 별로 먹지 않았고, 또 시장이나 장이 없어 매매가 없다고 하였다. 이러한 상황이 추사의 유배지인 대정 지역 주변의 상황인지, 아니면 제주도 전체의 상황인지는 현재로서는 알 수 없지만 그 시기 제주에 시장이나 장 등이 제대로 형성되지 않았음을 간접적으로 드러내는 것만은 분명하다.

3.4. 여성적 특징

언간 자료가 갖는 특징 중 하나는 언간은 발신자나 수신자가 여성이 개입되어 있다는 사실이다. 그렇기 때문에 여성의 입장에서 작성된 언간이 상당수에 이른다. 그런데 지금까지의 조선시대 역사나 삶과 관련된 연구는 대부분 왕실이나 사대부가 남성에 집중되었다. 또한 남성들이 생산한 기록물을 통해 역사 서술이 이루어졌다. 그에 따라 여성에 대한 기록이나 삶의 모습은 상대적이며 단편적으로 기록되고 연구될 수밖에 없었다. 그러나 언간에는 남성과 여성이 동등한 입장에서 일상생활에서 어떠한 고민을 하며 삶을 살았는지가 다른 어떤 자료보다 잘 드러난다. 왜냐하면 언간은 여성이 직접 쓴 글이 많기 때문이다. 그러므로 언간 자료를 잘 활용한다면 그동안 남성과 지배 계층 일변도의 평면적인 역사 서술에서 탈피하여 여성을 중심으로 한 역사 서술이나 삶의 모습이 부각될 수 있을 것이다.

한편, 유교적 질서가 중심이 된 조선은 가문과 가족 중심의 사회였다. 가족이나 가문의 중심은 가장으로, 가장은 남성의 몫이었다. 여성은 가장인 남편이나 아들에게 종속되었기 때문에 여성은 적어도 표면적으로는 주체적인 목소리를 내기 어려운 사회였다. 남성 중심의 사회에서 여성은 상대적으로 소외되었고, 늘 가족이 원하는, 사회가 원하는 여성상을 교육받으며 자랄 수밖에 없었다. 특히 양반가의 딸은 더욱 엄격하게 여성상을 강요당하며 자랐다. 가령, 우암 송시열은 시집을 가는 딸에게 여성이 지켜야 할 도리를 담은 〈계녀서(戒女書)〉를 전해 주었다. 계녀서는 전체 20장으로 구성되어 있다.

(10) 부모 셤기ᄂᆞᆫ 도리라(부모 섬기는 도리라)
지아비 셤기ᄂᆞᆫ 도리라(지아비 섬기는 도리라)
ᄉᆡ부모 셤기ᄂᆞᆫ 도리라(시부모 섬기는 도리라)
형졔 화목ᄒᆞᄂᆞᆫ 도리라(형제 화목한 도리라)
친쳑을 화목ᄒᆞᄂᆞᆫ 도리라(친척 화목한 도리라)
자식 가라치ᄂᆞᆫ 도리라(자식 가르치는 도리라)
졔사 밧드ᄂᆞᆫ 도리라(제사 받드는 도리라)
숀 ᄃᆡ졉ᄒᆞᄂᆞᆫ 도리라(손님 대접하는 도리라)
투긔ᄒᆞ지 말나ᄂᆞᆫ 도리라(투기 말라는 도리라)
말숨을 조심ᄒᆞᄂᆞᆫ 도리라(말을 조심하는 도리라)
ᄌᆡ물 존졀이 쓰ᄂᆞᆫ 도리라(재물 존절히 쓰는 도리라)
일 부지런이 ᄒᆞᄂᆞᆫ 도리라(일 부지런히 하는 도리라)

병환 모시ᄂᆞᆫ 도리라(병환 모시는 도리라)

의복 음식ᄒᆞᄂᆞᆫ 도리라(의복 음식하는 도리라)

노비 부리ᄂᆞᆫ 도리라(노비 부리는 도리라)

ᄭᅮ이며 밧ᄂᆞᆫ 도리라(꾸이며 받는 도리라)

팔고 사ᄂᆞᆫ 도리라(팔고 사는 도리라)

비슈원ᄒᆞᄂᆞᆫ 도리라(비손하는 도리라)

죵요로운 경계라(종요로운 경계라)

옛ᄉᆞᄅᆞᆷ 착ᄒᆞᆫ ᄒᆡᆼ실 말이라(옛사람 착한 행실 말이라)

우암이 시집가는 딸에게 지켜야 할 도리로 내세운 이십 가지 덕목은 대체로 남편이나 시집 식구들, 또는 일가친척을 모시는 일뿐만 아니라 제사를 모시고, 손님을 접대하는 등 여성의 기본적인 책무와 관련이 있다. 또, 부모에게 효도하고 형제자매와 우애 있게 지내라는 전통적인 유교 사상과 일치한다. 그리고 남편에게 첩이 생겨도 투기하지 말라는 내용, 의복과 음식 만드는 일, 노비 부리는 일, 그 밖에 살아가면서 필요한 다양한 내용으로 구성되어 있다. 그런데 위에 제시된 이십 가지 덕목은 비단 우암의 딸에게만 적용되는 것이 아닌, 어쩌면 조선시대 여성이라면 지켜야 할 덕목으로 볼 수 있다.

여성에게 강요된 삶은 조선 정조대의 실학자 이덕무가 지은 〈사소절(士小節)〉에도 압축적으로 잘 드러난다.

(11) "유순하고 정숙함은 부녀자의 덕이요, 근면하고 검소함은 부녀자의 복이다."

〈사소절〉은 선비나 부녀자가 지켜야 할 내용과 아이들 교육 등에 관한 일종의 교훈서이다. 즉, 일상생활에서의 예절과 수신에 관한 교훈을 예를 들어가면서 당시의 풍속에 맞추어 설명한 책이다. 부녀자가 지켜야 할 내용으로 유순하고 정숙해야 하고, 근면하고 검소해야 한다는 것이다. 이는 조선시대 전반에 걸쳐 여성에게 바라는 여성상이 아닐까 한다. 그러나 사실 유순하고 정숙하고, 근면하고 검소한 삶이 얼마나 어려운 일인지는 누구나 다 알 것으로 생각된다. 그러나 조선시대 여성은 이러한 덕목 속에서 묵묵히 살아가야만 했고, 그것을 겉으로 표현하기는 어려웠을 것이다.

그런데 언간 자료에서도 여성의 덕목을 암암리에 강요하고 있음을 확인할 수 있다. 물론 그것이 크게 드러나지는 않는다.

> (12) 보리ᄡᆞᆯ란 ᄀᆞ장 됴케 닷겨 ᄡᅳ게 ᄒᆞ소 보리ᄡᆞ리 세머로우면 강긔 ᄒᆞ리 만ᄒᆞᆯ 거시니 글란 됴케 닷겨 ᄡᅳ소 자내 팔ᄌᆡ ᄂᆞᆷ의 강긔 드ᄅᆞ라 삼겻거니 자내 팔ᄌᆡᄅᆞᆯ ᄒᆞᆫᄒᆞᆯ 만ᄒᆞ데 강긔ᄒᆞᄂᆞᆫ 사ᄅᆞᆷ의 타실가 삼년으란 눈을 ᄀᆞᆷ고 귀ᄅᆞᆯ 재이고 견ᄃᆡ소 ᄆᆡ양 ᄂᆞᄆᆡ 말 아니 드ᄅᆞᆯ 거시나 삼년을 노래 듣ᄃᆞ시 듣고 견ᄃᆡ소〈진주하씨-53〉
>
> [보리쌀은 아주 좋게 찧어 쓰도록 하소. 보리쌀이 거칠면 불평할 사람이 많을 것이니 그것을 좋게 도정하여 쓰소. 자네 팔자가 남의 불평을 들으라고 타고났으니 자네 팔자를 한(恨)할 만하지요. 강짜를 부리는 사람의 탓일까. 삼 년은 눈을 감고 귀를 재우고 견디소. 매양 남의 말을 듣지는 않을 것이니 삼 년을 노래 듣듯이 듣고 견디소.]

위의 편지는 17세기에 경상도 달성에서 살던 곽주가 아내 진주하씨에게 쓴 것이다. 진주하씨는 곽주의 계비로 들어와 살았는데 아마도 남편 곽주가 결혼 초기에 집안의 며느리로서, 또는 아내로서, 또는 어머니로서 여성이 살아가야 하는 방법에 대해 담담하게 말한 것으로 보인다. 보리쌀이 거칠면 불평할 사람이 남편 본인이 될지, 아니면 집안의 다른 사람이 될지 모르지만 집안의 음식을 담당하는 여성은 그러한 불평을 당연히 받고 살 수밖에 없는 것이다. 또, "삼년은 눈을 감고 귀를 재우고 견디소"라는 말은 며느리가 시집에 오면 보는 것도 듣는 것도 없이 모르는 척하고 살라는 전통적인 시집살이 방식으로 볼 수 있다.[3]

다음은 〈의성김씨 학봉종택언간〉에 나타난 사연인데, 아내인 여강이씨가 고을 원으로 나가 있는 남편에게 쓴 편지의 일부이다.

(13) 음식 ᄌᆞᆸᄉᆞᆸ지 못ᄒᆞ시고 밤 경과ᄅᆞᆯ ᄒᆞ시니 허증은 들 거시고 아모도 미음 ᄒᆞᆫ 그릇 드리 리가 업ᄉᆞ오니 답답 념녀 츈빙을 듸ᄃᆡ온 ᄃᆞᆺ 두렵ᄉᆞᆸ고 관ᄉᆞ의도 걱졍 업지 아니온 일 ᄀᆞᆸᄀᆞᆸ 아ᄆᆞ려나 이직을 하시거나 ᄇᆞ리고 오시거나 ᄒᆞ면 나을 ᄃᆞᆺ 수이 ᄒᆡᆼᄎᆞ나 ᄒᆞ시면 싀훤ᄒᆞ올 ᄃᆞᆺᄒᆞ오나 침션비가 달노 셔울길 ᄒᆞ시기 쉬올다 ᄒᆞ시니 무ᄉᆞᆫ 일이온지 수란 수란 념녀 측냥 못ᄒᆞ오니 일이나 슌히 되여 ᄇᆞ리고 오시기 축슈ᄒᆞᄋᆞᆸᄂᆞ이다〈의성김씨-033, 1847, 여강 이씨→김진화〉

[음식을 드시지 못하시고 밤을 지내시니 허증(虛症)은 들 것이고, 아무도 미음 한 그릇 드릴 이가 없으니, 답답하고 염려가 봄날 얼음을 디디는 듯 두렵고, 관아의 일로도 걱정이 없지 아니한 일, 다급해요. 아무쪼록 이직을 하시거나 (벼슬을) 버리고 오시거나 하면 나을 듯하며, 빨리 행차나 하시면 시원할 듯하나, 침선비(針線婢)가 (하는 말이) 이 달에 서울로 길을 떠나시기 쉽

3 이에 대해서는 백두현(2003)을 참조함.

겠다고 하니 무슨 일인지, 마음이 어수선하고 걱정되기 헤아리지 못하오니, 일이나 순조롭게 되어 버리고 오시기를 빕니다.]

(14) 손은 견ᄃᆡ지 못ᄒᆞ게 들고 엇지 견ᄃᆡ실고 민망 민망 원은 올믈 가망이 업다 ᄒᆞ시니 억댱이 문어지ᄋᆞᆸ 돈 ᄒᆞᆫ푼 업서 뉴량 보원도 못ᄒᆞ고 경과 졀박다 ᄒᆞ니 그런 원은 ᄒᆞ여야 무엇ᄒᆞ고 의구히 가ᄂᆞᆫᄒᆞ고 못 견ᄃᆡ기ᄂᆞᆫ 더ᄒᆞ고 엇디 견ᄃᆡᆯ고 답답ᄒᆞᄋᆞᆸ〈의성김씨-042,1848, 여강 이씨→김진화〉

[손님은 견디지 못하게 들어오고, 어찌 견디실꼬? 민망하기만 해요. 원님 자리는 옮길 가망이 없다 하오니, 억장이 무너져요. 중략 (돈이) 한 푼 없어 유 서방은 보원(補元)도 못하고 지내어 절박하다 하니, 그러한 원님 자리는 해서 무엇하고, 예나 다름이 없이 가난하고, 못 견디기는 더하고, 어찌 견딜꼬? 답답해요.]

(15) 두렵ᄉᆞ온 용녀 츈빙을 듸ᄃᆡ온 ᄃᆞᆺ 아모려나 무댱이나 ᄯᅥ나시시면 경싀올 ᄃᆞᆺ 축슈 축슈ᄒᆞᄋᆞᆸ더니 이직도 못ᄒᆞ게 혜졍젹을 치고 돈은 노을이라 호령이 상풍ᄒᆞ고 욕 편지가 노온다 ᄒᆞ오니 졀통 졀통 그러ᄒᆞ고 급졔ᄒᆞ여 무어싀 쓸고〈의성김씨-039, 1848, 여강 이씨→김진화〉

[두려운 용려 봄날 얼음을 디디는 듯하고, 아무쪼록 무장이나 떠나시면 경사일 듯하여 빌고 비옵더니, (동생이라는 사람은) 이직도 못하게 헤살을 놓으며 돈은 내어 놓으라고 호령이 서릿발 같고, 욕하는 편지가 노상 온다고 하오니 절통해요. 그렇게 하고서 급제를 하면 무엇에 쓸꼬?]

위의 (13~15)는 〈의성김씨 학봉종택언간〉에 나타난 사연이다. 이 편지에서 아내는 고향인 경상도 지역에서 농사를 비롯한 집안의 대소사를 관장하며 살아가는 모습을 보여 주고 있다. 이에 반해 남편은 전라도 무장(지금의 고창 지역) 지역의 현감으로 나가 있는데 음식도 제대로 먹지 못하고 관아의 일도 잘 풀리지 않아 힘든 나날을 보내는 것으로 추측된다. 이에 고향에서 식솔을 거느리고 있는 아내는 외직에 나가 있는 남편의 안위를 걱정하고 건강을 염려하는 마음을 편지에 잘 담아내고 있다. 아내는 남편이 이직하기를 바라고 있고, (13)에서는 심지어 벼슬을 버리고 오는 편이 낫다는 의견을 보내기도 한다. 또 (14)에서는 가족에게 별 도움도 되지 않는 원을 해서 무엇하는가 하는 푸념을 하기도 한다. 나아가 (15)에서는 무장(고창) 지역에서 떠나면 경사라고 하면서 남편이 무장 원을 그만두기를 간절히 바라고 있다. 남편이 외직으로 나가 있음으로 인해 건강이 악화되는 상황을 걱정하고, 또 그러면서도 늘 집안이 여유롭지 않은 모습을 드러내는 것이다.

한편 다음과 같은 사연에서 조선 후기 당시 주인과 노비의 갈등 및 주인인 여성의 고민을 엿볼 수 있다.

(16) 영녜 말ᄉᆞᆷ 여쥬나이다 아만ᄒᆡ도 못 쥬겨ᄉᆞᆸᄂᆞ이다 이달이나 ᄉᆡ달이나 다려 가시옵소셔 보기 ᄉᆞᆯᄉᆞ오니 즉시 다려가시옵 여긔 부리ᄂᆞᆫ 것들도 못 부리겨ᄉᆞᆸ 밤의면 샹랑 나가 자고 나지면 쎌도 아니ᄒᆞ고 상랑의 나가 잇고 ᄒᆞ니 두겨ᄉᆞᆸ 못 두니옵ᄂᆞ이다 존고겨셔 ᄉᆡᆨ 보시고 말ᄉᆞᆷ 무ᄒᆞᆫ 듯ᄌᆞᆸ고 말ᄉᆞᆷᄒᆞ시기을 거년으로 ᄒᆡ셔 날 못 살겨다 ᄒᆞ시니 ᄒᆞ루 이틀 아니고 이루 말ᄒᆞ기도 ᄉᆞᆯᄉᆞᆸᄂᆞ이다 이 동네 ᄉᆞᄂᆞᆫ 사ᄅᆞᆷ이 필목 장슈 ᄒᆞ루 긔 건쳐 간다 ᄒᆞᆸ 슈ᄌᆞ 알외옵ᄂᆞᆫ이다 영녜ᄂᆞᆫ 아만ᄒᆡ도 사ᄅᆞᆷ 못 마드러 못 부리겨ᄉᆞ오니 곳 다려가시옵기 츅슈 ᄇᆞ라옵ᄂᆞ이다 식은 엇지ᄒᆡ셔 죵 복은 업다 ᄒᆡ도 이려케 업ᄂᆞᆫ 것 첨 보와ᄉᆞᆸᄂᆞ이다〈송병필가-40, 은진송씨→전주이씨〉

[영례 말씀 여쭙니다. 암만해도 못 두겠습니다. 이달이나 새달이나 데려가

십시오. 보기 싫으니 즉시 데려가십시오. 여기 보내는 것들도 못 부리겠습니다. 밤이면 사랑에 나가서 자고 낮이면 일도 아니하고 사랑에 나가 있고 하니 두겠습니까? 못 둘 것입니다. 시어머니께서 저를 보시고 말씀 무한히 듣고 말씀하시기를 저년으로 해서 나는 못 살겠다 하시니 하루 이틀도 아니고 이루 말하기도 싫습니다. 이 동네 사는 사람이 필목 장사가 그 근처에 간다고 하기에 두서너 글자 아룁니다. 영례는 암만해도 사람을 못 받들어 못 부리겠으니 곧 데려가시기 바랍니다. 저는 어찌해서 종의 복이 없다 해도 이렇게 없는 것 처음 보았습니다.]

위의 (16)은 19세기 충청북도 영동에서 쓰인 편지 가운데 일부이다. 이 편지에서 시집간 딸은 말을 듣지 않는 종들에 대한 고충을 어머니에게 보내는 사연인데, 편지에는 말을 듣지 않는 종들에 대한 고충을 어머니에게 토로하고 있다. "보기 싫으니 즉시 데려가십시오. 여기 보내는 것들도 못 부리겠습니다. 밤이면 사랑에 나가서 자고 낮이면 일도 아니하고 사랑에 나가 있고 하니 두겠습니까? 못 둘 것입니다."라는 사연 속에서 주인의 통제를 벗어난 노비의 모습을 볼 수 있다. 남편은 외직에 나가 있고 시어머니를 모시고 근근이 살아가고 있는데, 친정어머니가 시집간 딸에게 보낸 것으로 보이는 종이 말을 듣지 않는 것이다. 특히 '영네'라는 종이 말썽을 일으켜서 도저히 부리기 어렵다고 한탄하면서, '영네'를 데리고 가기를 바라고 있다. 아울러 마지막의 어머니에게 종 복(福)이 없다고 하소연하는 대목에서는 이러한 사실이 이번 한 번이 아니었음을 드러낸다. 위의 사연을 통해 당시의 종들이 주인, 특히 여성의 통제에서 벗어나 있었고, 이로 인해 여성 주인이 고통을 받고 있었음을 추정해 볼 수 있다.

3.5. 경제적 특징

조선시대 언간은 당시의 사람들이 주고받은 생생한 자료이기 때문에 그 당시의 경제적 실상이 잘 드러난다. 그 가운데 일반 백성들의 삶의 모습에는 고단하고 힘든 상황이 잘 녹아 있다. 언간 자료에서 자주 나타나는 표현이 '답답', '민망' 등이라는 점에서도 이러한 사정을 엿볼 수 있다. 한편, 언간 자료에서는 당시의 물가를 알 수 있는 사연도 등장한다.

(17) 내 관디 서너 냥 쏜디 팔 냥 주고 사시되 잘 삿다 ᄒᆞ고 스므 냥 주고 사니도 잇다 ᄒᆞ고 열석 냥식은 다들 주엇더라〈송준길가-030, 1757년, 송요화(시아버지)→여흥민씨(며느리)〉

[내 관대는 서너 냥 싼데, 8냥을 주고 샀는데 잘 샀다고 하고 20냥 주고 산 사람도 있다고 하고 13냥씩은 다들 주었더라.]

(17)은 〈송준길가 언간〉에 나타난 사연의 일부이다. 시아버지인 송요화가 며느리인 여흥민씨에게 보내는 편지인데, 관대(관디)[4]를 8냥에 샀다고 하면서 그 당시에 스무 냥 주고 산 사람도 있고, 대부분 13냥씩 주고 샀다면서 싸게 구매한 것에 대해 흡족한 마음을 표현하고 있다. 위의 내용에서 18세기 중엽 대전 지역에서 관대(관디)의 값이 대체로 8냥에서 20냥 정도인 것을 추측해 볼 수 있다.[5] 이러한 가격 형성을 통해 볼 때 관대의 값은 상당히 비싼 것으로 추정된다.

한편 다음의 〈의성김씨 학봉종택언간〉 사연에서도 당시의 물가를 알 수

4 옛날 벼슬아치들의 공복(公服). 지금은 전통 혼례 때에 신랑이 입는다.〈표준국어대사전〉

5 조선시대의 한 냥의 가치는 시대별로 다르겠지만 대체로 2만 원 정도로 추정하고 있다.

있다.

(18) 부로골 논 ᄒᆞᆫ 셤직기ᄂᆞᆫ ᄇᆡᆨ쉰 냥 준 거시ᄃᆡ 젹년 공드려 내 사려다가 못 삿더니 제 사매 긔특ᄒᆞ야 가슈내 도지 마은 냥 찬견의 ᄉᆞᆨ신 돈 셔ᄒᆞᆫ 냥 김ᄉᆡᆼ개 밧군 도 셔ᄒᆞᆫ 냥 실즉 ᄇᆡᆨ 냥은 내 보탠 쟉시어니와 이 논 댱만ᄒᆞᆫ 후로ᄂᆞᆫ 냥식은 의법 나오니 제 ᄇᆡᆨ디라도 종물노 두리라 ᄒᆞ미 올흐리라〈의성김씨-001, 1765년/1767년, 김광찬/김주국/김주국→진성이씨, 김종수〉

[부로골 논 한 섬지기는 백쉰 냥 준 것이되, 여러 해를 공들여 내 사려다가 못 샀더니, 제가 사매 기특하여, 가수내 도지 마흔 냥, 찬견이를 속량(贖良)(시켜 주면서 받은) 돈 서른 냥, 김생개를 바꾼 돈 서른 냥, 실제로 백 냥은 내가 보탰거니와, 이 논을 장만한 뒤로는 양식이 어김없이 나오니, 제 백대라도 종가 소유물로 두는 것이 옳으리라.]

위의 편지는 18세기 경상도에서 작성된 것으로 아버지가 아들과 며느리에게 쓴 편지의 일부이다. '나'는 '부로골'이라는 지역의 논 한 섬지기를 150냥에 샀고, 그 논을 장만한 후에는 소출이 좋아 대대로 종물로 물려주기를 바라고 있다. 그런데 〈표준국어대사전〉에서는 한 섬지기를 "논밭 넓이의 단위. 한 섬지기는 볍씨 한 섬의 모 또는 씨앗을 심을 만한 넓이로 한 마지기의 열 배이며 논은 약 2,000평, 밭은 약 1,000평이다."라고 뜻풀이하고 있다. 한 섬지기는 볍씨 한 가마의 씨앗을 심을 만한 넓이로서 열 마지기, 2,000평임을 알 수 있다. 물론 지역이나 시대에 따라 마지기와 평수가 다르지만 대체로 2,000평을 150냥에 산 것으로 추정할 수 있다.

언간 자료에서는 이렇게 당시의 가격을 알 수 있는 내용이 상당수 확인된다. 현재 조선시대 시기별, 또는 지역별로 물가가 어느 정도였는지 상세

하게 알기는 어렵다. 그러므로 언간 자료의 사연 속에 나타난 물건의 값 등을 자세히 관찰한다면 당시의 물가는 물론 경제적 상황 등도 어느 정도 파악할 수 있다.

참고문헌

배영환(2018), 언간 자료의 특징과 대중화 방안, 어문론집 76, 중앙어문학회, 7-39.

백두현(2003), 현풍곽씨언간 주해, 태학사.

이래호(2015), 조선시대 언간 자료의 현황 및 그 특성과 가치, 국어사연구 20, 국어사학회, pp.65-126.

조항범(1997), 주해 순천김씨묘출토언간, 태학사.

황문환(2015), 조선시대의 한글 편지, 언간(諺簡), 도서출판 역락.

황문환 외(2013), 조선시대 한글편지 판독 자료집(1,2,3), 도서출판 역락.

Ⅱ. 조선시대 왕실 남성의 언간의 현황 및 특징

1. 서언

앞서 '언간(諺簡)'이란 '언문 편지'라는 뜻으로, '한글로 쓴 편지'임을 언급하였다.[1] 흔히 '조선시대 한글 편지'는 15세기부터 쓰여 19세기말까지 폭넓게 쓰였다고 알려졌다. 주지하듯이 조선시대에는 우리의 글(한글)이 '언문(諺文)'으로 불리면서 공식적인 국문(國文)으로 인정받지 못하였기 때문에 사용 범위가 국한될 수밖에 없었다. 그러므로 공식적인 문서 등에서는 우리글(한글)이 거의 사용되지 못하고 한문(漢文)의 보조적인 역할을 담당했을 뿐이다. 그러나 관점을 사적(私的)인 영역으로 바꾸어 보면 우리글(한글)이 매우 폭넓게 쓰였음을 알 수 있다. 특히 편지 글에서 우리글(한글)은 한문 못

1 『표준국어대사전』에서는 '언간'에 대해 "예전에, 언문 편지라는 뜻으로, 한글로 쓴 편지를 낮잡는 뜻으로 이르던 말."이라고 뜻풀이하고 있다. 다만, 여기서 낮잡아 이르는 말이라는 것은 한문으로 쓴 편지, 간찰에 비해 상대적으로 저평가받았기 때문에 이러한 뜻풀이가 나올 수 있었다고 생각한다. 이 글에서는 '언간'이라는 말과 '한글 편지' 등을 의미상 크게 다르지 않다고 보아 구별하지 않고 사용하기로 한다.

지않게 널리 쓰이는 훌륭한 의사소통 수단이었다. 한문 편지가 철저히 사대부 계층 이상 남성만의 전유물이었던 데 비해 한글 편지는 특정 계층에 관계없이, 위로는 왕으로부터 아래로는 한글 해독 능력이 있는 서민에 이르기까지, 또 남성과 여성의 구분 없이 폭넓게 실용되었던 것이다.

한편, 조선시대의 왕은 공식적인 문서에는 한문을 사용했지만 사적인 문서에서는 언문, 즉 한글을 많이 사용하였다. 특히 여성에게 쓰는 문서일 경우에는 거의 한글로 썼다. 한글로 쓴 문서 중에는 편지가 많은데, 왕실의 웃어른인 대비(大妃)나 하가(下嫁)한 공주들에게 한글 편지를 써 제법 많은 양의 한글 편지가 남아 있다. 물론 그 시대에 왕도 일상적으로는 언문으로 글을 썼겠지만 현재까지 남아 있는 자료는 그리 많지 않다. 그리고 남아 있는 언문 자료는 대체로 여성을 상대로 쓴 글이 많다. 이와 같은 사정은 여성이 대부분 한문에 능통하지 못하고 한글에[2] 익숙했기 때문으로 볼 수 있다.

조선시대 왕실 안에서 언간이 얼마나 많이 유통되었나 하는 기록은 없다. 다만, 〈조선왕조실록〉에서 일찍부터 언간이 자주 왕래했다는 기사가 확인되지만(김일근 1986/1991) 사실 실제 현전하는 왕실 언간은 사대부가에 비해 상대적으로 적다고 할 수 있다. 그러한 이유는 여러 가지가 있을 수 있지만 그 근본 원인은 궁중과 민간 사이에 서로의 필적이 남아 있는 것을 금기시하기 때문이다. 특히 왕실의 편지가 일반 사가에 도착하면 일반 사가에서는 그것을 정중하게 모아 세초함으로써 외경을 표해야 했다(황문환 2015:23). 그러므로 현재까지 남아 있는 왕실 남성 관련 언간이 많지 않다고 볼 수 있다.

---

2 여기서의 '한글'은 우리글인 '훈민정음'을 가리키는 용어로 사용한다. 주지하듯이 '한글'이란 명칭은 20세기 무렵에 들어와 쓰인 용어이다.

2. 왕실 남성 언간의 현황

조선시대 왕실 남성의 언간 가운데 현재까지 남아 있는 한글 편지는 대략 76건이다. 물론, 실제는 더 많이 썼겠지만 현재까지 전해오고 학계에 알려진 것은 76건 내외이다. 여기에는 흥선대원군의 편지 3건까지 포함돼 있다. 흥선대원군은 왕이라고 할 수 없지만 왕실 남성이라는 범주에 넣을 수 있을 것으로 판단되어 같은 차원에서 다루기로 한다. 다음 표는 현재까지 확인된 왕실 남성의 한글편지 현황이다.[3]

〈표-1〉 조선시대 왕실 남성의 언간 자료 현황

구분	개별 명칭	발신자	수신자	연대
1	新歲예 너흐네	선조(아버지)	諸공주(딸)	1594
2	글월 보고 됴히 이시니	선조(아버지)	정숙옹주(딸)	1603
3	허쥰의게셔 이리 서계 ᄒᆞ여시니	선조(아버지)	정숙옹주(딸)	1603
4	글월 보고 양ᄌᆞ애 그리	선조(아버지)	정숙옹주(딸)	1603
5	글월 보고 됴히 이시니	선조(남편)	숙의(아내)	1597
6	글월 보고 네 증은	선조(아버지)	미상?(딸)	미상 (1594~1603)
7	글월 보고 됴히 이시니	선조(아버지)	정숙옹주(딸)	1603
8	글월 보고 도든 거슨	선조(아버지)	정숙옹주(딸)	1603
9	엇디 인논다 나는 무ᄉᆞ이	선조(아버지)	諸공주(딸)	1594
10	그리 간 후의 안부	선조(아버지)	諸공주(딸)	1597
11	글월 보고 오늘 ᄯᅩ	선조(아버지)	정숙옹주(딸)	1603
12	녀나믄 證이 업ᄉᆞ니 너일	선조(아버지)	정숙옹주(딸)	1603
13	書啓 보과 보내노라 그	선조(아버지)	정숙옹주(딸)	1603

3 이 목록은 현재까지 확인된 자료를 중심으로 작성된 것이며, 앞으로 더 보충될 것으로 추정된다.

14	글월 보고 闕內無事 방의셔도	선조(아버지)	정숙옹주(딸)	1603
15	이제야 거머 도셔 이시니	선조(아버지)	정숙옹주(딸)	미상 (1594~1603)
16	東陽尉 글시는 영노ᄒᆞᆫ 샹겨지비	선조(아버지)	정숙옹주(딸)	미상 (1594~1603)
17	이 相 ᄀᆞ장 됴ᄒᆞ니	선조(아버지)	정숙옹주(딸)	미상 (1594~1603)
18	글월 보고 됴희 이시니	선조(아버지)	정숙옹주(딸)	1603
19	오ᄂᆞᆯ은 당시 보디 아녓거니와	선조(아버지)	정숙옹주(딸)	1603
20	진 나는 이롤 허준의게	선조(아버지)	정숙옹주(딸)	1603
21	翁主롤 내 날마다 가	선조(아버지)	정숙옹주(딸)	1603
22	뎌 즈음 두어 슌	효종(사위)	안동김씨(장모)	1638
23	신셰예 긔운이나 평안ᄒᆞᄋᆞᆸ신가 ᄒᆞ오며	효종(사위)	안동김씨(장모)	1641
24	너는 어이 이번의 아니	효종(아버지)	숙명공주(딸)	1652~1659
25	너는 싀집의 가 바틴다는	효종(아버지)	숙명공주(딸)	1652~1659
26	득죄야 므슴 녀나믄 득죄리	효종(아버지)	숙명공주(딸)	1652~1659
27	네 글월은 예셔 고텨셔	효종(아버지)	숙명공주(딸)	1652~1659
28	글월 보고 됴히 이시니	효종(아버지)	숙명공주(딸)	1652~1659
29	긔운이나 무ᄉᆞᄒᆞᆫ가 ᄒᆞ며 너희	효종(아버지)	숙명공주(딸)	1654~1659
30	글월 보고 됴히 이시니	효종(아버지)	숙명공주(딸)	1652~1659
31	아홉 가지 왜능화 오십오	효종(아버지)	숙명공주(딸)	1652~1659
32	그리 밤나즐 시위ᄒᆞᄋᆞᆸ고 잇ᄉᆞᆸ다가	효종(아버지)	숙명공주(딸)	1659
33	글월 보고 됴히 이시니	효종(아버지)	숙휘공주(딸)	1652~1659
34	너희는 세히 마치 ᄒᆞᆫ 말로	효종(아버지)	숙휘공주(딸)	1652~1659
35	됴쟈의 정찰 보고 보는	현종(남동생)	숙명공주(누나)	1661
36	밤ᄉᆞ이 평안ᄒᆞᄋᆞᆸ신 일 아ᄋᆞᆸ고져	현종(남동생)	숙명공주(누나)	1652~1674
37	그 말은 본ᄃᆡ 누우님이 그	현종(처남)	정제현(매제)	1653~1662
38	나는 오ᄂᆞᆯ도 예 왓ᄉᆞᆸ거니와	현종(아들)	인선왕후(어머니)	1659~1674
39	ᄉᆞ연 덜고 거번 가실	현종(아들)	인선왕후(어머니)	1659~1674
40	념ᄉᆞ일 ᄂᆡ관 오와ᄂᆞᆯ 어셔	현종(손자)	장렬왕후(할머니)	1659~1674

41	지축ᄲᅮᆫ이ᄋᆞᆸ 신은 멀리 니위ᄒᆞᄋᆞ완	현종(손자)	장렬왕후(할머니)	1659~1674
42	문안 엿줍고 일긔 브덕ᄒᆞᄋᆞ오니	현종(손자)	장렬왕후(할머니)	1659~1674
43	문안 엿줍고 수일 간	현종(아버지)	명안공주(딸)	1667~1674
44	됴히 잇ᄂᆞᆫ다 나ᄂᆞᆫ 오ᄂᆞᆯ	현종(아버지)	명안공주(딸)	1667~1674
45	신년의 ᄇᆡᆨ병은 다 업고	현종(아버지)	명안공주(딸)	1667~1674
46	새 집의 가셔 밤의	현종(아버지)	명안공주(딸)	1667~1674
47	밤 ᄉᆞ이 평안ᄒᆞᄋᆞᆸ시니잇가 나가ᄋᆞᆸ실	숙종(아들)	명성왕후(어머니)	1680~1683
48	뎡 ᄃᆡ댱 병환은 ᄆᆞᄎᆞᆷ내 믈약지효ᄅᆞᆯ	숙종(조카)	숙휘공주(고모)	1685
49	뎍ᄉᆞ오시니 보ᄋᆞᆸ고 친히 뵈ᄋᆞᆸᄂᆞᆫ	숙종(조카)	숙휘공주(고모)	1685
50	뎍ᄉᆞ오시니 보ᄋᆞᆸ고 친히 뵈ᄋᆞᆸᄂᆞᆫ	숙종(조카)	숙휘공주(고모)	1685
51	뎍ᄉᆞ오시니 보ᄋᆞᆸ고 친히 뵈ᄋᆞᆸᄂᆞᆫ	숙종(조카)	숙휘공주(고모)	1685
52	요ᄉᆞ이 일긔 고ᄅᆞ디 아니ᄒᆞ오니	숙종(조카)	숙휘공주(고모)	1685
53	뎍ᄉᆞ오시니 보ᄋᆞᆸ고 신셰예 평안ᄒᆞᄋᆞᆸ신	숙종(조카)	숙휘공주(고모)	1674~1696
54	몬졔ᄂᆞᆫ 창망 듕 업시	숙종(조카)	숙명공주(고모)	1691
55	문안 알외ᄋᆞᆸ고 기후 무ᄉᆞ하오신	정조(조카)	여흥민씨(외숙모)	
56	오래 봉셔 못 ᄒᆞᄋᆞᆸ고	정조(조카)	여흥민씨(외숙모)	
57	상풍의 긔후 평안ᄒᆞ오신 문안	정조(조카)	여흥민씨(외숙모)	
58	일긔 극한ᄒᆞ오니 긔운 평안ᄒᆞ오신	정조(조카)	여흥민씨(외숙모)	
59	야간 문안 아ᄋᆞᆸ고져 ᄇᆞ라오며	정조(조카)	여흥민씨(외숙모)	
60	문안 알외ᄋᆞᆸ고 의외 봉셔	정조(조카)	여흥민씨(외숙모)	
61	일젼 봉셔 밧ᄌᆞ와 보ᄋᆞᆸ고	정조(조카)	여흥민씨(외숙모)	
62	남한의 평안ᄒᆞᄋᆞᆸ신 문안 아ᄋᆞᆸ고져	정조(조카)	여흥민씨(외숙모)	
63	남한의 평안ᄒᆞᄋᆞᆸ신 문안 아ᄋᆞᆸ고져	정조(조카)	여흥민씨(외숙모)	

64	근일 극열ᄒᆞ오니 긔후 평안ᄒᆞᄋᆞᆸ신	정조(조카)	여흥민씨(외숙모)	
65	봉셔 밧ᄌᆞ와 보ᄋᆞᆸ고 근일	정조(조카)	여흥민씨(외숙모)	
66	수일 일긔 다시 극한ᄒᆞ오니	정조(조카)	여흥민씨(외숙모)	
67	연ᄒᆞ여 늉한이 심ᄒᆞ오니 긔후	정조(조카)	여흥민씨(외숙모)	
68	신년의 긔후 평안ᄒᆞᄋᆞᆸ신잇가 문안	정조(조카)	여흥민씨(외숙모)	
69	네도 잘 디내고 네 어미도	정조(외삼촌)	민치성 부인 (생질녀)	미상
70	됴히 잇ᄂᆞ냐 쇼믁 보낸다	정조(외삼촌)	민치성 부인 (생질녀)	미상
71	됴히 잇ᄂᆞ냐 집은 공연이	정조(외삼촌)	민치성 부인 (생질녀)	미상
72	됴히 잇ᄂᆞ냐 이것 보내니	정조(외삼촌)	민치성 부인 (생질녀)	미상
73	글시 보고 든든ᄒᆞ며 이	익종(오빠)	명온공주(여동생)	1815
74	이곳셔 말이 다 쥬문이	흥선대원군 (아버지)	이재면(아들)	1882~1885
75	뎐마누라 젼기간 망극지ᄉᆞ을 엇지	흥선대원군 (남편)	명성황후(며느리)	1882
76	나 나가고 못 나가기은	흥선대원군 (아버지)	이재면(아들)	1882~1885

위의 〈표-1〉에서와 같이 조선시대 왕실 남성과 관련된 언간은 전체 76건에 해당한다. 왕실 남성의 편지 가운데 가장 이른 시기로 확인되는 편지는 선조의 언간이다. 선조의 언간은 현재까지 가장 많이 전한다. 이는 선조가 비빈과 공주, 옹주 등이 다른 왕에 비해 상대적으로 많았다는 사실을 그 이유로 볼 수 있다.[4] 이 밖에 흥선대원군 또한 3건이 전하고 있는데, 아들에게 보낸 편지 2건과 며느리 명성황후에게 보낸 편지가 있다. 위에 제시

4 선조는 의인왕후와 인목왕후 등 2 왕후와 공빈김씨, 인빈김씨, 순빈김씨, 정빈민씨, 정빈홍씨, 온빈한씨 등 6빈, 그리고 귀인 정씨, 숙의 정씨 등이 있었다.

된 내용을 발신자별로 다시 분류하면 다음과 같다.

〈표-2〉 발신자의 건수별 현황

구분	건수	비고
선조	21	
효종	13	
현종	12	
숙종	8	
정조	18	
익종	1	추증왕
흥선대원군	3	'君'의 언간
계	76	

위의 〈표-2〉에서와 같이 조선시대 언간 가운데 왕실 남성과 관련된 언간의 건수는 현재까지 76건이 발견되고 있다. 이 가운데 가장 많은 편지를 남긴 왕은 선조이다. 선조가 현재까지 21건의 언간을 남기고, 정조 역시 상대적으로 많은 편지가 남아 있다. 이는 선조가 슬하에 공주나 옹주가 많았기 때문으로 볼 수 있다. 그리고 익종이나 흥선대원군 역시 적지만 언간을 남기고 있다.

그런데 조선시대 언간 자료가 대체로 3,000여 건이 확인되는데, 그 가운데 76건은 적은 수치이다. 이러한 양상은 조선시대의 왕실 남성이 원래부터 언간을 쓰지 않았던 것인지 아니면 실제로는 언간을 많이 썼지만 현재까지 전해오는, 또는 확인되는 편지가 적은 것인지를 선명히 드러내지 않는다. 다만, 이렇게 왕실 남성의 언간이 상대적으로 적은 이유는 크게 두 가지로 볼 수 있다.

첫째, 언간은 언문으로 된 편지를 말하므로 언간의 속성상 기본적으로 남성의 글쓰기라고 보기는 어렵다. 언간은 발신자와 수신자 가운데 여성이 개입되어 있을 경우에 주로 쓰인다. 즉, 발신자나 수신자가 여성일 경우, 또는 발신자 수신자 모두가 모두 여성일 경우에 언간이 쓰일 가능성이 크다. 반면, 발신자 수신자가 모두 남성일 경우에는 한문 간찰로 의사소통이 이루어진다. 왕실 남성은 대체로 한문으로 문자 생활을 하기 때문에 언간을 쓸 경우가 상대적으로 적었을 것이다. 이러한 상황은 절대적인 수효의 문제라고 할 수 있다.

둘째, 조선시대의 언간 자료 중 왕실 남성의 언간이 적은 이유는 글쓰기의 문제보다는 다른 외적인 부분에 있다. 즉, 왕실 남성 또한 원래는 많은 양의 언간을 썼지만 특별한 사정 때문에 현재에 전하는 것이 적다고 볼 수 있다. 예를 들면 본래 왕이 직접 쓴 글씨는 일반 사가에서는 보전할 수 없기 때문에 대체로 세초(洗草)를 하였다. 특히, 현재까지 전하는 편지 가운데도 왕의 편지의 말미에는 세초하라는 내용이 쓰인 경우가 있는 것으로 보아 원래부터 적었다기보다는 특별한 사정에 의해 현재까지 전하는 편지의 수효가 적다고 볼 수 있을 것이다.

그런 점에서 혜경궁 홍씨가 쓴 『한중록』의 다음과 같은 기록은 참고할 만하다.

(1) … 내 유시(幼時)의 궐ᄂᆡ(闕內)의 드러와 셔찰(書札) 왕복(往復)이 됴셕(朝夕)의 이시니 집의 슈젹(手蹟)이 만히 이실 거시로ᄃᆡ 입궐(入闕) 후(後) 션친(先親) 경계(警戒)ᄒᆞ오셔 외간(外間) 셔ᄉᆞ(書辭)가 궁듕(宮中)의 드러가 흘일 거시 아니오 문후(問候)ᄒᆞᆫ 외(外)의 ᄉᆞ연(辭緣) 만키 공경(恭敬)ᄒᆞᄂᆞᆫ 도리(道理)의 엇더ᄒᆞ니 됴셕(朝夕)의 봉셔(封書)ᄅᆞᆯ ᄒᆞ거든 집 소식(消息)만 알고 그 됴희의 뼈 보ᄂᆡ라 ᄒᆞ시기 션비(先妣)겨오셔 아춤져녁의 승후(承候)ᄒᆞ시ᄂᆞᆫ 셔간(書簡)

의 ᄆᆡ양 됴ᄒᆡ 머리의 ᄡᅥ 보ᄂᆡᄋᆞᆸ고 션친(先親) 셔간(書簡)의도 그러ᄐᆞᆺ ᄡᅳᄋᆞᆸ고 동ᄉᆡᆼ(同生)들 셔ᄉᆞ(書辭)도 ᄆᆡ양 등셔[背書]ᄅᆞᆯ ᄒᆞ거나 ᄒᆞ니 집의 ᄯᅩ 대궐(大闕) 셔ᄉᆞ(書辭)ᄅᆞᆯ 흘니디 말라 경계(警戒)ᄒᆞ오시니 모화 셰초(洗草)ᄒᆞ기로 일삼으니 … (후략) …

위에서 부친이 혜경궁 홍씨에게 답신을 "그 종이에 써 보내라" 하였고, 혜경궁 홍씨가 "매양 종이 머리에 써 보내옵고", "매양 뒷면에 글을 쓰거나"라고 하였으니, 궁중의 편지에서 편지지 여백에 답신을 적어 보내는 이유를 알 수 있다. 또, 왕실의 친인척은 거의 날마다 또는 아침저녁으로 문안 편지를 주고받았고, 특히 궁중에 들어간 외부 서사(書辭)나 궁 밖으로 나온 궁중 서사는 문안 내용 외의 사연이 많기에 나라를 공경하는 도리에 마땅치 않다고 여겨 없애버리는 것이 관행이었음을 알 수 있다. 날마다 왕실의 친인척과 궁중 인물들이 수많은 편지를 주고받았을 터인데도 오늘날 남아 있는 자료가 드문 까닭도 이런 관행 때문이었을 것으로 추측된다.[5] 그러므로 왕의 편지를 비롯한 왕실과 관련한 편지는 본래 많았지만 나라를 공경하는 도리 등 여러 가지 측면에서 세초를 하는 것이 일상이었기 때문에 현재까지 전하는 것이 드물다고 할 수 있다.

3. 발신자와 수신자의 관계를 통해 본 언간의 특징

조선시대 언간의 발신자와 수신자를 살펴보면 대체로 가족 간이나 친족

---

5 이러한 사실은 이종덕 선생님의 조언을 참고하였다.

간에 주고받은 것이 대부분이다. 눈앞에 보이는 사람에게 쓰는 것이 아니라 멀리 있는 사람에게 쓰는 것이므로, 언간은 시간적으로나 공간적으로 제약이 따랐다. 그러므로 왕실 남성의 언간도 거의 가족 간에 주고받은 편지가 일반적일 것으로 기대할 수 있다. 가령, 조선의 왕이라고 하더라도 그것은 어디까지나 공식적인 역할일 뿐이고 가정과 가족이라는 테두리 안에 들어온다면 부모님의 아들이요, 한 여성의 남편이요, 아이의 아버지인 것이다. 이렇게 가족이나 혈연간의 주고받은 편지에 담긴 사연은 일반 사대부가와 크게 다르지 않을 것이다. 그런 점에서 가족 관계 속에서 왕실 남성 언간의 발신자와 수신자 간의 관계를 주목해 볼 필요가 있다.

〈표-3〉 왕실 남성의 편지-직계 간

구분	발신자	수신자	건수	비고
1	손자	할머니	3	
2	아들	어머니	3	
3	남편	아내	2	
4	아버지	딸	35	
5	아버지	아들	2	남성 간
계			45	

〈표-3〉은 조선시대 왕실 남성이 쓴 편지의 발신자와 수신자의 관계를 가족 간의 관계 속에서 표시한 것이다. 〈표-3〉에서 가장 많은 건수를 차지하고 있는 것은 부녀간으로 아버지인 왕이 하가한 공주나 옹주에게 보낸 편지이다. 이 밖에 왕이 할머니인 대왕대비에게 보낸 편지와 어머니인 왕대비에게 보낸 편지도 확인된다. 다만 일반 사대부가와 달리 왕실 남성의 경우에 부부간의 편지는 사실 많지 않다. 그 이유는 왕과 왕비가 모두 같은

공간에서 거주하기 때문에 굳이 편지쓰기가 필요하지 않기 때문이다. 그런 점에서 선조가 '숙의'에게 보낸 편지는 이색적인데, 그 이유는 전란으로 인해 '숙의'가 다른 곳에 피신해 있었기 때문으로 보인다.

한편, 왕실 남성의 경우, 부자간에는 편지를 남기기가 현실적으로 가능하지 않다. 왜냐하면 왕의 아버지는 거의 선왕일 가능성이 높아 부자간에 언간을 쓸 일이 많지 않기 때문이다. 다만, 흥신대원군이 장남에게 보낸 편지 중에서 특이하게 언간의 형식으로 쓰인 것이 남아 있어 주목된다. 언간 자체가 남성 간에는 잘 쓰이지 않는 경향이 있을 뿐 아니라 왕실 남성의 경우는 더욱 남성 간에 언간을 쓰기가 애초에 불가능한 경우가 많다. 그럼에도 불구하고 흥선대원군이 아들 이재면에게 쓴 언간이 존재한다는 사실은 그 시기에 특별한 사정이 있었던 것으로 추정된다. 특히 흥선대원군이 중국의 톈진에 유배되어 있었기 때문에 한문보다 한글로 쓰는 것이 그 당시 보안상 유리했던 것으로 보인다.

〈표-4〉 왕실 남성의 편지-방계 및 기타

구분	발신자	수신자	건수	비고
1	사위	장모	2	
2	조카	숙모	10	
3	남동생	누나	2	
4	오빠	여동생	1	
5	외삼촌	생질녀	4	
6	처남	매제	1	남성 간
계			19	

〈표-4〉는 왕실 남성의 언간 가운데 발신자와 수신자의 사이가 직계가 아닌 방계인 경우를 정리한 것이다. 이에 해당되는 전체 건수는 19건이다.

이 가운데, 왕이 고모에게 보낸 편지가 상대적으로 많다. 이 밖에 왕이 장모에게 보낸 언간 자료 또한 존재하고, 누이에게 보낸 편지도 존재한다. 또, 생질녀에게 보낸 편지도 남아 있다. 한편, 처남과 매제 사이에 보낸 편지도 존재하는데, 이는 남성 간에도 언간을 보냈다는 점에서 특이하다. 아울러 발·수신자가 처남과 매제 간이라는 점에서 왕실 남성의 편지 가운데 매우 드문 경우로 볼 수 있다.

결국 왕실 남성의 편지를 발신자와 수신자 사이의 관계를 통해 볼 때 왕이 공주에게 보낸 편지가 큰 비중을 차지하는데, 이러한 편지에서는 아버지의 역할이나 모습이 잘 드러난다. 사회적 관계나 왕이라는 지위와 관계없는 아버지로서의 모습은 일반 사대부가의 남성의 사연과 크게 다르지 않다.

왕실 남성이 쓴 언간 가운데 현재까지 전하는 76건을 구체적인 발·수신자별로 살펴보면 다음과 같다.

〈표-5〉 왕실 남성 언간의 발·수신자

발신자	수신자	관계
선조	숙의	부부간
	정숙옹주	부녀간
	諸옹주	부녀간
효종	안동김씨	사위-장모 간
	숙명공주	부녀간
	숙휘공주	부녀간
현종	숙명공주	남동생-누나 간
	정제현	처남-매제 간
	인선왕후	모자간
	장렬왕후	손자-할머니 간
	명안공주	부녀간

숙종	명성왕후	모자간
	숙명공주	조카-고모 간
	숙휘공주	조카-고모 간
정조	여흥민씨	조카-외숙모 간
	민치성 부인	외숙-생질녀 간
익종	명온공주	오빠-여동생 간
흥선내원군	명성황후	시아버지-며느리 간
	이재면	부자간

위의 표에서 선조의 언간은 수신자가 '숙의'(淑儀)[6]와 '정숙옹주', 그리고 '제옹주' 등으로 확인된다. 다만, '숙의'가 구체적으로 누구인지 확인되지는 않는다.[7] 선조의 언간 가운데 상당수는 정숙옹주에게 보낸 편지이다. 선조는 정숙옹주에게 여러 통의 편지를 보냈는데, 그 가운데 일부가 현재까지 전한다. 정숙옹주(貞淑翁主, 1587~1627)는 선조(宣祖)와 인빈 김씨(仁嬪 金氏)의 셋째 딸로, 영의정을 지낸 신흠의 아들인 동양위 신익성(東陽尉 申翊聖, 1588~1644)과 혼인하여 5남 4녀를 낳은 것으로 알려졌다.

효종은 조선의 제17대 왕으로 인렬왕후의 소생이다. 장렬왕후 조씨는 인조의 계비인데 며느리인 인선왕후보다 6년 연하이고 소생이 없다. 효종의 언간에서 수신자는 장모와 숙명공주, 숙휘공주 등으로 나타난다. 효종의 비는 우의정 장유(張維)의 딸 인선왕후(仁宣王后)이다. 장모인 장유의 부인, 안동김씨에게 보낸 편지가 있다. 이 편지는 효종이 봉림대군 시절 심양에

6 조선시대에, 후궁에게 내리던 종이품 내명부의 품계. 소용(昭容)의 위, 소의(昭儀)의 아래이다.

7 기록에 '숙의'는 숙의 정씨가 있긴 하지만 동일 인물인지 알 수 없다. 다만, 인빈 김씨가 '숙의'였을 때 쓰였을 가능성이 있다.

볼모로 있을 때 쓴 것이다. 효종은 숙신공주(淑愼公主, 1635~1637)와 숙안공주(淑安公主, 1636~1697), 숙명공주(1640~1699), 현종대왕(顯宗大王, 1641~1674), 숙휘공주(淑徽公主, 1642~1696), 숙정공주(淑靜公主, 1645~1668), 숙경공주(淑敬公主, 1648~1671) 등 1남 6녀를 두었는데, 그 가운데 숙명공주와 숙휘공주에게 보낸 편지가 현재까지 전해진다. 숙명공주는 이조참판 심지원(沈之源)의 아들 청평위(靑平尉) 심익현(沈益顯)에게 하가하여 아들 둘을 낳았다. 숙휘공주는 1653년(효종 4) 12세의 나이로 우참찬 정유성(鄭維城)의 손자인 인평위(寅平尉) 정제현(鄭齊賢)에게 하가하였다. 숙휘공주는 1661년(현종 2년)에 아들 정태일을 낳았고, 다음해인 1662년에 남편 정제현이 사망하여 21세의 나이로 청상과부가 되었다. 외아들인 정태일 또한 1685년 25세의 젊은 나이로 후사가 없이 요절하였다. 이러한 아픈 사연이 언간의 내용에 드러난다.

현종의 언간에서 수신자는 매우 다양하게 나타난다. 먼저, 대왕대비인 '장렬왕후'에게 보낸 편지가 있고, 대비인 어머니 '인선왕후'에게 보낸 편지도 확인된다. 또, 누나인 '숙명공주'에게 보낸 편지와 매제인 '정제현'에게 보낸 편지도 보인다. 특히 인평위 정제현에게 보낸 편지는 남성 간에 보낸 편지라는 점에서 특이하다. 이 밖에 공주인 '명안공주'에게 보낸 편지도 확인된다.

숙종의 언간에서 확인되는 수신자는 어머니인 '명성왕후'와 고모인 '숙명공주', '숙휘공주' 등이다. 왕이 어머니에게 언간을 쓰는 것이 많지 않은데 숙종의 언간 가운데 어머니에게 쓴 언간은 매우 드문 경우이다. 다만, 숙종의 편지 가운데 일반적으로 공주에게 보내는 언간은 아직까지 확인되지 않는다.

정조의 언간에서 확인되는 수신자는 외숙모인 '여흥민씨'와 생질녀인 '민치성의 부인' 등이다. 그중 여흥민씨는 홍낙인의 처로, 홍낙인은 영의정 홍봉한(洪鳳漢)의 큰아들이다. 민치성의 처는 청선공주의 딸을 말한다. 익종의 언간에서 확인되는 수신자는 명온공주이다. 명온공주는 순조와 순원왕후의 장녀로, 동녕위 김현근과 혼인하였다.

홍선대원군의 언간에서 확인되는 수신자는 '명성황후'와 '이재면'이다. 명성황후는 홍선대원군의 며느리이자 고종의 비이다. 홍선대원군이 심양에 유배 갔을 때 며느리에게 쓴 편지이다. 이재면은 홍선대원군의 큰아들인데, 남성 간에 쓴 편지라는 점에서 주목된다.

참고문헌

김일근(1986), 언간의 연구(삼정판), 건국대학교출판부.

박정숙(2017), 조선의 한글 편지, 도서출판 다운샘.

배영환(2018), 언간 자료의 특징과 대중화 방안, 어문론집 76, 중앙어문학회, 7-39.

백두현(2003), 현풍곽씨언간 주해, 태학사.

예술의전당 서예박물관(2002), 조선왕조어필, 우일출판사.

이병기 편(1948), 근조내간선, 국제문화관.

이래호(2015), 조선시대 언간 자료의 현황 및 그 특성과 가치, 국어사연구 20, 국어사학회, pp.65-126.

조항범(1997), 주해 순천김씨묘출토언간, 태학사.

황문환(2015), 조선시대의 한글 편지, 언간(諺簡), 도서출판 역락.

황문환 외(2013), 조선시대 한글편지 판독 자료집(1,2,3), 도서출판 역락.

Ⅲ. 선조, 딸들을 걱정하는 한글 편지를 쓰다

1. 머리말

선조는 중종의 손자로 덕흥대원군 이초(李岹)의 셋째 아들이다. 어머니는 증영의정(贈領議政) 정세호(鄭世虎)의 딸인 하동부대부인(河東府大夫人) 하동 정씨이다. 명종 7년(1552)에 태어나 16세인 선조 즉위년(1567)에 조선 제14대 왕으로 등극하여 1608년 승하하기까지 40년 7개월 동안 재위하였다. 선조는 명종의 사랑을 받으며 성장하였고 하성군(河城君)에 봉해졌다. 1567년 명종이 후사가 없이 승하하자 즉위하였다. 즉위 초년에 오로지 학문에 정진하여 매일 강연(講筵)에 나가 경사(經史)를 토론하였다.

한편, 선조 시기에는 사림 정치가 구현되었고, 동서 분당이 일어나 붕당정치가 시작되었다. 선조는 처음으로 훈구 세력을 물리치고 사림들을 대거 등용하였다. 명유(名儒) 이황(李滉)과 이이(李珥) 등을 극진한 예우로 대하여 침체된 정국에 활기를 불러일으키고자 힘을 쏟았다. 당시 사유(師儒)를 선발하는 데 지나치게 문사(文詞)에만 치중하는 경향이 두드러져 있고 관리를 뽑는 데도 오직 과거에만 의거해서 선비의 습속이 문장에만 치우쳐져 있었다. 이러한 병폐를 없애기 위해 선조는 학행(學行)이 뛰어난 사람을 발탁하여 각 고을을 순행하며 교회(敎誨)에 힘쓰도록 하였다.

선조 대에 들어와 정국을 주도하던 사림들은 1575년(선조 8)에 이르러 김효원(金孝元)·심의겸(沈義謙)을 각각 중심인물로 하는 당쟁을 벌여 동인(東人)·서인(西人)으로 분당되었으며, 정론(政論)이 둘로 갈라져 조정이 시끄러워졌다. 율곡 이이의 조정에도 별로 효과를 보지 못하다가 1591년 세자 책봉 문제로 집권한 동인도 서인에 대한 논죄 문제로 남북으로 다시 분열되었다. 이로써 정계는 당쟁에 휘말렸으며 국력은 더욱 쇠약해졌다. 이는 후일 양란이 일어나고 조선이 급속도로 쇠퇴하게 된 원인이 되었다.

선조는 의인왕후와 인목왕후 등 두 명의 왕후와 공빈김씨 인빈김씨, 순빈김씨, 정빈김씨, 정빈홍씨, 온빈한씨 등 6명의 후궁, 그리고 자녀 없는 후궁까지 모두 10명의 부인을 두었으며, 영창대군과 광해군을 비롯하여 14남 11녀의 자녀를 둔 것으로 알려졌다.[1] 선조는 두 대비를 모시는 데 친어머니 섬기듯 효도가 지극하였다고 한다. 또, 성품이 검소하여 화려한 것을 좋아하지 않았으며, 음식과 의복도 절제하여 비빈이나 궁인들이 감히 사치하지 못하였다. 그리고 특이하게 글씨와 그림 그리는 데에도 뛰어났다고 한다.[2]

주지하듯이 선조 재위 시기에는 민족의 아픔인 임진왜란과 정유재란이 있었다. 1592년 4월에 임진왜란이 발발하여 부산진을 필두로 각 고을이 무너지고 왜군이 침략한 지 보름 만에 서울도 위급하게 되자 수성(守城) 계획을 포기하고 개성으로 물러갔다. 도성이 무너지자 다시 평양으로 퇴각했으

1 지두환, 선조대왕 친인척, 역사문화, 2002, 35쪽.

2 이러한 내용은 〈한국민족문화대백과사전〉(인터넷판)을 참고하여 필자가 재구성함.

며, 임진강의 방어선도 무너져 의주로 피난하였다. 왕이 백성을 버리고 의주로 피난하였다는 점에서 조선의 역사상 매우 무능한 왕으로 평가되었다.

이처럼 전란을 겪은 왕이었지만 한글로 된 문서를 많이 남겼다는 점에서 흥미롭다. 선조는 현재까지 조선시대 왕 가운데 한글 편지를 남긴 최초의 임금이라고 할 수 있다. 선조 이전에도 임금이 직접 한글 편지를 썼다고 추정되지만 현재까지 전하지 않는다. 임금이 한글 편지를 쓰는 경우는 수신자가 여성일 경우에 가능하다. 대체로 하가한 공주에게 한글 편지를 쓰는 경우가 많은데, 임금의 글씨는 사가에서 보관하지 않는 것이 관례이기 때문에 현재까지 전하지 않는 경우가 많다. 그런데 선조는 언문으로 글을 많이 썼던 것으로 추정된다. 훈민정음이 창제된 지 1세기 반이 지난 당시에 비록 여성들에게 쓴 편지이기는 하지만 임금이 한글로 편지를 썼다는 사실은 한글 보급의 역사와 관련하여 자못 의의가 있다.[3]

선조 재위 시기에 언문이 많이 남아 있던 것은 임진왜란이나 정유재란과 같은 전란과 관계가 있다. 즉, 국가의 중요한 전달 사항을 백성들에게 빨리 전달해야 하기 때문에 비교적 알기 쉬운 언문으로 문서 등을 작성했던 것으로 추정된다. 실제 선조는 〈선조국문유서〉 등과 같은 한글 자료를 남겼다. 본 장에서는 선조의 한글 편지의 현황과 한글 문서 등을 살펴보고 거기에 담긴 내용을 살펴보기로 한다.

3 이병근(1996), 선조 국문 유서의 국어학적 의의, 관악어문연구 21, 서울대학교 국어국문학과, 1쪽.

2. 선조의 한글 편지 현황과 특징

현재까지 알려진 선조의 한글 편지는 전체 21건 정도로 파악된다. 선조의 한글 편지가 존재한다는 것을 알린 최초의 논의는 이병기(1948)이다. 이병기(1948)에서는 선조 어필(宣祖 御筆)을 소개하였고, 이후 김일근(1986)에서는 선조 언간이라고 하여, 전체 22건을 소개하였다. 그러나 김일근(1986)에서 제시한 22건 가운데 17번과 28번 편지는 동일하기 때문에 실제 현재까지 알려진 선조의 한글 편지는 21건으로 볼 수 있다.

〈표-1〉 선조의 언간 자료 현황

구분	개별 명칭	발신자	수신자	연대
1	新歲예 너희네	선조(아버지)	諸공주(딸)	1594
2	글월 보고 됴히 이시니	선조(아버지)	정숙옹주(딸)	1603
3	허쥰의게셔 이리 서계 ᄒᆞ여시니	선조(아버지)	정숙옹주(딸)	1603
4	글월 보고 양ᄌᆞ애 그리	선조(아버지)	정숙옹주(딸)	1603
5	글월 보고 됴히 이시니	선조(남편)	숙의(아내)	1597
6	글월 보고 네 증은	선조(아버지)	미상?(딸)	미상 (1594~1603)
7	글월 보고 됴히 이시니	선조(아버지)	정숙옹주(딸)	1603
8	글월 보고 도돈 거슨	선조(아버지)	정숙옹주(딸)	1603
9	엇디 인는다 나는 무ᄉᆞ이	선조(아버지)	諸공주(딸)	1594
10	그리 간 후의 안부	선조(아버지)	諸공주(딸)	1597
11	글월 보고 오늘 ᄯᅩ	선조(아버지)	정숙옹주(딸)	1603
12	녀나믄 證이 업ᄉᆞ니 닉일	선조(아버지)	정숙옹주(딸)	1603
13	書啓 보긔 보내노라 그	선조(아버지)	정숙옹주(딸)	1603
14	글월 보고 闕內無事 ᄒᆞ의셔도	선조(아버지)	정숙옹주(딸)	1603
15	이제야 거머 도셔 이시니	선조(아버지)	정숙옹주(딸)	미상 (1594~1603)

16	東陽尉 글시는 영노훈 샹겨지비	선조(아버지)	정숙옹주(딸)	미상 (1594~1603)
17	이 相 ᄀ장 됴ᄒ니	선조(아버지)	정숙옹주(딸)	미상 (1594~1603)
18	글월 보고 됴희 이시니	선조(아버지)	정숙옹주(딸)	1603
19	오늘은 당시 보디 아녓거니와	선조(아버지)	정숙옹주(딸)	1603
20	진 나는 이롤 허준의게	선조(아버지)	정숙옹주(딸)	1603
21	翁主롤 내 날마다 가	선조(아버지)	정숙옹주(딸)	1603

위의 표는 김일근(1986)을 참고하여 현재까지 알려진 선조의 한글 편지의 목록을 제시한 것이다. 이 가운데 8번 편지는 중복된 것으로 김일근(1986: 185)에서는 별도의 판독문을 제시하지는 않았다. 또 황문환 외(2014)에서도 동일한 8번 편지에 대해 판독문을 제시하였다.

선조의 편지 가운데 대부분은 정숙옹주(貞淑翁主)에게 보낸 것이다. 전체 21건 가운데 16건은 정숙옹주에게 보낸 것이다. 나머지 4건 또한 여러 공주에게 보낸 것, 그리고 숙의에게 보낸 것 1건이 있다. 수신자 가운데 가장 큰 비중을 차지하고 있는 정숙옹주는 선조의 후궁 가운데 인빈 김씨(仁嬪金氏, 1555~1613)와의 사이에 낳은 옹주이다. 정숙옹주(貞淑翁主)는 1587년(선조 20년) 3월 19일, 선조(宣祖)와 당시 종2품 숙의(淑儀)였던 인빈 김씨(仁嬪 金氏)의 셋째 딸로 창경궁에서 태어났다. 1595년(선조 28년), 정숙옹주(貞淑翁主)의 봉호를 받았다. 1599년(선조 32년) 신흠의 아들인 동양위(東陽尉) 신익성(申翊聖)과 혼인하였고, 2년 후에 출궁하여 사저에서 생활하였다. 신익성과의 사이에서 13명의 자녀를 두었는데 이 중 5남 4녀만이 성장하였다. 1613년(광해군 5년), 시아버지인 신흠이 계축옥사에 연루되어 감옥에 갇히자, 정숙옹주는 시어머니의 뒤를 따라 거적을 깔고 단식하기도 하였다. 이후 신흠이 유배를 가면서 가계가 곤궁해지자 옹주는 정성으로 음식을 마련하여 봉양하고, 남편 신익성의 누나가 아버지의 유배지에 문안을 가던 도중 병에 걸려 죽자, 제사에 필요한 물품을 마련해 주었으며, 신익성의 여동생 또한 돈독하게 보살펴 주었다. 또, 근검하고, 자녀 교육에 엄격했으며 인목대비가 유폐되자 궁중에 발길을 끊었다.

동양위 '신익성'은 대대로 명문 집안의 아들로 아버지는 영의정 신흠(申欽)이다. 어머니는 병마절도사 이제신(李濟臣)의 딸이다. 정숙옹주(貞淑翁主)와 혼인하여 동양위(東陽尉)에 봉해졌다. 특히 병자호란 때 인조를 호종하여 끝까지 성을 지켜 청군과 싸울 것을 주장한 인물이다. 주화파(主和派) 대신들이 세자를 청나라에 볼모로 보내자고 하자, 칼을 뽑아 대신들을 위협하기까지 하였다. 후에 최명길(崔鳴吉), 김상헌(金尙憲) 등과 함께 심양(瀋陽)에 억류당했으나 조금도 굴하지 않았다고 한다. 그리고 소현세자(昭顯世子)의 주선으로 풀려나와 귀국한 뒤 시와 글쓰기로 세월을 보냈다.[4]

한편, 정숙옹주는 남편 신익성보다 먼저 세상을 등졌다. 이에 남편 신익성은 정숙옹주의 죽음을 슬퍼하며 직접 제문을 작성하였다.

> (1) 옹주가 나에게 이르기를, "길흉은 번갈아 생기는 법인데 우리가 오랫동안 곤궁했으니 이제부터는 마땅히 형통할 것입니다. 십수 년을 더 산다면 우리 자녀들이 모두 시집 장가를 갈 것이니, 이 또한 인간 세상에서의 복입니다."라고 하였소. 그런데 조물주는 가득 찬 것을 시기하는지라 천리의 어긋남이 이에 이르고 말았다오. 막중한 제사를 나는 누구와 함께 지내겠으며, 자녀들의 혼사를 나는 누구와 함께하겠소? 슬픔과 기쁨을 나는 누구와 함께 나누

4 〈한국민족문화대백과사전〉(인터넷판) 참고

겠으며, 문안 여쭈는 일을 나는 누구와 함께하겠소? 지금 이후로 삶이 즐거울지 아닐지 상상할 수 있다오. 옹주가 세상을 떠난 이후로 나는 실의하여 살 마음이 없어졌소. 그러나 위로는 노모를 걱정하고 아래로는 아이들이 염려되며 또 옹주의 장례가 아직 끝나지 않았기에 억지로 밥을 먹고 스스로 슬픔을 억눌러가며 뭇 일들을 처리하고 있소.

위의 글에서 남편 신익성과 아내 정숙옹주는 서로 가난하게 살았지만, 서로를 아끼고 살았다는 것을 알 수 있다. 그러한 가운데 아이들을 혼인시키는 것이 복이라고 생각하였는데 아이들을 혼인시키지 못하고 아내가 먼저 떠난 것이다. 아내가 먼저 떠나자 남편 신익성은 실의에 빠지지만 노모와 아이들을 위해 앞으로 살 생각을 하고 있다. 이러한 내용에서 정숙옹주가 평범한 한 아내이자 어머니였음을 엿볼 수 있다.

한편 선조는 국문 유서(諭書)[5] 또한 남겼다. 선조 26년(1593년) 9월에 선조는 국문 유서를 작성하게 되는데, 이 문서는 임진왜란으로 의주로 파천하여 환도하기 1개월 전에 내린 것이다. 선조의 국문 유서 내용은 다음과 같다.[6]

(2) ᄇᆡᆨ셩의게 니ᄅᆞᄂᆞᆫ 글이라

님금이 니ᄅᆞ샤ᄃᆡ 너희 처엄의 예손ᄃᆡ 후리여셔 인ᄒᆞ여 ᄃᆞᆫ니기ᄂᆞᆫ 네 본 ᄆᆞᄋᆞᆷ이 아니라 나오다가 예손ᄃᆡ 들려 주글가도 너기며 도ᄅᆞ혀 의심ᄒᆞᄃᆡ 예손ᄃᆡ 드럿던 거시니 나라히 주길가도 두려 이제 드리나오디 아니ᄒᆞ니 이제란 너희

5 '유서'(諭書)는 관찰사, 절도사, 방어사 들이 부임할 때 임금이 내리던 명령서이나 여기서는 임금이 일반 백성에게 내린 명령서로 볼 수 있다.

6 이에 대해서는 이병근(1996), 장윤희(2019) 등을 참고하여 필자가 재구성함.

그런 의심을 먹디 말오 서르 권ᄒᆞ여 다 나오면 너희를 각별이 죄 주디 아닐 쑨니 아니라 그듕에 예롤 자바 나오거나 예 ᄒᆞᄂᆞᆫ 이롤 ᄌᆞ셰 아라 나오거나 후리인 사ᄅᆞᆷ올 만히 더브러 나오거나 아ᄆᆞ란 공 이시면 냥쳔 믈론ᄒᆞ여 벼슬도 ᄒᆞ일 거시니 너희 싱심도 젼의 먹던 ᄆᆞ음믈 먹디 말오 쌜리 나오라 이 쁘돌 각쳐 쟝슈의손ᄃᆡ 다 알외여시니 싱심도 의심 말고 모다 나오라 너희 듕의 힐마 나 어버이 쳐ᄌᆞ 업순 사ᄅᆞᆷ일다 네 사던 ᄃᆡ 도라와 녜대로 도로 살면 우연ᄒᆞ랴 이제 곧 아니 나오면 예게도 주글 거시오 나라히 평뎡ᄒᆞᆫ 휘면 너흰들 아니 뉘오ᄎᆞ랴 ᄒᆞ믈며 당병이 황히도와 평안도애 ᄀᆞ득ᄒᆞ엿고 경샹 젼라도애 ᄀᆞᄃᆞ기 이셔 예 곧 과글리 제 짜히 곧 아니 건너가면 요ᄉᆞ이 합병ᄒᆞ여 부산 동늬 인ᄂᆞᆫ 예돌흘 다 틸 쑨이 아니라 강남 빅와 우리나라 빅를 합ᄒᆞ여 바ᄅᆞ 예나라희 드러가 다 분탕홀 거시니 그 저기면 너희조차 쁘러 주글 거시니 너희 서르 닐러 그 젼으로 수이 나오라

만력 이십일련 구월 일

[백성에게 이르는 글이다.

임금께서 이르시되, "너희가 처음에 왜적에게 납치되어 이로 인해 다니는 것은 너의 본심이 아니라 빠져나오다가 왜적에게 붙잡혀 죽을까도(죽지 않을까 하고도) 생각하며 오히려 의심하기를 왜적에게 들어가 있던 것이니 나라가 죽일까도(죽이지 않을까 하고도) 두려워하여 지금 함부로 나오지 않으니, 이제는 너희가 그런 의심을 먹지 말고 서로 권하여 다 나오면 너희를 따로 죄 주지 않을 뿐이 아니라, 그중에 왜적을 잡아 나오거나 왜적이 하는 일을 자세히 알아서 나오거나 납치된 사람과 많이 더불어서 나오거나 어떤 공이 있으면 양천(良賤)을 불문하여 벼슬도 시킬 것이니 너희가 언감생심으로도 전에 먹었던 마음을 먹지 말고 빨리 나오라. 이 뜻을 각처의 장수들에게 다 알렸으니 언감생심으로도 의심하지 말고 모두 나오라. 너희 중에 설마 모두

다가 부모와 처자가 없는 사람이겠느냐? 옛날에 살던 데에 돌아와 옛날같이 도로 살면 웬만하랴. 이제 곧 안 나오면 왜적에게도 죽을 것이고 나라가 평온하게 진정된 후이면 너희인들 뉘우치지 않으랴. 더욱이 명나라 군사가 황해도와 평안도에 가득하게 있고 경상도, 전라도에도 가득히 있어서 왜군이 곧 급작스레 제 땅으로 곧 건너가지 않으면 근간에 합병(合兵)하여 부산 동래에 있는 왜군들을 다 칠 뿐이 아니라 중국 배와 우리나라 배를 합하여 바로 왜국에 들어가 다 분탕(焚蕩)할 것이니 그때라면 너희까지 함께 휩쓸려 죽을 것이니 너희가 서로 이야기하여 그 전에 빨리 나오라. 만력 21년(1593) 9월 일]

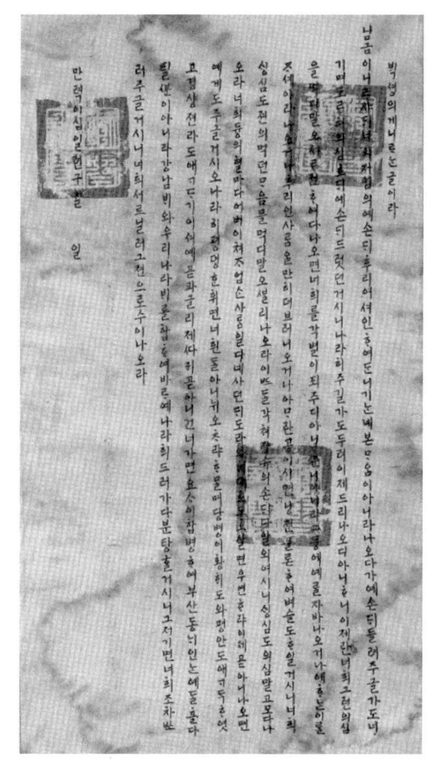

〈선조국문유서, 1593년〉

위의 문서는 1장 449자로 되어 있는데, 지면의 세 군데에 '유서지보(諭書之寶)'라는 어보가 찍혀 있어, 이 문서는 국문 유서로 보는 것이 일반화되어 있다.[7] 특히 선조가 왜군에 잡혀 있는 포로인들에게 왜군을 잡아 나오거나 왜군이 하는 일을 자세히 알아 가지고 나오거나 잡힌 백성을 많이 데리고 나오도록 회유하면 양천은 물론 벼슬까지 약속하고 있다. 이에 당시 김해 수성장 권탁(權卓, 1544~1593)이 이 〈국문 유서〉를 가지고 포로로 가장한 채 적진에 들어가 왜군 수십 명을 죽이고 백성 100여 명을 구출해 나왔다는 사실(李秉根, 1996:2)을 고려하면 유서가 포로로 잡혀 있는 백성들을 회유하기에 충분했던 것으로 추정된다.

실제 이러한 사실은 〈조선왕조실록〉 선조의 기사에서도 확인된다.

(3) 부산(釜山) 등지에 있는 우리 백성으로서 왜적에게 투항하여 들어간 자가 매우 많은데 돌아오고 싶어도 돌아오면 화를 당할까 의심하는 자가 어찌 없겠는가. 별도로 방문(榜文)을 만들어 분명하게 고유(告諭)하되,[8] 나오면 죽음을 면제시켜 줄 뿐만이 아니라 평생토록 면역(免役)시킬 것을 물론 혹 포상으로 벼슬도 줄 수 있다는 등의 일을 참작해서 의논하여 조처하도록 비변사에 이르라.[9]

위의 내용은 선조 26년 9월 9일에 내려진 문서인데, 선조는 비망기를 통해 명령을 내렸다. '비망기'란 임금이 명령을 적어서 승지에게 전하던 문서

---

7 이에 대해서는 이병근(1996) 참조.

8 고유(告諭)하되: 어떤 사실을 널리 알려서 깨우쳐 주되.

9 備忘記曰: "釜山等處, 我國人民, 多數投入其中, 豈無欲還而疑阻者? 別作榜文, 明示告諭, 如果出來, 非徒免死, 當終身免役, 或許賞職等事, 參酌議處事, 言于備邊司." 선조실록 42권, 선조 26년 9월 9일 庚申 3번째 기사.

를 말하는데, 위의 내용에서 왜란 중에 포로로 잡힌 백성들을 걱정하면서, 그들이 해가 되지 않을까 두려워했던 것으로 보인다.

선조가 그 당시 국문으로 유서를 내린 것은 매우 이례적인 일이었다. 어려운 시기에 일반 백성에게 나라가 하고자 하는 일을 효과적으로 전하려면 한문보다는 언문으로 글을 작성하는 것이 효과적이기 때문에 이렇게 국문으로 유서를 작성한 것으로 추정할 수 있다.

3. 자상한 아버지로서의 애틋한 사연

3.1. 병마와 싸우는 딸을 보는 안타까움

선조 대왕 시기는 임진왜란과 정유재란이라는 전란으로 인해 나라 전체가 어려웠던 때였지만, 그 시기 일반 백성을 괴롭힌 또 하나의 무서운 것은 바로 역병(疫病)이었다. 역병은 전염병이지만 그 가운데 두역(痘疫)이라고 할 정도로 천연두가 가장 무서운 병이었다. 특히 조선시대에서는 '두역'을 '마마'라고 부르기도 하여, '호환(虎患)'과 더불어 일반 백성이 가장 무서워하는 것 중의 하나였다. 더구나 '마마'는 돌림병으로 자기뿐 아니라 주위의 가족이나 이웃에게도 전염시키고, 치사율도 높기 때문에 더욱 공포스러운 질병이라고 할 수 있다.

그런데 조선시대 두역의 유행 횟수는 〈조선왕조실록〉의 기록에 의하면 1390년대부터 1890년대까지 480여 건에 해당된다고 한다. 그 가운데 숙종은 그 자신이 두역에 걸려 어려움을 겪은 바가 있다. 또, 선조 대왕 시기 역시 역질이 창궐하여 나라 전체가 어려웠던 모양이다.

(4) 가. 왕자(王子) 의안군(義安君)이 역질(疫疾)을 얻어 당일에 죽자, 3일 동안 정조시(停朝市)하였다.[10]

나. 해주에 머물고 있던 왕녀(王女)가 죽었다. [나이 겨우 6세인데 역질(疫疾)로 죽은 것이다.][11]

다. 평안 감사의 서장에, 도내에 역질(疫疾)이 크게 유행하여 각읍이 장차 텅 비게 되었으니, 치료할 약물을 보내달라고 하였다.[12]

선조대왕 시기에는 역질로 인해 왕자 '의안군'이 세상을 떠나기도 하였고, 왕녀도 또한 세상을 등졌다. 왕녀도 겨우 6살밖에 되지 않는 나이에 안타깝게 죽음을 맞이한 것이다. 또, 선조 시대에는 전국적으로 역질에 의한 사망자 수가 증가하고, 각지에서는 치료할 약물이 필요했다. 그러므로 선조 대에서는 밖으로는 외적의 침입에 나라가 어려웠고, 안으로는 역병으로 인해 백성의 삶이 피폐해졌다. 특히 선조는 역병 때문에 자신의 아이까지 잃게 되자 공포가 극에 달했다고 할 수 있다.

한편, 조선시대에 역병은 단순히 전염병이 아니라 왕권에 대한 하늘의 시험으로 인식하는 경향이 있었다. 즉, 역병이 창궐하여 백성이 죽어 나가게 되면 곧 왕도 자신의 무능이나 부덕의 소치로 생각하였다. 그러므로 역병은 하루 빨리 퇴치하여야 할 국가적 재난이었다. 그러나 선조 시대에는 변변한 의약 방문조차 마땅치 않았다. 이에 선조는 어의였던 허준(許浚)에게 명나라의 방문을 그 당시 우리말로 번역하게 하였다. 그 책이 바로 『언해 두창집요』이다. 『언해 두창집요』는 선조 41년(1608)에 간행된 것으로 역병

10 선조실록 22권, 선조 21년 2월 24일 정축 1번째 기사.

11 선조실록 136권, 선조 34년 4월 5일 임신 4번째 기사.

12 선조실록 22권, 선조 21년 12월 6일 갑신 1번째 기사.

이 창궐하자 그것을 쉽게 치료하고 대응하도록 책으로 만들어 전국 각지로 보급한 것이다. 그만큼 그 당시 역병에 대한 고통이 매우 심했다고 할 수 있다. 선조 역시 아들과 딸이 역병 때문에 어려움을 겪은 것으로 알려졌는데, 그러한 내용이 일부 한글 편지에 잘 나타난다.

선조가 남긴 편지 가운데 대표적인 것은 시집간 딸이 병이 난 상황을 안타까워하는 내용이다. 더구나 그 당시에 역질이 돌아 걱정하는 아버지의 심정이 잘 드러나 있다.

(5) 글월 보고 도ᄃᆞᆫ 거ᄉᆞᆫ 그 방이 어둡고 너 역질ᄒᆞ던 방 날도 陰ᄒᆞ니 日光이 도라디거든 내 親히 보고 ᄌᆞ셰 ᄀᆡ별호마 대강 用藥ᄒᆞᆯ 이리 이셔도 醫官 醫女ᄅᆞᆯ 드려 待令ᄒᆞ려 ᄒᆞ노라 분별 말라 ᄌᆞ연 아니 됴히 ᄒᆞ랴 萬曆 三十一年 癸卯 復月 十九日 巳時〈1603년, 선조(아버지)→정숙옹주(딸)〉

[글월 보고 (몸에) 돋은 것은 그 방이 어둡고(너 역질 하던 방) 날도 음습하니 햇빛이 돌아지거든 내 친히 보고 자세히 기별하마. 대강 약을 쓸 일이 있어도 의관과 의녀를 들여 대령하려 한다. 그러니 걱정하지 마라. 역질치레를 자연 아니 잘하겠느냐?

만력 삼십일년 계묘 복월 십구일 사시]

위의 편지는 선조가 정숙옹주에게 보낸 내용인데, 정숙옹주의 동생인 정안옹주(定安翁主)가 역질을 앓게 되자 언니인 정숙옹주가 동생을 걱정하는 내용을 아버지인 선조에게 보내고, 이에 대해 답장을 보낸 것이다. 아마도 딸이 역질에 걸리고 그 후에 얼굴에 딱지가 난 것으로 보인다. 그러한 딸을 직접 가서 보고 알려 주겠다고 하는 자상한 모습을 보이고 있다. 그리고 역질에 걸린 딸이 역질치레를 자연스럽게 할 것으로 생각하고 있다.

한편, 선조는 역질을 앓는 딸을 직접 가서 보고 어의 허준과 함께 딸의 병의 상태를 논의했던 것으로 보인다.

(6) 翁主ᄅᆞᆯ 내 날마다 가 보고 許浚이와 의논ᄒᆞ거니와 내 보매ᄂᆞᆫ 아ᄆᆞ려도 의심 업ᄉᆞ니 분별 말고라 參議(判) 하 근심ᄒᆞᆫ다 ᄒᆞ니 지극 운노라 며ᄂᆞ리ᄅᆞᆯ 그리 듕히 너기니 고마올샤 ᄇᆞᆯ셔 누른 기믜 드럿고 도ᄃᆞᆫ 터도 각각 도닷디위 ᄒᆞᆫ디 착난티 아니ᄒᆞ얀ᄂᆞ니 다ᄆᆞᆫ 나히 한 ᄃᆞ로 열ᄒᆞ야 디내연ᄂᆞ니〈1603, 선조(아버지)→정숙옹주(딸)〉

[옹주를 내가 날마다 가 보고 허준이와 (옹주의 상태를) 의논하는데, 내가 보기에는 아무래도 (낫는 것이) 의심 없으니 걱정하지 마라. 참의에게 너무 걱정한다고 하니 매우 웃는다. 며느리를 그리 중하게 여기니 고마울 뿐이다. 누런 기미 들었고 돋은 부위도 모두 돋았지만 착란치 아니하였으므로 다만, 나이 많은 까닭으로 열이 나서 지내었으니.]

역질에 걸린 옹주가 궁궐에 들어온 것인지 아니면 궁궐 주변에 피접을 온 것인지는 정확히 알기 어렵지만 선조는 자주 찾아볼 수 있는 곳에서 역질을 치료하던 것으로 보인다. 선조는 매일 어의 허준과 함께 가서 딸의 상태를 확인했던 것이다. 사실 역질은 무서운 전염병이기 때문에 대부분의 사람들이 가까이 가기 꺼려했을 것이지만 아버지인 선조는 직접 딸을 방문한 것이다. 누런 기미, 돋은 부위 등으로 볼 때 역질을 앓고 부스럼 등이 얼굴에 난 것으로 볼 수 있다. 시집을 간 딸이기 때문에 시아버지 역시 며느리가 역질에 걸려 목숨이 위태로운 것을 걱정하고 있어, 선조는 너무 걱정하지 말라고 위로를 한 것으로 보인다. 며느리를 그렇게 중하게 여기는 것을 고맙게 생각하는 데서 진심으로 딸을 사랑하는 선조의 인간적인 면모를 느낄 수 있다.

(7) 글월 보고 양ᄌᆞ애 그리 도다시면 ᄀᆞ장 듕ᄒᆞ도다 엇디려뇨 셩혼 안닌 ᄌᆞ식이면 내 므스 일 이리 근심ᄒᆞ리 도ᄃᆞᆫ 거ᄉᆞᆯ ᄌᆞ세 보와 닐러라 오늘 ᄆᆞᄌᆞᆨ 막 돗놋다〈1603, 선조(아버지)→정숙옹주(딸)〉

[글월 보고 얼굴에 그리 돋았으면 매우 중하도다. 어찌하려는가. 결혼 안 한 자식이면 내 무슨 일로 이리 근심하리. 돋은 것을 자세히 보아 알려라. 오늘 마지막 돋았구나.]

(7)에서는 옹주가 역질을 앓고 '두창'이 생겨 얼굴에 곰보 자국이 난 것으로 추정된다. 아버지 선조는 시집을 간 딸이 얼굴에 종기가 나서 흉하게 된 것을 매우 걱정스럽게 생각하였다. 특히 결혼을 하지 않은 자식이면 문제가 되지 않지만 결혼을 한 딸자식이 얼굴에 자국이 난 것을 더욱 걱정하고 있어 흥미롭다고 할 수 있다.

선조는 시집간 딸들이 아플 때도 수시로 어의 허준에게 물어 처방전을 보내고 또, 약을 보냈던 것으로 보인다.

(8) 허쥰의게셔 이리 서계 ᄒᆞ여시니 清心元 半半丸을 슉닝의 ᄀᆡ여 목 ᄆᆞᆯ라 ᄒᆞᆯ 제 ᄡᅳ고 샹당ᄒᆞᆫ 약을 약방으로 ᄒᆞ야 드리라 ᄒᆞ야 급히 ᄡᅳ라 이 뒤도 보내논 이 달혀 ᄆᆡᆼ건이 ᄒᆞ야 수이 머기라〈1603, 선조(아버지)→정숙옹주(딸)〉

[허준에게서 이렇게 글이 왔는데, 청심환 반반환을 숭늉에 개어 목말라 할 때 쓰고, 상당한 약방으로 하여 들이라 하여 급히 써라. 이 뒤도 보내는 것 달여 밍밍하게 하여 빨리 먹이라.]

(9) 진 나ᄂᆞᆫ 이ᄅᆞᆯ 허준의게 무ᄅᆞ니 만ᄒᆞᆫ 듕에 바덧 그러니 업ᄉᆞ링잇가 ᄒᆞ고 오직 여러 날 대변을 몯ᄒᆞ니 열이 업디 아니ᄒᆞᆯ 거시니 약을 ᄒᆞ야 수이 통ᄒᆞ게 ᄒᆞ라 ᄒᆞᆫ다 이제ᄂᆞᆫ 긔운 엇더ᄒᆞ니〈1603, 선조(아버지)→정숙옹주(딸)〉

[진 나는 것을 허준에게 물으니 많은 것 중에 간혹 그러하니 없겠습니까 하고 오직 여러 날 대변을 못하니 열이 없지 아니할 것이니 약을 하여 빠르게 통하게 하라 한다 이제는 기운이 어떠한가?]

위에서 보면 딸이 아프다는 소식을 듣고 증세를 물어보고 어의 허준에게 증세에 맞게 처방전을 받았던 것으로 나타난다. 또 청심환과 같은 약을 직접 보내면서 먹는 법까지 자상하게 알려 주고 있다. 숭늉에 개서 먹으라는 것이나 약을 달여서 밍밍하게 해서 먹으라는 내용은 병을 앓고 있는 딸을 걱정하는 자상한 아버지의 모습을 보이고 있다. 또 다른 사연에서도 병을 앓고 진이 나는 것을 걱정하여 허준에게 물어보는 대목에서 시집간 딸이지만 진심으로 걱정하는 모습을 엿볼 수 있다.

(10) 글월 보고 네 증은 담증이로다 調理ᄒᆞ면 아니 됴ᄒᆞ랴 藥은 지여 보내노라

[글월 보고 네 증은 담증이구나. 조리하면 아니 좋겠느냐. 약은 지어 보내노라.]

(11) 인동채 ᄉᆞ과만 몯ᄒᆞ니 ᄉᆞ과ᄅᆞᆯ 달혀셔 사당 빠 머기라

[인동채 사과만 못하니 사과를 달여서 사탕 타 먹이라.]

한편 그 시기에 딸들이 앓았던 병이 어떠한 것인지 엿볼 수 있기도 하다.

(10)에서 보듯이 선조는 담증을 앓는 딸이 있어 약을 지어 보내기도 하였다. 한방에서 '담'은 "인체의 기혈이 순조롭게 운행되지 않아서 장부의 진액이 일정 부위에 몰려 걸쭉하고 탁하게 된 것으로 일련의 질병 때 병적으로 생기며, 병을 일으키는 요인"[13]으로 설명하는데 이러한 '담'이 쌓이면 '담증'이 되는 것으로 본다. 또 다른 편지에서는 '인동채'와 '사과'가 약재로 쓰였음을 볼 수 있는데, 한방에서 '인동'은 신경통과 요통에 효험이 있으며 꽃은 기관지 염증을 낫게 하는 데 큰 도움을 준다고 한다. 특히 '인동채'는 '인동'의 줄기와 잎사귀를 말린 것으로 이뇨(利尿), 해열, 한열(寒熱), 풍습(風濕), 종기(腫氣) 따위에 쓰인다고 한다. 그런데 딸이 어떠한 병에 걸린 것인지 몰라도 '인동채'보다는 '사과'가 더 효험이 있다고 알려 준다.

한편, 선조는 왜란 후에 피란을 간 딸들에게 편지를 보내 안부를 걱정하기도 한다.

(12) 그리 간 후의 안부 몰라 ᄒᆞ노라 엇디들 인는다 셔울 각별ᄒᆞᆫ 긔별 업고 도적은 믈러가니 깃거ᄒᆞ노라 나도 무ᄉᆞ이 인노라 다시곰 됴히 잇거라〈1597, 선조(아버지)→諸옹주(딸)〉

丁酉 九月 二十日

[그리 간 후에 (어찌 지내는지) 안부를 모르고 있다. 어찌들 있느냐. 서울 각별한 기별 없고 도적은 물러가니 기뻐하노라. 나도 무사히 있다. 거듭 잘 있거라.]

필사기가 정유년이라고 된 것으로 볼 때 위의 편지는 정유년 1597년 9

---

13 〈한국전통지식포탈〉 참고

월에 선조가 여러 옹주에게 쓴 것이다. 정유재란은 선조 30년(1597) 1월에 일본군 20만이 다시 조선을 침략하면서 일어났다. 그 후 전황이 좋지 않자 선조는 6월에 옹주 등을 강화도로 피난시키고자 하였다. 〈조선왕조실록〉의 다음과 같은 기록에서도 이러한 사실을 확인할 수 있다.

(13) 비망기로 정원에 전교하였다.

중국군이 경성(京城)에 가득하여 여염이 소요스럽고 침욕(侵辱)당하는 폐단이 없지 않을 것인데, 마 도독(麻都督)은 달자(㺚子) 5백 명까지 거느리고 왔으니 더욱 염려된다. 그래서 옹주(翁主) 등을 우선 강화(江華)로 피난시켜야겠으니 차지 내관(次知內官)에게 선박이 정제(整齊)되는 대로 잘 보호하여 건너도록 이르라. 또 이후에 문안하는 일로 왕래하는 사람이 있어야 하니, 선박을 정제하고 항시 기다리라고 주사 대장(舟師大將)에게 이르라.[14]

전란이 다시 일어나자 선조는 서울을 떠나 다른 곳으로 피란을 계획하고 있었다. 실제 위의 기록에서도 옹주들을 강화도로 옮기게 한 기록이 확인된다. 전란이 일어났지만 전쟁에 가장 나약한 여성들을 먼저 안전한 곳으로 옮겼던 것이다. 이어 선조는 어린 왕자들도 해주로 피신시키도록 하였다. 즉, 한곳으로 가게 하지 않고 분산시켜 안전한 곳으로 보낸 것이다. 그러나 이러한 상황에 대해 명나라 군사들의 불만도 나타났다. 이는 명나라의 오 총병이 다음과 같이 이야기한 내용에서 유추할 수 있다.

(14) '국왕(國王)이 왕자녀(王子女)를 다 내보내고 국왕 역시 곧 뒤따라 나

14 선조실록 89권, 선조 30년 6월 20일 기묘 2번째 기사.

갈 것이라고 들었는데 그런가? 이것은 무슨 뜻인가? 중국에서 그대 나라를 위하여 이처럼 주선하고 있는데 국왕은 수습할 생각은 하지 않고 이처럼 하고 있다니, 만약 국왕이 아침에 나가면 우리들은 저녁에 돌아갈 것이다. 나는 집을 떠난 지 7년이 되도록 만 리 이역에서 분주하게 일하고 있는데 이것이 어찌 좋아서 하는 일이겠는가. 국왕이 만약 스스로 자기 나라를 버린다면 중국군들이 무엇 때문에 그대 나라에 와서 지키며 전량(錢糧)을 허비하겠는가. 이것이 무슨 일인가? 듣고는 매우 괴이해 놀랐다.' 하였습니다.[15]

〈조선왕조실록〉 기사에서 정유재란 당시 전쟁이 시작되자 선조는 이전의 임진왜란 때처럼 한양을 버리고 다른 비빈과 공주 등을 데리고 강화도로 피란을 계획하고 있었던 것으로 보인다. 이 사실을 안 명군은 7년이 넘도록 다른 나라에 와서 분주하게 일을 하고 있는데, 정작 조선의 왕은 나랏일을 돌보지 않고 피란 갈 생각을 하는 것에 대해 항의한 것이다. 그러한 일 때문인지, 아니면 전쟁이 이전처럼 급박하지 않아서인지 선조는 피란을 가지는 않았다. 그러나 일부 공주나 옹주들은 다른 곳으로 옮긴 것으로 보인다. 특히 도적이 물러가고 딸들에게도 큰 탈이 없는 것에 진심으로 기뻐하는 모습을 볼 수 있다.

3.2. 일상의 해학과 자상한 면

선조의 재위 시기는 국난을 두 번이나 겪었고, 역병이 전국 각지에서 수차례 발발했기 때문에 안팎으로 피폐하던 때였다. 나라가 평안해야 왕도

---

15 선조실록 89권, 선조 30년(1597) 6월 28일 정해 3번째 기사.

걱정이 없고 태평 시절을 보낼 수 있었지만 선조는 내우외환에 시달려야 했다. 그럼에도 불구하고 때로는 일상의 여유로움이나 가장으로서의 자상한 면을 보이기도 하였다.

(15) 東陽尉 글시는 영노ᄒᆞᆫ 샹겨지비 남진 여러ᄒᆞ니 ᄀᆞᆮ고 錦陽尉 글시는 청년 과뷔 사ᄒᆞᆯ 굼고 병ᄒᆞ니 ᄀᆞᆮ다 이 마ᄅᆞᆯ 보면 글시품ᄃᆞᆯᄒᆞᆯ 알리라〈미상(1594~1603), 선조(아버지)→정숙옹주(딸)〉

[동양위 글씨는 영리한 상겨집이 남편 여럿 하니 같고, 금양위 글씨는 청년 과부 사흘 굶고 병하는 것 같다. 이 말을 보면 글씨 품들을 알리라.]

선조가 정숙옹주에게 보내는 편지 가운데는 사위의 글씨를 평하는 내용이 있다. 동양위 글씨는 영리한 상겨집이 남편을 여럿을 얻은 것 같다고 하였고, 금양위 글씨는 청년 과부가 사흘 굶고 병든 것 같다고 한 것이다. 이러한 평을 볼 때 동양위 글씨는 비교적 활달한 반면, 금양위 글씨는 다소 힘이나 기백이 없는 것으로 추정된다.

동양위(東陽尉)는 '신익성'(申翊聖)을 말하는데 곧 정숙옹주(貞淑翁主)의 남편이다. 그런데 동양위는 문장과 시, 서에 뛰어났으며 김상용(金尙容)과 더불어 전서의 대가였다고 알려졌다.[16] 그러므로 동양위는 글씨도 매우 잘 썼던 것으로 보이는데, 영리한 상겨집처럼 쓴 것으로 평하였다는 점이 특이하다.

금양위(錦陽尉)는 '박미'(朴瀰)를 말하는데, 박미의 아버지는 참찬 박동량(朴東亮)이다. 1603년(선조 36) 선조의 딸 정안옹주(貞安翁主)와 결혼하여 금양위

---

16 〈한국민족문화대백과사전〉(인터넷판) 참고.

가 되었다. 어릴 때부터 문예에 능했고 이항복(李恒福)에게 배웠으며, 장유(張維)·정홍명(鄭弘溟) 등과 사귀었다. 1638년(인조 16) 동지 겸 성절사(冬至兼聖節使)로 청나라에 다녀오고, 금양군(錦陽君)으로 개봉(改封)되었다. 글씨에도 능하였는데 많은 유묵(遺墨)이 있으며, 서체는 특히 오흥(吾興)의 체를 따랐다. 청렴하기로 이름이 났었다.[17]

그런데 흥미로운 것은 '동양위'나 '금양위'가 모두 글씨가 뛰어났다는 점이다. 물론 선조 역시 글씨를 잘 쓴다고 알려졌다. 선조는 중국 사신들이 그 필적을 얻고자 애를 쓸 정도로 조선의 왕 가운데 최고의 명필로 꼽힌다. 또, 글씨뿐만 아니라 그림도 잘 그린 것으로 알려졌다.[18] 그렇다고 하더라도 사위의 글씨를 평하고, 더구나 여성의 모습으로 비유했다는 것은 글씨를 통해 여유와 해학을 나타낼 만큼 사위들과 가까웠다고 할 수 있다. 또 다른 한편, 자신도 글씨에 자신이 있음을 간접적으로 나타낸 것으로 볼 수 있다.

한편 다음과 같은 편지에서는 딸을 위로하는 여유도 보여 준다.

(16) 이 相 ᄀᆞ장 됴ᄒᆞ니 夫人될로다 술비치 거므면 댱슈타 ᄒᆞ얀ᄂᆞ니라 져기 ᄌᆞ라거든 고텨 보쟈〈미상(1594~1603), 선조(아버지)→정숙옹주(딸)〉

[이 상 가장 좋으니 부인될 것이다. 살빛이 검으면 장수한다 하였느니라. 좀 자라면은 고쳐 보자.]

위의 편지는 정숙옹주가 아이를 낳았을 때 보낸 것으로 보인다. 그런데 태어난 아이가 여자아이인데, 마침 건강하고 살빛이 검었던 모양이다. 선

17 〈한국민족문화대백과사전〉(인터넷판) 참고.

18 박정숙, 조선의 한글 편지, 도서출판 다운샘, 324쪽.

조는 이를 귀한 상으로 보고 살빛이 검으면 장수한다는 옛말을 전하기도 하였다. 또, 좀 자라서 검은 피부를 좀 고쳐 보자는 말도 한다. 이러한 모습에서 딸을 사랑하는 아버지의 평범한 모습을 보여 주고 있다.

4. 결론

조선시대 선조는 재위 기간이 40여 년일 정도로 오랫동안 왕위에 있었지만, 재위 기간에 붕당이 생기고, 양란이 일어나 민족적으로나 개인적으로 불행한 삶을 살았다고 할 수 있다. 특히 한양을 버리고 의주까지 피란을 감으로써 일반 백성들의 원성을 사게 되었고 무능한 왕으로 평가되었다. 이는 왕이나 조정을 불신하게 만들거나 신분제에 균열을 일으키는 등, 일반 백성의 근대 의식을 싹트게 하는 계기가 되기도 하였다. 그러나 한편으로는 조선의 왕 가운데 한글로 공식적인 문서를 처음으로 작성하여 일반 백성에게 알렸다는 점에서, 한글의 보급 측면에서는 긍정적인 역할을 담당했다고 할 수 있다.

아울러 선조는 한글 편지를 20여 편 남겨 조선시대 왕 가운데는 현재까지 가장 이른 시기에 언간을 남긴 왕이기도 하였다. 언간이 대체로 여성의 글쓰기라는 점에서 왕이 한글 편지를 남긴 것은 이례적이라고 할 수 있다. 선조가 남긴 한글 편지는 대부분 정숙옹주에게 보낸 것이다. 선조의 자녀를 감안하면 아마도 훨씬 더 많은 편지가 있었겠지만 현재까지 전하는 것은 20여 건뿐이다.

선조의 한글 편지의 주된 내용은 아픈 딸을 걱정하고 약을 지어 보내는 등 가족의 건강과 관련되어 나타난다. 그리고 양란을 겪은 후에 가족의 안위를 걱정하는 등 가족에 대한 염려가 주를 이룬다. 그 밖에 특이하게도 부마의 글씨를 평하는 내용이 있는데, 부마의 글씨를 여성의 모습에 비유하는 것은 일상의 여유와 해학을 느끼게 해 준다. 이러한 내용을 통해 볼 때 비록 전란을 겪은 왕이지만 가족에 대한 건강, 그리고 안위를 걱정하는 등 평범한 아버지로서의 모습을 보인다는 점에서 인간적인 면모를 엿볼 수 있다.

참고문헌

김유범(2014), 한글 고문서 「宣祖國文諭書」에 대하여, 국어사연구 18, 국어사학회.

김일근(1986), 언간의 연구(삼정판), 건국대학교출판부.

박정숙(2017), 조선의 한글 편지, 도서출판 다운샘.

예술의전당 서예박물관(2002), 조선왕조어필, 우일출판사.

이래호(2015), 조선시대 언간 자료의 현황 및 그 특성과 가치, 국어사연구 20, 국어사학회, pp.65-126.

이병근(1996), 선조 국문 유서의 국어학적 의의, 관악어문연구 21, 서울대학교 국어국문학과.

이병기 편(1948), 근조내간선, 국제문화관.

장윤희(2019), 〈선조 국문 諭書〉(1593)의 언어와 포로 인식, 한국학연구 54, 인하대학교 한국학연구소.

지두환(2002) 선조대왕 친인척, 역사문화.

황문환(2015), 조선시대의 한글 편지, 언간(諺簡), 도서출판 역락.

황문환 외(2013), 조선시대 한글편지 판독 자료집(1,2,3), 도서출판 역락.

Ⅳ. 효종, 장모와 딸들에게 안부 편지를 보내다

1. 머리말

조선 제17대 임금 효종의 휘(諱)는 호(淏)이다. 인조(仁祖)의 둘째 아들로 태어났다. 어머니는 인열왕후(仁烈王后) 한씨(韓氏)이고 비는 우의정 장유(張維)의 딸 인선왕후(仁宣王后)이다. 1626년(인조 4)에 봉림대군(鳳林大君)에 봉해지고, 1636년의 병자호란으로 이듬해 소현세자(昭顯世子)와 함께 청나라에 볼모로 잡혀가 8년간 있었다.

인조의 장남이자 세자였던 소현세자가 청나라에서 돌아와 1645년 갑자기 죽게 되자 효종이 세자에 책봉되었다. 이어 1649년 인조가 승하하자 왕위에 올랐다. 효종은 그와 뜻을 같이하는 신하들과 함께 은밀히 북벌 계획을 수립하여 군사를 양성하고 군비를 확충하였다. 하지만 북벌 정책을 반대하는 신하들의 목소리도 높았다. 효종이 즉위한 지 8년째 그의 북벌 정책은 사대부의 반대로 위기에 봉착하였다. 그 가운데 송시열(宋時烈) 등이 주도하여 군비 확장으로 인한 백성의 생활고를 거론하며 북벌 정책을 비난

하였다. 효종은 사대부의 지지를 받지 못하게 되자 정책의 동력을 상실하게 되었다. 이에 송시열, 송준길(宋浚吉) 등을 중용(重用)하여, 사대부의 지지를 기반으로 하여 북벌 정책을 추진하고자 하였다. 하지만 당시 이조판서로 실권을 장악한 송시열과 병조판서 송준길이 추진하는 북벌 정책은 명분만 있고 실질적인 정책으로 추진되지 못했으며 사대부의 지지를 이끌어 내지도 못했다. 1659년 5월 4일 효종이 갑자기 승하하자 그가 추진했던 북벌 정책도 뜻을 이루지 못하게 되었다.[1]

효종이 쓴 한글 편지가 존재한다는 것을 알린 최초의 연구는 김일근(1986)이다. 김일근(1986:62)에서는 〈숙명신한첩〉 내에 9편과 〈숙휘신한첩〉에 2편, 그리고 소현세자와 더불어 심양에 볼모로 잡혀 있는 동안 그의 장모 장유(張維) 부인에게 쓴 답장 2건을 소개하였다. 이들 편지는 모두 후손가에 전해진 것으로 알려졌다. 다만, 여기에서는 원본 이미지를 제시하지 않고 판독문만 제시하였다는 아쉬움이 있다. 효종의 한글 편지 가운데 원본 이미지를 처음 제시한 것은 예술의전당 서예박물관(2002)에서이다. 예술의전당 서예박물관(2002)에서는 효종의 한글 편지 4건의 원본 이미지와 판독문, 그리고 간단한 해제를 제시하였다. 이 가운데 3건은 숙명공주에게 보낸 편지이고 나머지 1건은 장모인 장유 부인에게 쓴 편지이다. 예술의전당 서예박물관(2002:203)에서는 다음과 같이 제시하고 있다.

(1) 신셰예 긔운이나 평안ᄒᆞ옵신가 ᄒᆞ오며 ᄉᆞ힝ᄎᆞ 드러오올 제 덕ᄉᆞ오신 편지 보옵고 친히 뵈옵ᄂᆞᆫ ᄃᆞᆺ 아ᄆᆞ라타 업서 ᄒᆞ오며 쳥음은 뎌리 늘그신ᄂᆡ가 드러와 곤고ᄒᆞ시니 그런 일이 업ᄉᆞ오이다 힝ᄎᆞ 밧브고 ᄒᆞ야 잠 덕ᄉᆞᆸᄂᆞ이다

1 이에 대해서는 〈한국민족문화대백과사전〉(인터넷판)과 〈두산백과〉(인터넷판) 등을 참고하여 작성하였다.

신ᄉ 정월 초팔일[2] □호[3]

[해제] 인조 19년(1641) 1월 8일에 효종이 봉림대군(鳳林大君) 시절 심양(瀋陽)에 볼모로 가 있을 때, 장모(丈母)인 장유(張維)의 부인에게 보낸 편지이다. "쳥음은 뎌리 늘그신너가 드러와 곤고ᄒᆞ시니…"라고 하여 주격조사(主格助詞) '가'를 사용한 점이 주목된다.

위와 같이 예술의전당 서예박물관(2002)에서는 원본 이미지를 뒤에 제시하고 판독문과 간단한 해제를 제시했다는 특징이 있다. 이 밖에 이종덕(2005:13)에서는 효종의 언간에 대해 간략하게 소개하고 있다. 장모에게 보낸 언간은 효종이 심양에 볼모로 가 있을 때(1637~1645) 장모에게 보낸 언간이 〈심양신한첩〉과 장유 후손가 서첩에 각각 1편씩 모두 2편이 있다고 하였다. 아울러 장모에게 보낸 편지는 각각 발신일이 적혀 있어 심양에서 보낸 것임을 알 수 있고, 숙명공주에게 보낸 언간 9건과 숙휘공주에게 보낸 2건은 두 딸이 성혼한 이후에 보낸 것들로 추정하였다.

한편 국립청주박물관(2011)에서는 효종의 한글 편지 9건의 원본 이미지와 판독문 그리고 현대어역 그리고 간단한 주석 등이 제시되어 연구자는 물론 일반인들도 자료를 이용하기에 편리하게 구성되어 있다. 이 자료집은 〈숙명신한첩〉[4]에 있는 언간들을 모두 살펴볼 수 있어 주목할 필요가 있다.

---

2 새해에 기운이나 평안하신가 하며 사신 행차 들어올 때 적으신 편지 보고 친히 뵙는 듯 무엇이라 할 바 없이 기쁘며 청음은 저렇게 늙으신네가 들어와 고생하니 그런 일이 없습니다. 행차 바쁘고 하여 잠시 적습니다. 신사년 정월 초팔일 호.

3 발신인인 효종의 이름이 들어간 부분으로 보이는데, 앞의 부분은 천으로 덮어 있고, 뒤의 부분만 '호'로 남아있다. '호'는 효종의 이름일 수 있다. 효종의 명은 '호(淏)'이다. 다만, '호' 앞에 다른 글자가 있다고 보기 어렵다. 기휘(忌諱)하기 위하여 '호'자를 덮은 천일 가능성이 더 높다.

4 『숙명신한첩(淑明宸翰帖)』은 효종(孝宗, 1619~1659), 현종(顯宗, 1641~1674), 인조계비

현재까지 전해지는 효종의 한글 편지를 표로 보이면 다음과 같다.

〈표-1〉 효종의 한글 편지 현황

구분	개별 명칭	발신자	수신자	비고
1	뎌 즈음 두어 슌	효종(사위)	장유 부인(장모)	봉림대군
2	신셰예 긔운이나 평안ᄒᆞᄋᆞᆸ신가 ᄒᆞ오며	효종(사위)	장유 부인(장모)	봉림대군
3	너ᄂᆞᆫ 어이 이번의 아니	효종(아버지)	숙명공주(딸)	
4	너ᄂᆞᆫ 싀집의 가 바탄다ᄂᆞᆫ	효종(아버지)	숙명공주(딸)	
5	득죄야 므슴 녀나믄 득죄리	효종(아버지)	숙명공주(딸)	
6	네 글월은 예셔 고텨셔	효종(아버지)	숙명공주(딸)	
7	글월 보고 됴히 이시니	효종(아버지)	숙명공주(딸)	
8	긔운이나 무ᄉᆞᄒᆞᆫ가 ᄒᆞ며 너희	효종(아버지)	숙명공주(딸)	
9	글월 보고 됴히 이시니	효종(아버지)	숙명공주(딸)	
10	하옵 가지 왜능화 오십오	효종(아버지)	숙명공주(딸)	
11	그리 남나즐 시위ᄒᆞᄋᆞᆸ고 잇ᄉᆞᆸ다가	효종(아버지)	숙명공주(딸)	
12	글월 보고 됴히 이시니	효종(아버지)	숙휘공주(딸)	
13	너희ᄂᆞᆫ 세히 마치 ᄒᆞᆫ	효종(아버지)	숙휘공주(딸)	

효종의 한글 편지는 현재까지 13건이 남아 있는데 장모 안동김씨에게 쓴 2건, 숙명공주에게 쓴 9건, 숙휘공주에게 쓴 2건 등이다. 이 가운데 장모 안동김씨에게 쓴 편지는 왕위에 오르기 전 봉림대군 시절에 쓴 편지이고 나머지는 왕위에 오른 후 하가한 공주에게 쓴 것들이다.

장렬왕후(莊烈王后, 1624~1688), 효종비 인선왕후(仁宣王后, 1618~1674)가 효종의 셋째 딸 숙명공주(淑明公主)에게 보낸 한글어찰을 모은 첩이다. 수록된 어찰은 효종 7통, 현종 2통, 장렬왕후 2통, 인선왕후 54통 등 모두 65통이다. 현재 제1면은 따로 떼어져 액장(額裝)되어 있으며, 제2면은 분실되었으나 사진은 남아 있어 원래 66통이었음을 알 수 있다. 국립청주박물관에 소장되어 있다.

효종은 인선왕후와의 사이에 딸 일곱과 아들 하나를 두었는데 그 가운데 '숙명공주'와 '숙휘공주'에게 쓴 편지만 전하고 있다. 이는 〈숙명신한첩〉과 〈숙휘신한첩〉[5]이라는 이름의 언간첩이 현재까지 남아 있기 때문이다. 그런데 편지의 내용으로 본다면 다른 공주들에게도 한글 편지를 썼을 것으로 판단되는데 단지 현재까지 전해지지 않는 것으로 추정할 뿐이다. 효종의 편지 내용에서는 매우 다복하고 다정했던 아버지의 모습이 잘 드러난다.

2. 심양에서 장모에게 보낸 안부 편지

효종은 13세 때에 한 살 위인 인선왕후와 혼인하여 1남 6녀를 두었다. 인선왕후는 신풍부원군 장유(1587~1638)의 딸이다. 장유의 본관은 덕수(德水)이고 호는 계곡(谿谷)이다. 장례원사의 장자중(張自重)의 증손으로, 할아버지는 목천현감 장일(張逸)이고, 아버지는 판서 장운익(張雲翼)이며, 어머니는 판윤 박숭원(朴崇元)의 딸이다. 병자호란 때 강화도에서 순절한 김상용(金尙容)의 사위이다. 1623년 인조반정에 가담하여 2등 공신에 녹훈되었고, 청요직(淸要職)이라 불리는 삼사(三司)의 관직을 두루 역임하였으며, 1636년 병자호란 때는 공조판서로 남한산성에서 임금을 호종하였으며 최명길과 더불어 화의를 주도하여 현실에 책임을 졌다. 효종이 즉위하기 전에 일찍이 세상을 하직하였으며, 효종이 즉위한 뒤 신풍부원군(新豊府院君)에 봉해지고 영의정에 추증되었다.

5 〈숙휘신한첩〉은 숙휘공주와 관련된 편지를 모아 놓은 언간첩이다. 현재 계명대학교 동산문고에 소장되어 있다.

효종은 봉림대군 시절에 병자호란을 겪게 되는데, 병자호란은 1636년(인조 14) 12월부터 이듬해 1월까지 조선에 대한 청나라의 제2차 침입으로 일어난 전쟁이다. 이 전쟁에서 조선은 청나라에 패하게 되고 굴욕적인 외교를 맺게 된다. 청나라는 조선의 세자 · 빈궁 · 봉림대군(뒤의 효종)을 볼모로 삼았고 또, 척화론의 주모자 오달제(吳達濟), 윤집(尹集), 홍익한(洪翼漢)을 심양으로 볼모로 잡아 갔다. 이때 〈조선왕조실록〉에는 다음과 같이 기록되어 있다.

(2) 구왕(九王)이 군사를 거두어 돌아가면서 왕세자와 빈궁, 봉림 대군과 부인을 서쪽으로 데리고 갔다. 상이 창릉(昌陵)의 서쪽에 거둥하여 전송하였다. 길 곁에 말을 머물게 하고 구왕과 서로 읍(揖)하니, 구왕이 말하기를, "멀리 오셔서 서로 전송하니 실로 매우 감사합니다." 하니, 상이 말하기를, "가르치지 못한 자식이 지금 따라가니, 대왕께서 가르쳐 주시기를 바랍니다." 하였다. 구왕이 말하기를, "세자의 연세가 벌써 저보다 많고, 일에 대처하는 것을 보건대 실로 제가 감히 가르칠 입장이 못 됩니다. 더구나 황제께서 후하게 대우하시니 염려하지 마시기 바랍니다." 하니, 상이 말하기를, "자식들이 깊은 궁궐에서만 생장하였는데, 지금 듣건대 여러 날 동안 노숙(露宿)하여 질병이 벌써 생겼다 합니다. 가는 동안에 온돌방에서 잠을 잘 수 있게 하면 다행이겠습니다." 하자, 구왕이 말하기를, "삼가 가르침을 받들겠습니다. 만리 길을 떠나 보내니 필시 여러모로 마음을 쓰실 텐데 국왕께서 건강을 해칠까 매우 두렵습니다. 세자가 간다고 하더라도 틀림없이 머지않아 돌아올 것이니, 행여 너무 염려하지 마십시오. 군대가 갈 길이 매우 바쁘니 하직했으면 합니다." 하였다. 세자와 대군이 절하며 하직하고 떠나자, 상이 눈물을 흘리며 전송하기를, "힘쓰도록 하라. 지나치게 화를 내지도 말고 가볍게 보이지도 말라." 하

니, 세자가 엎드려 분부를 받았다. 신하들이 옷자락을 당기며 통곡하자, 세자가 만류하며 말하기를, "주상이 여기에 계신데 어찌 감히 이렇게들 하는가." 하고, 인하여 말하기를, "각자 진중하도록 하라." 하고, 마침내 말에 올라 떠났다.〈인조실록 34권, 인조 15년(1637) 2월 8일〉

위에서와 같이 인조는 심양으로 끌려가는 소현세자와 봉림대군을 떠나보내는 모습을 서술하고 있다. 여기에는 전쟁에 져 백성이 죽어 간 것도 부족하여 장성한 아들들을 볼모로 보내는 아비의 심정과 이를 애써 담담하게 받아들이려는 아들의 모습이 잘 드러난다. 인조는 힘써 이겨내자고 하지만 세자는 애써 진중하자는 말을 남기고 떠났다. 그리고 봉림대군은 볼모로 잡혀 있는 도중에 한 번 귀국하였다가 돌아간다.[6] 그 후 1645년에 볼모에서 완전히 풀려나 귀국하였다.

(3) 봉림 대군이 돌아왔다. 이때 국본(國本)이 아직 정해지지 않은데다 봉림대군은 본디 훌륭한 명성이 있어 상이 자못 그에게 뜻을 두고 있다고 하므로 숙배할 적에 금중(禁中) 사람들이 모두 다투어 보았다.〈인조실록 46권, 인조 23년(1645) 5월 14일〉

한편, 효종은 봉림대군 시절 심양에서 지내면서도 고국에 있는 장모에게 한글 편지를 썼다. 이때 장모 안동김씨는 남편 장유가 이미 죽은 후였기 때문에 홀로 된 상태였는데, 장모에게 쓴 편지는 현재까지 두 건이 남아 있다.

---

6 인조 18년 6월 27일(1640)에 돌아오는 기사가 있다.

(4) (봉투) 답샹장

당졍승 됵

뎌 즈음 두어 쥰 뎍ᄉᆞ오시니 보ᄋᆞᆸ고 친히 뵈ᄋᆞᆸᄂᆞᆫ ᄃᆞᆺ 아므라타 업ᄉᆞ와 ᄒᆞ오며 우리도 몸은 무ᄉᆞ히 잇ᄉᆞ오되 한이 블구의 가리라 ᄒᆞ오니 더욱 아모라타 업서 ᄒᆞᄋᆞᆸᄂᆞ이다 가경의 편지도 보ᄋᆞᆸ고 이 놈이 ᄀᆞ장 주젹주젹ᄒᆞᆫ가 시브오니 웃ᄌᆞᆸᄂᆞ이다 지리ᄒᆞ야 잠 뎍ᄉᆞᆸᄂᆞ이다

무인 구월 십칠일 호〈1638년, 효종-01, 효종(사위)→안동김씨(장모)〉

[저 즈음 두어 번 적은 것을 보고 친히 뵙는 듯 뭐라고 드릴 말씀이 없으며 우리도 몸은 무사히 있되 한이 불구에 가리라 하니 더욱 뭐라고 말할 수 없습니다. 집안의 경사가 있는 편지도 보고 이 놈이 매우 주적주적한가 싶으니 웃습니다. 지루하여 잠시 적습니다.]

(5) 신셰예 긔운이나 평안ᄒᆞᄋᆞᆸ신가 ᄒᆞ오며 ᄉᆞ힝ᄎᆞ 드러오올 제 뎍ᄉᆞ오신 편지 보ᄋᆞᆸ고 친히 뵈ᄋᆞᆸᄂᆞᆫ ᄃᆞᆺ 아므라타 업서 ᄒᆞ오며 쳥음은 뎌리 늘그신녀가 드러와 곤고ᄒᆞ시니 그런 일이 업ᄉᆞ오이다 힝ᄎᆞ 밧브고 ᄒᆞ야 잠 뎍ᄉᆞᆸᄂᆞ이다

신ᄉᆞ 정월 초팔일 □호〈1641년, 효종-01, 효종(사위)→안동김씨(장모)〉

[새해에 기운이나 평안하신가 하며 사신 행차 들어올 때 적으신 편지 보고 친히 뵙는 듯 무엇이라 할 바 없으며 청음은 저렇게 늙으신네가 들어와 고생하니 그런 일이 없습니다. 행차 바쁘고 하여 잠시 적습니다. 신사년 정월 초팔일 호]

위의 편지는 효종이 쓴 언간인데, 편지의 말미에 필사 연대가 있어 편지를 쓴 시기를 알 수 있다. 무인년과 신사년은 각각 1638년과 1641년에 해당된다. 이는 볼모로 잡혀 간 지 만 1년 정도 되는 해에 쓴 것과 4년 후에

쓴 편지이다. 이들은 효종이 쓴 편지 가운데 연대가 가장 앞선 편지로, 비교적 젊었을 때 쓴 것으로 볼 수 있다. 효종의 글씨체는 한자 서풍뿐 아니라 한글 글씨의 서풍도 활발하고 힘차면서 유려하다고 한다. 왕들의 글씨 가운데 명필로 꼽힌다고 하는데[7] 북벌의 의지를 담고 있다고 평가된다.

우선 편지 (4)의 내용을 볼 때 안동김씨와는 그나마 자주 안부 편지를 서로 주고받은 보인다. 편지의 서두에 "뎌 즈음 두어 슌 뎍ᄉᆞ오시니 보ᄋᆞᆸ고 친히 뵈ᄋᆞᆸᄂᆞᆫ ᄃᆞᆺ 아므라타 업ᄉᆞ와 ᄒᆞ오며"에서와 같이 안동김씨가 보낸 편지를 두어 번 받아 보고 친히 보는 듯 반가운 마음을 표현하고 있다. 멀리서 돌아가지 못하지만 건강하게 지내고 있는 장모님의 모습을 그리워하고 있다. 그리고 볼모로 잡혀 있는 시간이 매우 지루하고 끝이 없다는 심정을 간접적으로 표현하는 대목도 보인다. 말미의 결사 부분에 "지리하여 잠시 적습니다."는 볼모로 잡혀 있는 시간이 매우 지루함을 보여 주고 있다.

한편 (5)는 새해에 보낸 편지로 보인다. 역시 장모님의 안위를 걱정하고 있고, 아울러 그곳에 볼모로 잡혀 와 있는 김상헌의 안위를 걱정하기도 하였다. "쳥음은 뎌리 늘그신니가 드러와 곤고ᄒᆞ시니 그런 일이 업ᄉᆞ오이다"에서 나타나는 것처럼, 고령의 김상헌이 심양에 볼모로 잡혀 있는 모양을 보고 안타까워하고 있다. 이러한 내용에서 자기도 어렵고 힘든 볼모 생활을 하지만 고령의 나이에 이국땅에서 볼모 생활을 하고 있는 김상헌의 모습을 애달파 하는 모습을 볼 수 있다.

주지하듯이 김상헌은 병자호란 때 대표적인 척화신 중 한 명이었다. 그는 예조판서로 있던 1636년 병자호란이 일어나자 남한산성으로 인조를 호종하여 선전후화론(先戰後和論)을 강력히 주장하였다. 대세가 기울어 항복하

---

7 이에 대해서는 박정숙(2017:326) 참고.

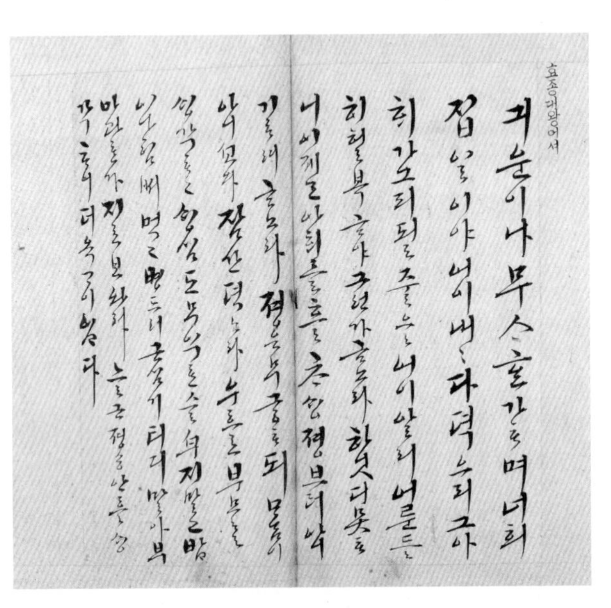

〈효종의 한글편지-1〉

는 쪽으로 굳어지자 최명길이 작성한 항복 문서를 찢고 통곡하였다. 항복 이후 식음을 전폐하고 자결을 기도하다가 실패한 뒤 안동의 학가산(鶴駕山)에 들어가, 와신상담해서 치욕을 씻고 명나라와의 의리를 유지해야 한다는 내용의 상소를 올린 뒤 두문불출하였다. 1638년 장령 유석(柳碩) 등으로부터 '김상헌이 혼자만 깨끗한 척하면서 임금을 팔아 명예를 구한다'라는 내용의 탄핵을 받았다. 곧 조정에 다시 들어오라는 명을 받았으나, 조정에서 군대를 보내 청이 명을 치는 것을 돕는다는 말에 분연히 반대하였다. 이 때문에 청나라로부터 위험 인물로 지목되어 1641년 심양(瀋陽)에 끌려가 이후 4년여 동안을 청에 묶여 있었다. 당시에도 강직한 성격과 기개로써 청인들의 굴복 요구에 불복하여 끝까지 저항하였다. 1645년 소현세자와 함께 귀국했지만, 여전히 척화신(斥和臣)을 탐탁지 않게 여기는 인조와의 관계가 원

만하지 못해 벼슬을 단념하고 석실(石室)로 나아가 은거하였다. 1649년 효종 즉위 뒤 대현(大賢)으로 추대받아 좌의정에 임명되었다. 이후 수차례 은퇴의 뜻을 밝히면서 효종에게 인재를 기르고 대업을 완수할 것을 강조하였다. 죽은 뒤 대표적인 척화신으로서 추앙받았고, 1661년(현종 2) 효종의 묘정에 배향되었다.[8]

3. 다정한 아버지로서 딸들에게 보낸 편지

효종은 인선왕후와의 사이에 1남 6녀를 두었다. 1남은 장차 조선의 18대 왕이 될 현종이었다. 그 가운데 장녀인 숙신공주는 세 살 때 아버지 봉림대군의 볼모지인 심양으로 가던 중 병사하였다. 차녀는 숙안공주이고, 셋째가 숙명공주이다. 현종은 숙명공주의 바로 아래 동생이다. 현종 밑으로 4녀 숙휘공주, 5녀 숙정공주, 6녀 숙경공주가 있다.

효종의 한글 편지 속에 수신자로 등장하는 공주는 '숙명공주'와 '숙휘공주'이다. 숙명공주(1640~1699)는 효종(孝宗)의 셋째 딸로 13세인 효종 3년(1652)에 당시의 이조참판 심지원(沈之源)의 아들 심익현(沈益顯, 1641~1683)과 혼인하였다. 청평위(靑平尉) 심익현은 부마에 오른 뒤 궁중에 자주 출입하여 왕의 총애를 받았으며 오위도총부 도총관을 여러 차례 역임하였고, 만년에는 내섬시제조를 지냈다. 1666년(현종 7) 사은사로, 1674년과 1680년(숙종 6) 주청사로 세 차례에 걸쳐 청나라에 다녀왔다. 그때 받은 금과 비단 등의 하사품을 모두 수행원들에게 나누어줌으로써 청렴하다는 칭송을 받았다. 서예

8 〈두산백과〉(인터넷판) 참고.

에 뛰어나서 산릉지(山陵志)·옥책문(玉冊文)·교명(敎命)의 글을 많이 썼는데, 특히 촉체(蜀體)에 능하였다고 한다. '신한첩'에 실린 효종의 편지에 입춘첩(立春帖)을 잘 써서 상을 주는 내용이 나온다.

한편 숙휘공주(1642~1696)는 12세인 효종 4년(1653)에 현종 때 우의정을 지낸 정유성(鄭維城)의 손자 정제현(鄭齊賢)과 혼인하였으며 정제현은 효종의 부마가 되어 인평위(寅平尉)에 올랐다. 1662년(현종 3) 정제현이 젊은 나이에 죽자 이후 홀로 지내다 1696년(숙종 22) 10월 세상을 떠났다. 〈숙명신한첩〉에서는 '슉휘'로 지칭되기도 한다.

효종이 숙명공주에게 쓴 편지에서는 무엇보다 '아버지'로서의 자애로움과 일상성이 잘 드러난다. 특히 효종은 숙명공주가 물욕이 없는 것을 안타까워하고 있다.

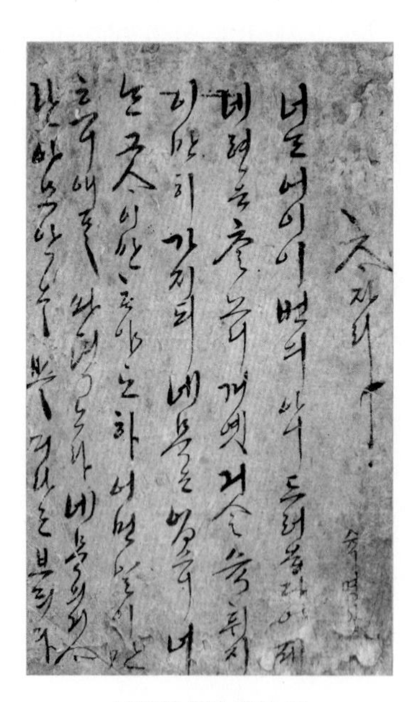

〈효종의 한글 편지-2〉

(6) 너는 어이 이번의 아니 드러온다 어제 네 형은 출 노리개옛 거술 슉휘지이 만히 가지되 네 목은 업스니 너는 그 亽이만 ᄒᆞ야도 하 어먼 일이 만흐니 애돌와 뎍노라 네 목의 거亽란 아모 악을 쓸디라도 브듸 다 ᄎᆞ자라 〈1652년~1659년, 숙명신한첩-01, 효종(아버지)→숙명공주(딸)〉

[너는 어찌하여 이번에 들어오지 않았느냐? 어제 너의 언니[淑安公主]는 (몸에) 찰 노리개 같은 것을 숙휘(淑徽, 숙명공주의 동생)까지 많이 가졌는데 네 몫은 없다. 너는 그 동안만 해도 너무 애먼 일이 많으니 (내) 마

음이 아파서 적는다. 네 몫의 것일랑 어떤 악을 쓰더라도 부디 다 찾아라.]

(6)에서는 흔히 아버지로서의 일상적인 모습이 나타난다. 아버지는 자매들이 노리개를 나눠 가질 때 그 자리에 딸 숙명공주가 없었던 점을 짐짓 애달파한다. 그리고는 다른 자매들에게 찾아가 "아무 악을 쓸지라도 네 몫의 것일랑 부디 다 찾아라"라고 부추기기까지 한다. 이 부분에 이르면 익살기마저 섞인, 그야말로 평범하기 그지없는 부정을 느끼지 않을 수 없다.[9]

한편, 다음과 같은 모습에서는 아버지의 사랑을 제대로 알아보지 못하고 성의 없이 편지를 쓴 공주들에게 짐짓 화를 내는 모습도 보여 준다.

(7) 너희ᄂᆞᆫ 세히 마치 ᄒᆞᆫ 말로 글월을 뎍어시니 ᄀᆞ장 정셩 업스니 후에 ᄯᅩ 이리ᄒᆞ면 아니 바들 거시니 알라 숙휘공쥬〈1642년~1659년, 숙휘신한첩-02, 효종(아버지)→숙휘공주(딸)〉

[너희는 셋이 마치 똑같은 말로 글월을 적었으니 매우 정성 없으니 후에 또 이렇게 하면 아니 받을 것이니 (그리) 알아라.]

위의 편지 내용을 통해 볼 때 세 공주가 편지를 보내왔는데, 그 내용이 크게 다르지 않았던 것으로 추정된다. 이에 효종은 딸들이 정성이 없이 써 온 것이 못내 서운하여 이렇게 써 보내면 다음부터는 받지 않겠다고 엄포를 놓고 있다. 사실 이러한 모습은 아버지로서 공주들에 대한 자애로움이나 사랑스러움이 있지 않고는 쓰기 어려운 내용이다. 그러므로 효종은 딸들에 대한 사랑이 지극하였던 것으로 판단된다.

---

9 이에 대해서는 황문환 2015:185에서도 언급되어 있다.

한편 다음과 같은 편지 내용에서는 자식을 잃은 숙명공주의 마음을 진심으로 위로하고 안위를 걱정하고 있다.

(8) 긔운이나 무ᄉᆞᄒᆞᆫ가 ᄒᆞ며 너희 집 일이야 어이 내내 다 뎍으리 그 아희가 그리 될 줄을 어이 알리 어룬들히 혈복ᄒᆞ야 그런가 ᄒᆞ노라 하 닛디 못ᄒᆞ니 이세ᄂᆞᆫ 아희들흘 ᄎᆞᄉᆡᆼ 졍브터 이니 기ᄅᆞ려 ᄒᆞ노라 졍은 무궁ᄒᆞ되 ᄆᆞᄋᆞᆷ이 아니ᄭᅩ와 잠간 뎍노라 우흐로 부모ᄅᆞᆯ ᄉᆡᆼ각ᄒᆞ고 ᄉᆡᆼ심도 무익ᄒᆞᆫ 슬ᄡᅥ지 말고 밥이나 힘써 먹고 병드러 근심 기티디 말아 부마과 ᄒᆞᆫ가지로 보와라 늘근 졍승 안흘 ᄉᆡᆼ각ᄒᆞ니 더옥 ᄀᆞ이업다〈1654년~1659년, 숙명신한첩-06, 효종(아버지)→숙명공주(딸)〉

[기운이나 무사한가 하며 너희 집의 일이야 어이 내내 모두 적겠느냐. 그 아이가 그렇게 죽게 될 줄을 어찌 알겠느냐. 어른들이 너무나 복이 없어서 그런가 한다. 정말 잊지 못하니 이제는 아이들을 이 세상에서 정 붙여 기르지 않으려 한다. 情은 끝이 없지만, 마음이 편치 않아서 잠깐 적는다. 위로 부모를 생각하고, 無益하게 悲痛한 마음을 먹지 말고 밥이나 힘써 먹고, 病이 들어 근심 끼치지 말아라. 이 편지를 부마와 함께 보아라. 네 시아버지인 늙은 정승의 마음을 생각하니 더욱 안타깝기 그지없다.]

위의 "그 아희가 그리 될 줄을 어이 알리"라는 내용으로 볼 때 숙명공주의 자녀 가운데 한 명이 일찍 죽은 것으로 볼 수 있다. 마음은 슬프지만 위로 부모를 생각하고 무익하게 비통한 마음을 먹지 말고 밥이나 많이 먹으라는 마음에서 아버지의 마음을 잘 읽을 수 있다. 그리고 혹시 숙명공주가 자식을 잃은 슬픈 마음에 몸이 상할까 진심으로 걱정하고 있다.

4. 결론

조선 제17대 임금 효종은 봉림대군 시절 청나라에 볼모로 잡혀 심양에서 생활하였다. 1626년(인조 4)에 봉림대군(鳳林大君)에 봉해지고, 1636년의 병자호란으로 이듬해 소현세자(昭顯世子)와 함께 청나라에 볼모로 잡혀가 8년간 있었다. 아울러 봉림대군은 소현세자가 불의에 죽게 되자 세자가 되고 인조가 승하하자 왕위에 올랐다. 효종은 인선왕후와의 사이에 1남 6녀를 두었다. 딸이 많은 가정에서처럼 공주에 대한 사랑이 지극했음을 볼 수 있다.

현재까지 알려진 효종의 한글 편지는 전체 13건으로 알려졌다. 그중 두 건은 심양에서 볼모로 지내던 시기에 장모인 안동김씨에게 보낸 편지이고 나머지 11건은 딸들에게 보낸 편지이다. 장모에게 보낸 편지에는 장모의 안위를 걱정하면서도 같이 볼모로 잡혀 온 청음 김상헌의 모습을 안쓰러워하는 모습을 보여 준다. 아울러 딸들에게 보낸 편지에서는 여느 아버지처럼 일상적인 모습을 보여 준다. 특히 물욕을 부리지 않는 딸에게 네 것을 챙기라고 하는 모습이나 편지의 사연이 똑같은 세 딸의 편지를 보고 짐짓 화를 내는 모습, 자식을 잃고 슬퍼하는 딸을 보면서 떠나보낸 손주보다 딸의 건강을 염려하는 모습 등을 통해, 임금이기 이전에 한 아버지로서의 사랑을 잘 보여 주고 있다.

참고문헌

국립청주박물관(2011), 조선 왕실의 편지, 숙명 신한첩, 통천문화사.

김일근(1986), 언간의 연구(삼정판), 건국대학교출판부.

예술의전당 서예박물관(2002), 조선왕조어필, 우일출판사.

박정숙(2017), 조선의 한글 편지, 도서출판 다운샘.

이래호(2015), 조선시대 언간 자료의 현황 및 그 특성과 가치, 국어사연구 20, 국어사학회, pp.65-126.

이종덕(2005), 17세기 왕실언간의 국어학적 연구, 서울시립대학교 대학원 박사학위논문.

지두환(2001), 효종대왕과 친인척-조선의 왕실 17, 역사문화.

황문환(2015), 조선시대의 한글 편지, 언간(諺簡), 도서출판 역락.

황문환 외(2013), 조선시대 한글편지 판독 자료집(1,2,3), 도서출판 역락.

Ⅴ. 현종(顯宗), 자기 자신을 '신'(臣)으로 지칭하다*

1. 서론

조선시대의 왕은 공식적인 문서에는 한문을 사용했지만 사적인 문서에서는 언문, 즉 한글을 많이 사용하였다. 특히 여성에게 쓰는 문서일 경우에는 거의 한글로 썼다. 한글로 쓴 문서 중에는 편지가 많은데, 왕실의 웃어른인 大妃나 下嫁한 공주들에게 한글 편지를 써 제법 많은 양의 한글 편지가 남아 있다. 이와 같은 사정은 여성이 대부분 한문에 능통하지 못하고 한글에[1] 익숙했기 때문이다.[2]

현재까지 알려진 조선시대 왕이 남긴 한글 편지 가운데 가장 이른 시기의 것은 선조(宣祖)의 편지라고 할 수 있다. 선조의 한글 편지는 일찍이 이

* 이 부분은 배영환(2009)를 이 책에 맞게 옮긴 것이다.

1 여기서의 '한글'은 우리글인 '훈민정음'을 가리키는 용어로 사용한다. 주지하듯이 '한글'이란 명칭은 20세기 무렵이나 들어와 쓰인 용어이다.

2 백두현(2001:198)에서 밝혔듯 궁중의 여러 일을 논의할 때 중전과 왕, 왕과 대비 간에 한글 편지로 주고받은 사실을 확인할 수 있다.

병기 편주(1947)에서부터 14건이 알려진 이래, 김일근(1986)에서는 더 많은 자료가 소개되었다. 특히 김일근(1986)은 그동안의 한글 편지를 집대성한 것으로 볼 수 있는데, 여기에는 왕의 한글 편지도 다수 실려 있다. 즉, 선조의 편지 22건, 효종의 편지 13건, 현종의 편지 5건, 숙종의 편지 7건, 정조의 편지 4건, 순조의 편지 1건 등이 소개되어 있다. 이들 편지는 대부분 수신자가 여성인데, 일반적으로 건강을 걱정한다든지 안부를 묻는다든지 하는 내용을 담고 있다.

왕의 한글 편지 가운데 현종(1641~1674)의 편지는 여러 곳에서 발견된다. 현재까지 알려진 현종의 편지는 전체 12건이 있다. 그것은 '숙명신한첩'에 2건, '숙휘신한첩'에 3건이 전하고, 그리고 명안공주 관련 유물에 7건이 전한다. 이 중 오죽헌 시립 박물관에 소장되어 있는 명안공주 관련 유물에 전하는 한글 편지는 일찍이 강릉시립박물관(1996) 등을 통해 학계에 널리 알려져 이용하기에 어려움이 없었지만, '숙명신한첩'이나 '숙휘신한첩'에 전하는 자료는 최근에 비로소 자료가 공개되었다.

오죽헌 시립 박물관에 소장하고 있는 명안공주 관련 한글 편지는 모두 13건에 이른다. 13건은 '御筆'이라는 첩에 들어 있는 편지가 12건, 그리고 '수양전세유묵'에 소재하고 있는 편지가 1건이다. '어필'에 속해 있는 편지에는 앞에서부터 7건이 현종의 편지로 알려졌고, 현종 비인 명성왕후가 쓴 편지가 4건, 그리고 숙종이 대비에게 쓴 편지 1건 등 총 12건이 수록되어 있다. 또한 '수양전세유묵'에는 고목의 일종이고, 발신자가 '유잉'으로 되어 있는 편지가 1건 있다.

이들 편지는 1995년 '명안공주관련유물'로, 보물 제1220호로 지정된 이후 강릉시립박물관(1996)에서 본격적으로 소개되어 학계에 알려지게 되었다.[3] 그 이후 김용경(2001)에서는 강릉시립박물관(1996)에 소개되어 있는 편지 11건에 대해 판독을 하고 주석과 현대어역을 하였다. 특히, '수양전세유묵' 속에 소재하고 있는 편지 1건은 명안공주와 관련이 없고, 비녀 '유잉'이 쓴 편지로 보았다. 나아가 백두현(2004)에서도 이 편지가 발신자 부분과 몇 가지 국어학적인 특징을 볼 때 명안공주가 쓴 편지가 아니라 19세기 이후에 쓰인 고목으로 보았다.

그런데 기존의 연구에서는 이들 편지에 대해 소개를 하고 주석 작업과 국어학적인 가치, 그리고 편지의 진위 여부 등에 대해서는 관심을 가졌지만 크게 주목하지 않았던 문제가 있다. 그것은 현종의 편지라고 알려진 어서 중에 현종이 자기 자신을 지칭하는[4] 표현으로 '신'을 썼다는 점이다.[5]

(1) 신은 멀리 나위ᄒᆞᄋᆞ완 디 날포 되오니 년모 하졍이 ᄀᆞ이없습〈명안-02〉

위의 (1)은 현종이 대왕대비인 장렬왕후에게 보낸 한글 편지의 일부이다. 이 편지는 현종이 온양온천으로 거둥을 가서 궁궐에 남아 있는 대왕대비에게 쓴 것으로 알려졌는데, 여기에서 현종은 자기 자신을 가리켜 '신'이라는 표현을 쓰고 있다. '신'은 고유어가 분명히 아니므로 한자어 '臣'일 가능성

---

3 강릉시립박물관(1996)에서는 명안공주와 관련된 한글 편지가 11건 소개되어 있다. 그러나 실제 조사해 본 결과 '御筆'과 '首陽傳世遺墨'에 소재하고 있는 한글 편지는 모두 13건이었다. 강릉시립박물관(1996)에 누락된 편지는 명안-01 편지(현종→대왕대비), 명안-09번 편지(명성왕후→명안공주) 등이다.

4 여기서의 '신'은 현대국어로 옮길 때 '저' 정도로 해석되어 '1인칭 겸양어' 정도로 볼 수 있다. 그러나 여기에서는 '신'의 성격이 다소 불분명하기 때문에 보다 중립적인 용어인 '자기 지칭어'로 쓰기로 한다.

5 이 밖에 현종이 명안공주에게 보낸 편지(명안-07)에 보이는 '새 집'도 문제이다. '새 집'이 구체적으로 어느 곳을 가리키는 것인지 모호하기 때문이다. 단순히 '새 집'을 명안공주가 下嫁를 한 시집으로 해석하기도 하지만(김용경 2001), 이러한 해석은 명안공주가 현종이 승하한 이후에 하가했다는 사실을 간과한 것이다.

이 높은데, 왕이 자기 자신을 지칭하는 말로 '신'을 썼다는 점은 선뜻 이해하기 어렵다. 그렇다고 이 편지가 현종이 직접 쓴 편지가 아니라고 할 구체적인 근거도 없다.

이 글은 명안공주 관련 유물에 포함되어 있는 현종의 한글 편지에 담긴 '신'의 의미를 밝혀 보는 데 그 목적이 있다. 그러기 위해 먼저 위의 편지가 현종이 쓴 편지인가를 확인해 보고, 거기서의 '신'이 과연 무엇을 의미하는지 살펴보도록 한다. 그리고 '실록' 등에 나타난 왕의 자기 지칭어는 무엇이 있는지도 살펴보기로 한다.

2. 현종의 한글 편지에 드러난 '신'

조선의 제18대 왕 현종은 1641년 2월 4일 청나라 심양의 봉림대군 관저에서 태어났다. 현종은 인조의 손자이고, 효종의 맏아들인데 어머니는 인선왕후 덕수 장씨이다. 그리고 숙안공주(1636~1697)와 숙명공주(1640~1699), 숙휘공주(1642~1696), 숙정공주(1645~1668), 숙경공주(1648~1671) 등은 누이들이다. 9세인 인조 27년(1649)에 왕세손에 봉해졌고, 11세인 효종 2년(1651)에 세자에 책봉되었다. 재위 기간은 1659년 5월부터 1674년 8월이며, 비는 명성왕후 청풍 김씨이며, 슬하에 1남 3녀를 두었다. 1남은 조선 제19대 왕인 숙종이며, 3녀 중 첫째 딸이 명선공주(1659~1673)이고, 둘째 딸이 명혜공주(?~1673), 그리고 셋째 딸이 명안공주(1665~1687)이다(지두환 2009:25).

현종의 편지 중에는 장렬왕후뿐 아니라 형제들과 딸에게 보낸 것도 있다. 형제들 가운데 손위의 누이인 숙명공주에 보낸 편지가 있고, 손아래 누이인 숙휘공주에게 보낸 것으로 추정되는 편지도 있다. 또, 셋째 딸인 명안공주에게 보낸 편지도 있는데, 이것은 위의 두 딸이 모두 早卒해서 셋째 딸에게 더욱 관심을 가졌기 때문이다. 현재까지 현종이 남긴 한글 편지 12건은 원문 공개가 되지 않은 편지도 있지만, 원문과 판독문이 알려진 편지가 대부분이다. 이 중 5건은 김일근(1959)를 비롯하여, 김일근(1986)에 소개되어 있고, 그 외에 7건은 명안공주 관련 '어필'에 제시되어 있다. 이들을 간략하게 표로 나타내면 다음과 같다.

〈표-1〉 현종의 한글 편지 현황

번호 \ 구분	개별 명칭	발신자	수신자	수록 문헌 (소장처)	원문 공개	판독문	비고
1	됴자의 졍찰 보고 보는 듯 든든	현종	숙명 공주	숙명신한첩 (먹남서실?)	김일근 (1986)	김일근 (1986)	예술의전당 (2002)에 수록
2	밤ᄉᆞ이 평안ᄒᆞ옵신 일 아옵고져 ᄇᆞ라오며 오늘은	현종	숙명 공주	숙명신한첩 (먹남서실?)	×	김일근 (1986)	
3	齊賢 思叔아 反駁之說 極爲過甚矣 그 말은	현종	인평위 (정제현)	숙휘신한첩 (계명대 도서관)	김일근 (1959)	김일근 (1986)	
4	나는 오늘도 예 왓숩거니와 앗가 양심합의	현종	미상	숙휘신한첩 (계명대 도서관)	김일근 (1959)	김일근 (1986)	
5	ᄉᆞ연 덜고 거번 가실 제 셔후힝의 눗말을	현종	미상	숙휘신한첩 (계명대 도서관)	김일근 (1959)	김일근 (1986)	
6 명안-01	념ᄉᆞ일 니관 오와늘 어셔 지슈 ᄒᆞᄋᆞ와	현종	대왕 대비	어필 (오죽헌 시립박물관)	×	×	강릉시립 박물관 (1996)에 미소개
7 명안-02	지축ᄲᅮᆫ이옵 신은 멀리 니위ᄒᆞᄋᆞ완 디	현종	대왕 대비	어필 (오죽헌	강릉 시립	강릉 시립	예술의전당 (2002)에

	날포			시립박물관)	박물관 (1996)	박물관 (1996)	부분 수록
8 명안-03	문안 엿줍고 일긔 브뎍ᄒᆞ오니 셩후 안령ᄒᆞ오신	현종	대왕 대비	어필 (오죽헌 시립박물관)	강릉 시립 박물관 (1996)	강릉 시립 박물관 (1996)	예술의전당 (2002)에 수록
9 명안-04	문안 엿줍고 수일간 ᄌᆞ후 안녕ᄒᆞ오신 일	현종	대왕 대비	어필 (오죽헌 시립박물관)	강릉 시립 박물관 (1996)	강릉 시립 박물관 (1996)	
10 명안-05	됴히 잇는다 나는 오늘 가보려 ᄒᆞ얏더니	현종	명안 공주	어필 (오죽헌 시립박물관)	강릉 시립 박물관 (1996)	강릉 시립 박물관 (1996)	
11 명안-06	신년의 빅병은 다 업고 슈복은 하원ᄒᆞ다	현종	명안 공주	어필 (오죽헌 시립박물관)	강릉 시립 박물관 (1996)	강릉 시립 박물관 (1996)	
12 명안-07	새 집의 가셔 밤의 좀이나 됴히	현종	명안 공주	어필 (오죽헌 시립박물관)	강릉 시립 박물관 (1996)	강릉 시립 박물관 (1996)	예술의전당 (2002)에 수록

위의 〈표-1〉에서 현종의 편지 중 '숙명신한첩'과 '숙휘신한첩'에 소재한 편지는 1건을 제외하고 판독문과 원문이 공개되었다. 여기에 수록된 편지는 현종이 그의 형제들에게 보낸 것이다.[6] 그러다 보니 손위 누이인 숙명공주에게 보낸 편지를 제외하고는 비교적 격식이 자유롭다.[7] 오죽헌 시립

6 손아래 누이인 숙휘공주가 인평위 정제현에게 하가하였기 때문에 인평위는 매부로 볼 수 있다.

7 金一根(1988:172)에서는 '숙휘신한첩'에 소재하고 있는 두 편지(표-1의 4, 5)를 현종이 慈殿(대비)에게 보낸 편지로 보고 있으나 내용이나 격식으로 보았을 때 숙휘공주에게 보낸 편지로 판단된다.

박물관에 소장하고 있는 '어필' 소재 한글 편지 역시 1건을 제외하고 모두 원문이 공개되었는데 그중에는 현종의 편지가 7건이 있다. 여기에 수록된 편지는 현종이 인조의 계비인 장렬왕후에게 보낸 편지가 4건이고, 그리고 현종이 셋째 딸인 명안공주에게 보낸 편지가 3건이다. 그중 장렬왕후에게 보낸 편지 중에는 피봉에 수신인이 대왕대비임을 밝힌 편지가 2건이 있고,[8] 아무런 표시가 없는 것이 2건이 있다.

그런데 현종이 장렬왕후에게 보낸 한글 편지 4건 가운데 3건에는 문맥상 자기 자신을 가리켜 '신'으로 표현하고 있다. '신'이 나타나는 편지의 전문을 옮기면 다음과 같다.[9]

(2) 명안-02

지축ᄲᅮᆫ이ᄋᆞᆸ 신은

멀리 니위ᄒᆞᄋᆞ완 디 날포 되오니 년모

하졍이 ᄀᆞ이없ᄉᆞᆸ 신의 믁

축ᄒᆞᄉᆞᆸ기ᄂᆞᆫ

ᄌᆞ후 강령ᄒᆞ오시미ᄋᆞᆸ 눈도 알프ᄋᆞᆸ

고 일긔 져므와 초초ᄒᆞᄋᆞ오니 황

공ᄒᆞ와 ᄒᆞᄋᆞᆸ

---

8 명안-01번 편지에는 "臣 謹封 大王大妃 殿 進上"으로 되어 있고, 명안-02번 편지에는 "신 근봉 大王大妃 殿 進上 溫陽溫泉"과 같이 되어 있다. 두 편지의 皮封은 '신 근봉' 부분이 한자냐 한자음이냐의 차이가 있다. 물론, 이들 피봉은 편지의 본문 옆에 나란히 배접을 해 놓은 상태로 보관되어 있다.

9 편지 번호는 '御筆'에 보관되어 있는 순서대로 앞에서부터 붙인 편의상의 순서이다. 그리고 이들 편지는 부록에 첨부하였다.

피봉
신 근봉 大王大妃 殿 進上
溫陽溫泉

(3) 명안-03

문

안 엿줍고 일긔 브덕ᄒᆞᄋᆞ오니

셩후 안령ᄒᆞ오신 일 아옵

고져 ᄇᆞ라옵 신은 일리 와

안ᄌᆞ온 후 운쇠 아으라 ᄒᆞ

옵고 산쳔이 조격ᄒᆞᄋᆞ오니 머

리 드와 븍녁흘 ᄇᆞ라오니

년모 비감지회을 이긔옵디

못ᄒᆞ와 ᄒᆞ옵 아므려나

안령ᄒᆞᄋᆞ심 ᄇᆞ라옵 글시 황잡ᄒᆞ오니 황공ᄒᆞ와 ᄒᆞ옵

팔월 이십뉵일 진시

(4) 명안-04

문

안 엿줍고 수일간

ᄌᆞ후 안녕ᄒᆞᄋᆞ오신 일 아옵고져 ᄇᆞ라오며 신은

이리 와 안ᄌᆞ오니 ᄉᆞ이 쳔리 ᄀᆞᆺᄌᆞ와 강한 격ᄒᆞ

온 ᄃᆞᆺ ᄒᆞᄋᆞ오니 하졍의 섭섭 무료 ᄒᆞ옵고 구구ᄒᆞ

온 복모 깁ᄉᆞ와 ᄒᆞ옵

위의 세 건의 편지들은 현종이 장렬왕후(1624~1688)에게 보낸 것으로 알려져 있다. 위에서 (2)와 (3)의 편지는 그 필체가 이른바 안진경체의 흘림체에 가깝고 (4)는 조맹부체의 정자체에 가깝다. 그런데 (2)에서 '명안-02'의 皮封에 쓰인 "신 근봉 大王大妃 殿 進上"이라는 표현은 이 편지의 수신인이 대왕대비라는 것을 보여주고, 그리고 '溫陽溫泉'이라는 표현은 이 편지가 온양온천의 행궁 때 쓰였음을 알려준다. 주목할 점은 위의 (2~4)에서 '신'이라는 표현이 총 4번 나타난다는 것이다. 위의 편지 내용 중 '신'이 나타나는 부분에 관련 한자를 넣어 다시 보이면 다음과 같다.

(5) 가. 신은 멀리 니위(離闈)ᄒᆞᄋᆞ완 디 날포 되오니 년모(戀慕) 하졍(下情)이 ᄀᆞ이없습

나. 신의 믁축(默祝)ᄒᆞ습기ᄂᆞᆫ ᄌᆞ후(慈候) 강령(康寧)ᄒᆞ오시미ᄋᆞᆸ

다. 신은 일리 와 안ᄌᆞ온 후 운쇠(雲宵) 아으라 ᄒᆞᄋᆞᆸ고 산쳔(山川)이 조격(阻隔)ᄒᆞᄋᆞ오니 머리 드와 븍녁흘 ᄇᆞ라오니 년모(戀慕) 비감지회(悲感之懷)을 이긔ᄋᆞᆸ디 못ᄒᆞ와 ᄒᆞᄋᆞᆸ

라. 신은 이리 와 안ᄌᆞ오니 ᄉᆞ이 쳔리(千里) ᄀᆞᆽᄌᆞ와 강한(江漢) 격(隔)ᄒᆞ온 ᄃᆞᆺ ᄒᆞᄋᆞ오니 하졍(下情)의 섭섭 무료 ᄒᆞᄋᆞᆸ고 구구(區區)ᄒᆞ온 복모(伏慕) 깁ᄉᆞ와 ᄒᆞᄋᆞᆸ

(5)는 현종의 편지 중 '신'이 들어가 있는 부분을 보인 것이다. (5가)는 "신은 멀리 떠나온 지 날포 되니 (대왕대비를) 그리워하는 제 마음이 끝이 없습니다" 정도의 의미를 갖는다. 여기서 '하졍(下情)'과 종결어미 '-습'을[10] 감

10 '-습' 종결형은 ᄒᆞ쇼셔체에 해당된다. 다만, 'ᄒᆞᄋᆞᆸ'류는 'ᄒᆞ쇼셔'체에서 발달했지만 후대로 갈수록 'ᄒᆞ쇼셔'체와 'ᄒᆞᄋᆞᆸ소'체를 왕래하는 등급으로 변화된 것으로 보고 있다. 이에

안할 때, 아랫사람이 윗사람에게 극진하게 쓴 편지라는 점을 알 수 있다.[11] 또, '니위(離闈)'는 '부모가 계신 곳을 떠나감'의 의미를 갖는데, 이러한 상황을 고려할 때 이 편지는 자식이 부모에게 보낸 편지라고 판단할 수 있다. (5나)는 "신이 묵묵히 축원하는 것은 자후(대왕대비의 건강) 강령한 것입니다" 정도의 의미를 갖는다. '즈후(慈候)'는 보통 왕의 어머님[大妃]의 안위를 묻는 말이므로 이 편지는 왕이 대비[12]에게 보낸 편지로 볼 수 있다. 또, (5다)는 "신은 이리 와 앉은 후 구름 낀 밤이 아스라하고 산천이 막히고 머니, 머리 들어 북녘을 바라보니 그리운 마음에 슬픔을 이기지 못합니다."의 의미로 볼 수 있다. 여기서 '북녘'은 주로 임금이 계신 궁궐을 가리키는 말이므로 역시 수신자가 임금이나 궁궐에 있는 사람으로 볼 수 있다. 그리고 (5라)는 "신은 이리 와서 앉으니 사이가 천리 같아 한양이 먼 듯하오니 제 마음이 섭섭하고 무료하고 여러 가지로 그리는 마음 깊습니다." 정도의 의미를 갖는다. 이 구절 역시 '하졍' 등을 감안할 때 멀리 떠난 자식이 집에 있는 부모에게 보내는 편지로 볼 수 있다.

결국 위 편지의 내용을 종합해서 보면 모두 멀리 떠나온 자식(왕)이 궁궐에 있는 대비의 안위를 걱정하고, 대비를 그리워하는 편지로 볼 수 있다. 그런데 여기서 관심을 가질 부분은 내용상 주체에 해당하는 '신'이다. 여기서의 '신'은 편지의 내용이나 종결어미를 감안할 때, '저'[13] 또는 '小子' 정도

대해서는 황문환(1999:123)을 참조할 수 있다.

11 다만, '-숩'과 같은 '-ᄒᆞᆸ'류 종결어미가 'ᄒᆞ쇼셔'체보다는 상대방을 덜 대우한다면, '신'과 'ᄒᆞᆸ'류 어미의 호응 관계가 어색할 수 있다. 그런데 'ᄒᆞᆸ'류가 친밀할 사이일 경우에는 사용하는 데 어려움이 없지 않았을까 추정해 볼 수 있다. 이에 대해서는 별도의 논의가 필요할 듯하다.

12 '大妃'는 왕의 어머니를 말하지만 대왕대비나 왕대비, 대비를 통칭하는 용어로도 쓰인다.

13 물론, 이 시기의 '저'는 '자기' 또는 '스스로' 정도의 의미를 갖는다. '저'의 1인칭 겸양어

의 의미를 갖는데, 고유어 '신'에는 그러한 의미가 전혀 없다. 그러므로 여기서의 '신'은 한자어일 가능성이 매우 높다.

'신'이 고유어가 아니라 한자어 계통이라면 먼저 떠오르는 것은 '臣'이다. 그렇다면 여러 정황으로 볼 때 위의 편지는 현종이 대왕대비에게 쓴 편지가 분명하므로, 대왕대비 앞에서 왕이 자기를 지칭하는 표현으로 '臣'을 사용한 경우가 된다. 그런데 여기서의 '신'이 한자어 '臣'이라고 보기에는 현대적 직관으로는 매우 어색해 보인다. 왜냐하면 '유교'를 국가 이념으로 삼은 조선시대에서 왕의 권한은 하늘로부터 내려 받은 지엄한 것인데, 아무리 대왕대비 앞이라고 하더라도 왕이 자신을 가리키는 말로 '臣'을 썼다는 것은 선뜻 이해할 수 없기 때문이다. 만약 왕이 대왕대비 앞에서 자기를 지칭하는 말로 '臣'이라는 표현을 쓰는 것이 가능하지 않다면 위의 편지에 나타나는 '신'은 다른 각도에서 해석되어야 할 것이다.

먼저, 이 편지가 현종이 직접 쓴 편지가 아닐 가능성이 있다. 왕이 대왕대비 앞에서 '臣'이라는 표현을 쓰는 것이 가능하지 않기 때문에, 다른 사람이 쓴 편지가 우연히 현종의 편지로 오해되었다는 점이다.[14] 그러나 위의 편지의 내용이나 필체를 감안할 때 이러한 추정은 합당치 않아 보인다. 위의 명안-02와 명안-03 두 편지는 필체가 동일하여 동일한 인물의 편지로 보이고, 이들 편지와 현재 남아 있는 현종의 편지 중 예술의전당 외(2002: 64-65)에 소개되어 있는 것(표-1의 1번)과 필체가 동일하기 때문이다. 그러므로 위의 편지는 현종이 쓴 편지로 볼 수 있다. 또, 편지에 나타나는 'ᄌᆞ후(慈候)'나 'ᄉᆡᆼ후(聖候)'는 임금이 대비를 지칭하는 말로 쓰이기 때문에 왕의 편

로서의 용법은 보다 후대에 나타난다.

14 실제로 오죽헌 시립 박물관에 소장된 명안공주 관련 유물 중 명안공주의 편지로 알려진 편지 중에는 婢女 '유잉'이 쓴 편지도 있다(김용경 2001; 백두현 2002 등).

지, 즉 현종의 편지라고 볼 수밖에 없다.

또 다른 가능성은 위의 편지가 현종이 왕위에 오르기 전에 썼다고 추측해 보는 것이다. 재위 전에는 혹 대왕대비 앞에서 자기 자신을 '신'이라고 표현하는 것이 가능할 수도 있기 때문이다.[15] 그러나 명안-02의 피봉에 등장하는 '溫陽溫泉'이라는 표현은 이 편지가 현종이 재위 기간에 쓴 편지임을 알려주는 중요한 대목이다. 현종은 재위 기간에 총 5번에 걸쳐서 온양온천에 거둥을 한 것으로 알려졌다(지두환 2009). 평소 안질로 고생한 현종은 온천이 안질에 효험이 있다고 하여 몇 차례 온양온천으로 가서 온천욕을 하였다.[16] 그리고 그러한 가운데에서도 대왕대비에게 안부를 자주 물었던 것을 볼 수 있다.[17] 또, 명안-03에는 마지막에 '팔월 이십뉵일 진시'라고 편지를 쓴 날짜를 밝혔는데, 이 편지는 기록으로 볼 때 현종 9년(1668) 8월에서 9월 초까지의 거둥 때 쓰인 것으로 나타난다.[18] 그러므로 여러 정황을 살펴볼 때 위의 편지는 현종이 대왕대비 장렬왕후에게 보낸 편지가 분명하다. 따라서 이 편지가 현종이 쓴 편지가 분명하다면 여기서의 '신'은 한자

15 물론 재위 전에 왕자나 왕세자가 대왕대비 앞에서 자기 자신을 지칭하면서 '臣'이라고 할 수 있는 것인가에 대해서도 더 자세히 고찰해 보아야 할 것이다.

16 현종이 온양온천에 거둥한 기록은 총 5차례인데 『顯宗改修實錄』을 참조하여 간단히 나타내면 다음과 같다.
가. 현종 6년(1665) 4월 17일 눈병 치료 차 온양 온천에 거둥, 5월 14일 환궁.
나. 현종 7년(1666) 3월 26일 대비를 모시고 온양온천으로 거둥 4월 30일 환궁.
다. 현종 8년(1667) 4월 11일 대비를 모시고 온양온천에 거둥.
라. 현종 9년(1668) 8월 16일 온양 온천에 行幸, 9월 2일 환궁.
마. 현종 10년(1669) 3월 15일 온양 온천 거둥, 4월 18일 환궁.

17 현종은 온양온천에 거둥하면서도 궐에 있는 대왕대비에게 문안 편지를 자주 보낸 것으로 보인다. 현종 10년(1669) 3월 15일 5번째 기사에 "중사를 보내 대왕대비께 문안하다"라는 기록이 있고, 동년 4월 17일 2번째 기사에는 "대왕대비께 승지를 보내 문안을 올리다"라는 기록이 있는데, 이 시기에 현종은 온양온천에 거둥 중이었다.

18 다만, 실록에는 이즈음 대왕대비에게 문안 편지를 보냈다는 기록은 없다.

어 '臣'이고 대왕대비 앞에서 왕이 자기 자신을 지칭한 표현이라고 볼 수밖에 없다.

한편 여기서의 '신'을 한자어 '臣'이 아닌 다른 한자어로 생각해 볼 수도 있다.[19] 그럴 경우 가장 그럴 듯한 한자는 '身'일 것이다. 그러나 '身'은 전통적으로 '몸'의 의미로 쓰였다.

(6) 가. 身ᄋᆞᆫ 모미라〈석보상절,19:9b〉

나. 身光ᄋᆞᆫ 몺 光明이라〈월인석보,8:34b〉

(6)에서 '身'에 대한 전통적인 훈이 '몸'이라는 것을 알 수 있다. 그런데 '몸'은 물리적인 실체인 신체를 가리키는 말로 쓸 수는 있으나 추상적인 인격체인 '자기 자신'을 가리킬 수는 없다. 혹, '吾身' 등과 같이 다른 지시어가 있을 경우는 가능할 수도 있지만 '身'만으로는 '저'를 표현하기는 어려울 것이다. 그런데 숙종 27년(1701, 辛巳) 10월 22일 기사에 매우 흥미로운 대목이 있다.[20]

(7) 가. "숙정(淑正)은 곧 동성(同姓)의 얼 3촌(孽三寸)입니다. 숙정의 집은 장통방동(長通坊洞)에 있는데, 제가 혹 송추(松楸)에 왕래할 즈음에 때때로 찾아보았던 정상을 숙정의 집 노비들이 목격하였습니다. 그러나 작은아기의 집은 다른 동네에 있었으니 제가 출입한 것을

19 물론 이러한 가능성은 거의 없을 것이다. 왜냐하면 명안-01 편지의 피봉에 "臣 謹封"이라고 되어 있어, 여기서의 '신'이 한자어 '臣'이라는 것을 보여준다. 그럼에도 불구하고 여기서는 여러 가지 가능성을 추정해 보기 위해 논의해 본 것이다.

20 이하 〈조선왕조실록〉의 기록은 국사편찬위원회에서 제공하는 〈조선왕조실록〉 원문 제공 사이트를 이용한 것이다.

그가 어떻게 자세히 알겠습니까? 장희재(張希載)가 숙정을 편애(偏愛)하였기 때문에 작은아기가 일찍이 전부터 저를 질시하고 싫어하여 이러한 괴이한 일이 있게 된 것입니다. 김이만(金以萬)과 박씨 성을 가진 사람과 이의징(李義徵)의 아들과 김정승의 손자 등은 원래 반면(半面)의 친분도 없으며, 안 주부(安主簿)와 정 내승(鄭內乘)도 또한 숙정의 집에서 만난 적이 없습니다. 애정(愛正)의 공초 가운데 제가 항상 장희천(張熙川) 등 여러 사람들과 더불어 숙정의 집에 모였었다는 말은 한 번 웃을 거리도 되지 않습니다. 제가 지난해 봄 우연히 숙정의 집에 갔다가 툇마루를 막 올라가다 보니 장희천이 대청(大廳) 위에서 숙정과 한창 이야기를 하고 있었는데, 숙정이 저를 보자 툇마루로 나와 술 한 잔을 마시라고 권하였습니다. 제가 '손님이 왔는데 어찌 꼭 술을 권하는가?' 하였더니, 숙정이, '그렇다고 하더라도 어찌 술 한잔 마시지 않고 가겠는가?' 하였습니다. 제가 대청 가운데로 들어가자, 애정을 시켜서 술을 따르게 하였으므로 과연 석 잔을 마셨습니다.

나. "淑正卽身同姓孽三寸也。淑正家在於長通坊洞, 身或於松楸往返之際, 時時參尋之狀, 淑正家奴婢目覩, 而者斤阿只家在各洞, 身出入渠何以詳知乎? 希載偏愛淑正, 故者斤阿只曾前嫉惡身, 有此怪擧矣。金以萬、朴姓人、李義徵子、金政丞孫等, 元無半面之分, 安主簿、鄭內乘, 亦不逢着於淑正家。愛正招內, 身常與張熙川諸人, 聚會淑正家之說, 未滿一笑。身上年春間, 偶往淑正家, 纔陞退抹樓見之, 則張熙川在於廳上, 與淑正言語方闌, 而淑正見身出來退抹樓, 勸飮一杯。身謂曰: '客來, 何必勸酒?' 云, 則淑正曰: '雖然, 何不進一杯而去乎?' 身入往大廳中, 使愛正行酒, 果飮三杯。

위의 내용은 국청 죄인 안세정이 공초한 내용인데, 본격적인 한문이라기보다는 이두에 가까운 글이다.[21] 그런데 위의 (7가)에서 겸양의 자기 지칭어 '저'가 8번 나오는데, 그에 대응하는 (7나)의 원문에는 모두 '身'으로 표현되었다. 이것은 '身'이 한국식 한문이나 이두문에서 자기 지칭어로 쓰일 수 있었음을 의미한다. 그러나 위의 표현은 매우 특별한 경우이고 일반적으로 자기 자신을 지칭할 때는 '身'만으로는 적절하지 않다. 또, 그러한 표현이 가능하다고 하더라도 현종의 한글 편지에 나오는 '신'은 '身'으로 보기 어렵다. 왕이 직접 쓴 한글 편지에서 이두식 표현에나 나올 법한 '身'을 썼을 이유가 없다. 더구나 웃어른인 대왕대비 앞에서 자신을 가리키는 말로 쓸 수는 없을 것이다. 이렇게 본다면 결국, 현종의 한글 편지에 나타나는 '신'은 왕이 대왕대비 앞에서 자기를 지칭하는 말로서, 한자어 '臣'으로 볼 수밖에 없다.

3. 실록에 나타난 자기 지칭어 '臣'

유교를 국시로 삼은 조선시대에서 왕은 天命을 받은 존재로서 무소불위의 힘을 갖는다. 이러한 왕의 지위나 권한은 현대와 같이 법적으로 규정할 수 있는 성격이 아니라 초월적인 신성성의 차원을 갖는 것이다. 왕의 지위와 권한은 왕에 대한 호칭어나 지칭어에도 잘 드러난다. 왕이 신료를 상대로 자신을 나타내는 말은 '予', 즉 '나'라고 볼 수 있다. '予'는 신료에 관계없이 사용하였다. 반면 왕이 신하를 부를 때는 '爾', 즉 '너'라는 말을 많이

21 문장의 순서가 우리말 어순을 따랐고, 특히 '者斤阿只家(작은아기 집)'에서 이러한 사실을 살펴볼 수 있다.

사용한다. 다만, 대신과 2품 이상의 고위 관료들을 지칭할 때 '卿'이라는 말로 존중해 주기도 했다. '予' 이외에 왕이 자신을 지칭하는 용어로는 '寡人'이나 '寡昧' 등을 썼는데, 이는 말 그대로 덕이 부족한 사람이라는 의미이다. 반면 신료들은 왕에게 자신을 지칭하는 용어로 주로 '臣'을 사용하였고, 그것도 부족하여 '賤臣'이나 '微臣'이라는 용어를 쓰기도 하였다. 또, 신료들이 왕을 부르는 말로 '上, 主上, 聖上' 등을 쓰는데 이러한 용례는 모두 군신 간의 주종관계를 표시한다고 볼 수 있다.[22]

이런 사실을 고려하면 현종이 자기 자신을 지칭하는 말로 쓴 '신'은 매우 독특한 용례이다. 도대체 왕이 자기 자신을 가리켜 '신'이라고 표현해야 하는 대상은 누구인가?[23] 대비 앞에서 자기 지칭어로 '신'을 사용하는 것보다는 혈연관계를 나타내는 '小子'나 '小孫' 등을 사용하는 것이 보다 구어적이고 현재의 언어 감각에도 부합할 것이다.

그런데 '忠'뿐만 아니라 '孝' 또한 유교 국가인 조선에서 최고로 강조되는 덕목이다. 왕은 국가 입장에서는 지엄한 존재지만 부모 앞에서는 '孝'를 수행하는 존재일 뿐이다. 효를 받는 입장, 즉 부모는 자식에게는 최고 존숭해야 할 대상인 것이다. 특히 조선시대의 大妃는 왕실의 어른으로서 정치에 막대한 영향을 끼치는 경우가 많았다. 후계 왕이 정해지지 않을 경우에는 대비가 후계자를 지명할 수 있거나, 후계 왕이 어릴 경우에는 수렴청정을 행하여 실질적인 군주로 군림할 수 있다.[24]

현종의 한글 편지에 나타난 '신'이라는 표현은 어찌 보면 유교 국가의 최고 이념인 '忠'과 '孝', 두 덕목이 동시에 관계할 때 어떠한 것이 우선되어야

22 왕과 신료 간의 호칭어와 지칭어는 신명호(1998)을 참조.

23 물론 중국의 황제나 상왕에게는 가능할 것이다.

24 조선시대 대비의 역할이나 관계에 대해서는 신명호(1998), 변원림(2006)을 참조.

하는지를 보여 주는 부분이라고 할 수 있다. 즉, 유교 국가에서 '왕'은 누구도 부정할 수 없는 신성한 지위를 보장받는다. 그런 점에서 볼 때 현종이 대왕대비 앞에서 자기를 지칭하는 말로 '신(臣)'이라는 표현을 사용한 것은 '忠'의 관점에서 본다면 자기 부정의 표현으로 볼 수 있다. 그러나 조선은 유교 국가였고, '忠' 못지않게 '孝'를 중시한 국가였다. 그리고 부모와 자식 사이의 예법은 혈연의 질서를 바탕으로 결정되기 때문에, 왕이라고 해도 이를 부정할 수는 없는 것이다. 그러므로 선대왕이 승하하고 그 왕비가 살아 있을 경우, 후대 왕은 그 왕비(대비)를 선대왕과 동일시하여 조선의 예법을 지킬 필요가 있었다. 따라서 이처럼 예법의 차원에서 본다면, 왕은 대비에게 신하가 될 수도 있는 것이다.

그런데 왕이 대왕대비를 군신의 예로 대접하는 것이 가능한가를 밝히기란 쉽지 않다. 무엇보다 왕과 대비 간에 서로 주고받는 대화가 기록으로 남아 있다면 그 호칭 관계를 파악하는 데 결정적인 자료가 될 수 있을 것이다. 이런 점에서 편지는 발신자와 수신자가 마치 화자와 청자처럼 상관적인 장면을 연출하기 때문에 호칭어와 지칭어가 잘 나타난다. 비록 화자가 일방적으로 이끌어 가지만 수신자를 항상 염두에 두고 편지를 써 내려 가기 때문에 간본 자료와는 다른 여러 가지 언어 현상을 찾아 볼 수 있다. 그러나 한글 편지에는 왕이 자기 자신을 가리키면서 '신'이라고 쓴 편지는 위의 편지 외에는 더 이상 찾아보기 어렵고, 그 밖의 자료에서 이러한 상황을 찾기는 쉽지 않다. 더구나 왕이 대왕대비와 직접 대면하여 대화를 주고받은 자료는 거의 없을 것이다. 또 그러한 자료가 있더라도 '신'이라는 표현을 찾기는 어려울 수밖에 없다. 결국 왕과 대왕대비가 사적이나 직접적으로 대면하여 주고받은 대화는 아니더라도 왕이 대비에게 올린 다른 글을 찾아볼 수밖에 없다. 그러한 글 속에서 대왕대비에 대한 왕의 자기 지칭어를 어느 정도는 알아볼 수 있기 때문이다.

다행히 왕이 대왕대비를 대상으로 쓴 글로 한글 편지뿐 아니라 공식적인 자리에서 쓰인 冊文이 있어, 왕의 자기 지칭어를 어느 정도 파악할 가능성이 있다. 책문 중에서 玉冊文은 대비, 왕대비, 대왕대비의 尊號를 가상하는 문서이다. 여기서의 冊寶文은 국왕이 발급하는 것이므로 국왕이 대왕대비·왕대비·대비의 존호를 가상하는 문서라고 할 수 있다(최승희 1989:57). 그러므로 책문을 통해 국왕이 대왕대비에게 어떻게 자신을 지칭하는지를 알 수 있을 것이다. 다만 이 경우에도 일반적으로 왕이 자기 자신을 지칭하는 표현을 적극적으로 드러내지 않지만, 특별한 경우에는 자기 자신에 대한 지칭어를 사용하기도 했다. 이때 왕이 대왕대비에 대해 자기를 지칭하는 표현으로 '臣'을 쓰는 것을 확인할 수 있다. 대왕대비에게 드리는 책문은 成宗 대에 처음 나타난다. 성종 2년(1471, 辛卯) 1월 18일에는 대왕대비에게 다음과 같은 책문을 올렸다.

> (9) "신(臣) 휘(諱)는 큰 소원을 이기지 못하여 한(漢)나라에서 책보(冊寶)를 받들던 것처럼 존호(尊號)를, '자성 흠인 경덕 선열 명순 원숙 휘신 혜의 신헌 대왕 대비(慈聖欽仁景德宣烈明順元淑徽愼惠懿神憲大王大妃)'라고 더 올립니다. 엎드려 생각건대 힘써 홍명(洪名)을 받으시고 사방에서 환심(歡心)을 얻어 번성한 복(福)에 성대히 응하여 만년토록 영봉(榮奉)을 누리소서."[25]

위의 (9)는 성종이 대왕대비인 정희왕후(世祖 妃)에게 존호를 올리는 옥책문인데, 여기에서 자신을 지칭하면서 '臣'과 이름을 쓰는 부분이 나타난다.

---

25 臣諱不勝大願, (漢)[謹]奉冊寶, 加上尊號曰: '慈聖欽仁景德宣烈明順元淑徽愼惠懿神憲大王大妃。伏惟, 勉受洪名, 得歡心於四表; 茂膺繁祉, 享榮(奉)[幸]於萬年。

자기 자신을 '臣'으로 표현했다는 사실은 대왕대비를 상왕과 동일하게 군신의 예로 대접했음을 드러낸다. 이것은 대왕대비에게 최고의 예우를 갖추었음을 의미하는데, 이러한 사정은 성종이 왕대비와 대비에게 올리는 책문에도 그대로 적용된다.

(10) 가. "신(臣) 휘(諱)는 큰 소원을 이기지 못하여 삼가 책보(冊寶)를 받들어 존호(尊號)를, '인혜 왕대비(仁惠王大妃)'라고 올립니다. 엎드려 생각건대 굽이 여망(輿望)을 좇아서 이에 홍의(鴻儀)를 받으시고 더욱 만복(萬福)의 이르는 것에 응하여 길이 일국(一國)의 봉양(奉養)을 누리소서."[26]

나. 신(臣) 휘(諱)는 큰 소원을 이기지 못하여 삼가 책보(冊寶)를 받들어 존호(尊號)를, '인수 왕비(仁粹王妃)'라고 올립니다. 엎드려 생각하건대 영광이 보책(寶冊)에 응하여 온전한 복을 성대히 맞아들여 성산(聖算)이 길이 뻗쳐 더욱 만세(萬歲)의 경사(慶事)에 응하시며, 장추전(長秋殿)에서 기뻐하시면서 길이 일국(一國)의 즐거움을 누리소서."[27]

(10가)는 성종이 왕대비인 안순왕후(예종 계비)에게 올린 책문이다. 여기에서도 성종은 자기를 가리키는 말로 '臣'을 사용하였다. 또, (10나)는 성종의 어머니 소혜왕후(德宗 妃)에게 올리는 글인데 역시 자기 자신을 가리키는 말

---

26 臣諱不勝大願, 謹奉冊寶, 上尊號曰: '仁惠王大妃。伏惟, 俯循輿望, 誕受鴻儀, 益膺萬福之臻, 永享一國之養。

27 臣諱不勝大願, 謹奉冊寶, 上尊號曰: '仁粹王妃。伏惟, 光膺寶冊, 茂迓純禧。聖算延洪, 益膺萬歲之慶; 長秋怡悅, 永享一國之歡。

로 '臣'이라고 표현했음을 알 수 있다. 위의 내용을 통해 볼 때 왕실의 최고 어른인 대왕대비뿐 아니라 왕대비나 대비에 대해서 왕은 자신을 가리킬 때 '臣'이라는 표현을 사용한 것으로 추정된다. 즉, 현재의 왕이지만 선왕의 비인 대비들에게만은 선왕과 동일시하여 자기 자신을 '臣'으로 지칭한 것이다.

성종이 대왕대비를 포함한 대비 앞에서 자기를 '臣'으로 표현한 이유는 무엇일까? 그것은 왕도 역시 부모와 자식이라는 천륜을 어기지 못하기 때문에 비록 선왕이 승하했다고 하더라도 현재 남아 있는 왕비, 즉 대비를 선왕과 동일하게 대접하는 것이 조선의 예법이기 때문이다.[28] 또, 여기에는 성종의 왕위 계승 과정과도 밀접한 관련이 있지 않을까 생각한다. 예종이 승하하자, 정희대비(세조비)는 한명회 등과 의논하여 장자가 아닌 성종에게 왕위를 계승하도록 하였다(지두환 2007:41). 이와 같은 이유에서 성종은 대왕대비 앞에서 항상 부담을 가졌고, 어쩌면 두려움까지 느꼈을 것으로 생각된다.

대왕대비 앞에서 왕이 자기 자신을 '臣'이라고 표현한 사실은 조선 중기에도 찾아볼 수 있다. 인조 10년(1632, 壬申) 9월 5일에는 다음과 같은 기사가 확인된다.

> (11) "숭정(崇禎) 5년 임신년 9월 5일에 애손(哀孫) 사왕(嗣王) 신(臣) 이종(李倧)은 삼가 머리를 조아려 두 번 절하고 말씀 올립니다. 삼가 생각건대, 우리 인자하신 대비(大妃)를 여의어 장례 시기가 이미 닥쳤기에, 예전 제도를 상고하여 감히 돌아가신 분을 존숭하는 의식을 거행하니, 명칭이 행실을 인하여 아름답고 인정이 예와 더불어 융숭합니다.[29]

28 이와 같은 사실은 조선시대 왕실 문화 전문가인 신명호 교수의 조언에 의한 것임을 밝힌다.

위의 (11)은 선조의 계비인 인목왕후(1584~1632)가 승하하자 仁祖가 시호를 올리는 諡冊文의 일부이다. 위에서 "哀孫 嗣王 臣 李倧"[30]이라는 대목은 대왕대비 앞에서 인조가 자신을 나타내는 표현으로 '臣'을 썼음을 분명하게 보여준다. 이 역시 인조가 대왕대비와의 관계를 군신의 예로 대우했고, 결국 대왕대비를 선대왕과 동일하게 대우했음을 알 수 있다.[31]

한편 실록의 기록을 보면 현종도 왕대비 앞에서 자기를 지칭할 때 '臣'을 쓴 것으로 확인된다. 현종 15년(1674, 甲寅) 6월 4일 기사에 다음과 같은 시책문이 있다.

> (12) "유세차(維歲次) 갑인년 5월 갑자삭(甲子朔) 26일, 애자(哀子) 사왕(嗣王) 신(臣) 아무는 삼가 두 번 절하고 머리를 조아리며 말을 올립니다. 저기 생각건대 은혜 하늘 같아 끝이 없는데, 마지막 가시는 거창한 일을 다루게 되었고, 세월이 흘러 때가 되었기에 옛 사실을 들어 시호를 올립니다.

위의 (12)는 현종이 어머니인 인선왕후(효종비)가 승하하자 시책문으로 올린 글이다. 비록 시책문이지만 현종이 어머니 앞에서 자기 자신을 '臣'이라고 표현한 것을 알 수 있다. 그러므로 현종이 쓴 한글 편지에 나타난 '신'은 '臣'이 분명하다고 볼 수 있다. 다만, 현종 대에는 대왕대비나 왕대비의 존호를 올릴 때 冊文을 올리지 않고, 백성들에게 敎文을 많이 써서 대왕대비나 왕대비에게 왕이 직접 올리는 글은 많지 않아, 더 이상의 용례는 나타나

---

29 維崇禎五年歲次壬申九月朔初五日, 哀孫嗣王臣【諱。】謹拜稽首上言。竊以, 失我慈覆, 已迫卽遠之期; 稽諸舊章, 敢擧崇終之典。名因行美, 情與禮隆.

30 인조의 名은 본래 '倧'인데 '悰'을 쓴 것은 避諱의 일종이다.

31 인조 역시 광해군 폐위 이후 인조반정 때 仁穆王后에 의해 그 왕권을 인정받았다는 사실은 '臣'이라는 표현을 쓴 것과 어느 정도 관련이 있을 것으로 생각된다.

지 않는다.

결국 실록의 기록을 볼 때, 조선시대에 왕이 대비 앞에서 자기를 지칭하는 표현으로 '臣'이 가능했다고 볼 수 있다. 그리고 그러한 상황은 공식적인 문서인 책문 등에서 가능한 것으로 볼 수 있다. 여기서의 '臣'이라는 표현은 아무리 현재의 왕이라고 하더라도 선대왕의 신하였으므로, 선왕의 비에게 선왕과 동일한 대우를 해야 함을 의미한다. 이것은 조선의 예법의 일종으로 판단할 수 있다.

4. 자기 지칭어로서의 '臣'과 '小子'

현종이 대왕대비에게 쓴 편지에 나타난 '신'은 곧, 자기를 가리키는 말이고, 이것은 한자어 '臣'이라는 것을 확인하였다. 그런데 조선의 왕 중에서 대왕대비가 생존해 있었던 최초의 왕은 성종이었다. 그러므로 왕과 대왕대비 간의 호칭과 지칭이 이루어질 수 있는 상황은 성종 대에 들어와서 가능하다고 볼 수 있다. 앞에서 성종 대에 대왕대비 앞에서 자기를 지칭하는 말로 '臣'을 썼음을 보았다. 그런데 성종 대에는 왕대비 앞에서 왕 자신을 가리키는 또 다른 말로 '小子'가 쓰이기도 한다. 성종 6년(1475, 을미) 2월 27일의 기사에는 다음과 같은 내용이 있다.

> (13) 선왕[先聖]의 배필이 되어 내치(內治)를 다스리되 경계(儆戒)하여 어김이 없었고, 소자(小子)를 보호하여 오늘의 아름다움에 이르렀으니, 수고로우심이 망극합니다. (配先聖, 修諸內治, 儆戒無違, 保小子, 式至今休, 勛勞罔極)

위의 내용은 인수 왕대비(소혜왕후)에게 올리는 책문인데, 왕이 자기를 가리켜 '小子'로 표현하였다.[32] 이와 같은 표현은 '臣'과는 사뭇 다른 것으로 볼 수 있다. '臣'이 '忠'에서 나온 개념으로 군신 관계를 표시한다면, '小子'는 '孝'에서 나온 개념으로 혈연관계를 나타낸다고 볼 수 있다. 결국 대비 앞에서 왕이 자기 자신을 가리키는 말로 '臣'과 '小子' 등이 함께 쓰였음을 추정해 볼 수 있다.

인조 10년(1632), 9월 5일의 다음과 같은 기록에서도 왕의 자기 지칭어 '소자'를 찾아볼 수 있다.

(14) 위태로움을 붙잡고 난을 평정한 것을 어찌 <u>소자(小子)가</u> 감히 감당하겠습니까. 험난함을 겪으면서도 곧은 지조를 지키셨기에 참으로 신명(神明)이 도와주신 것입니다.(扶危撥難, 豈<u>小子</u>之敢當? 履險居貞, 寔神明之所佑)

위의 (14)는 인목대비가 승하하자 인조가 시호를 올리는 시책문의 일부로, 앞의 (11)에 이어지는 내용이다. 여기에서 인조는 대왕대비 앞에서 자기를 가리키는 말로 '小子'를 썼음을 볼 수 있다. 특히, 동일한 상황에서 '臣'과 '小子'가 함께 쓰였다는 것은 두 표현이 큰 차이가 없다는 사실을 말해 준다.

그런데 조선 후기로 갈수록 동일한 상황에서 '臣'이라는 표현을 찾아보기 어려운 대신, '小子'라는 표현이 자주 발견되는 것을 알 수 있다. 다음은 정조 19년(1795 乙卯) 1월 16일의 기사이다.

---

32 물론 여기서의 '小子'는 넓은 의미의 부모 자식을 가리키는 말로 쓰인 것이다. 그런데 왕과 대비 간의 실질적 관계인 '小孫'을 사용한 예는 찾아보기 어렵다.

(15) 가. 바야흐로 소자(小子)가 즉위한 지 20년이 되는 때에 아, 태모(太母)께서는 육순(六旬)을 바라보는 춘추에 접어드셨습니다. 봄볕을 음미하며 서루(西樓)를 생각하니 첩자(帖子)를 써 붙이던 해가 마침 지금의 춘추를 맞으신 때와 서로 부합되는데, 선대(先代)의 아름다움을 밝히고 자궁(慈宮)을 받들어 모심에 그 주갑(周甲)을 맞게 되는 기쁨 또한 함께 누리게 되었습니다.

나. 삼가 생각건대 신은 하늘과 같이 보호해 주시는 은혜를 받았기에 뜻을 갖추어 올릴까 합니다. 탁룡(濯龍)에 나아가 문안드릴 때마다 기거가 편안하심에 마음이 기뻤는데, 술잔 올려 장수하시기를 기원하면서 우선 마음을 비우고 아름다운 뜻을 따를까 합니다."

(15)는 정조가 왕대비인 貞純王后(英祖 繼妃)의 50세 생일에 즈음하여 올린 玉冊文이다. (15가)에서는 정조가 자기를 가리키는 말로 '小子'를 썼음을 볼 수 있다. 그러나 (15나)에서는 '臣'을 써서 '小子'와 '臣'이 모두 가능했음을 볼 수 있다. 다만, '臣'을 썼을 때는 '謹'과 같은 한자를 써서 매우 삼가는 태도를 보이는 점을 지적할 수 있다.

그런데 정조 때까지만 해도 대왕대비나 왕대비 등에게 올리는 책문에 왕이 자기를 지칭하는 표현으로 '臣'을 사용하지만 조선 후기로 가면서 이러한 표현은 거의 찾아볼 수 없다. 특히 조선 후기에 가면 대왕대비의 수렴청정이 득세를 하는 데도 대비 앞에서 자신을 표현하는 말로 '臣'을 쓰지 않는다. 그 대신 이전 시기부터 폭넓게 쓰이고, 혈연관계를 나타내는 '小子'가 쓰인다. 순조 때의 다음 기사는 이러한 사실을 잘 보여 준다.

(16) 가. 무릇 동토(東土)의 생명이 있는 부류는 모두 자성의 은혜로 귀착되

고, 나 소자(予 小子)는 수공(垂拱)만 하고도 정사가 이루어져 오늘이 있게 되었도다. 이제 연영전(延英殿)에 자리를 비워둘 때를 당하매, 이에 난의사(鑾儀司)에 철렴(撤簾)을 명하시니 선위(璇闈)가 목청(穆淸)하고, 내정(內廷)의 서무(庶務)를 처음으로 벗으니 옥음(玉音)이 지성스럽고 간절하시었습니다(凡東土含生之類, 咸歸慈恩, 予小子垂拱而成, 賴有今日。 屬當延英殿虛席, 爰命鑾儀司撤簾, 璇闈穆淸, 內廷之庶務初釋, 玉音諄懇).

나. 아! 소자(小子)는 국가에 어려움이 많을 때를 만났는데, 태모(太母)께서 나에게 끝없는 은혜를 베푸시었습니다. 종팽(宗祊)의 안위(安危)의 기미를 돌보아 일념(一念)으로 보호하여 도와주었으며 후곤(厚坤)께서 이끌어 주신 힘을 의지해서 4년 동안의 치적을 이룰 수 있었습니다(嗟! 小子遭家多難, 惟太母惠我無疆。 眷宗祊安危之機, 一念保佑, 賴厚坤轉斡之力, 四載仰成).

위의 (16)은 순조 때의 기록이다. (16가)는 순조 4년(1804 甲子) 2월 28의 기록인데, 대왕대비에게 올리는 옥책문이다. 그런데 여기서 왕이 자기를 가리키는 표현으로 '나 소자(予 小子)'를 사용하였다. 또, (16나)는 순조 5년(1805 乙丑) 6월 20일의 기사로, 대왕대비가 승하하고 올린 시책문이다. 이때에도 '아! 소자'와 같이 역시 '小子'가 쓰였다. 그러나 이 시기에 대왕대비 앞에서 자기 지칭어로 쓰이던 '臣'은 나타나지 않는다. 또한 후대의 헌종이나 철종 등의 시기에도 동일한 환경에서 '臣'이라는 표현은 나타나지 않는다. 이 시기에 이 환경에서 쓰일 수 있었던 것은 오직 '小子'였다. 철종 8년(1857) 12월 17일에는 다음과 같은 기록이 보인다.

(17) 아! 우리 자성(慈聖)을 나 소자(小子)가 어떻게 감히 이름 지어 말할 수 있겠는가? 기유년 선왕(先王)께서 승하하였을 때를 당하여 나 소자(小子)를 영종(英宗)의 혈손(血孫)이라 하여 어렵고도 큰 서업(緖業)을 맡기고서 열조(列祖)의 심법(心法)으로 계칙하였다(嗚呼! 我慈聖巍蕩之德之聖, 予小子豈敢名言? 而當己酉崩坼之時, 以予小子, 爲英宗血孫, 畀之以艱大, 誡之以列祖心法)

위의 (17)은 純元王后가 승하하고 대행 대왕대비[33]의 行錄을 기록한 것이다. 그런데 이전 시기 같으면 자기 자신을 가리켜 '臣'이라고 할 수 있는 상황인데, 철종은 '臣'을 전혀 쓰지 않고 '小子'라고 하였다. 주지하듯이 헌종이 후사가 없이 승하하자 순원왕후는 철종을 영조의 혈손이라 하여 왕위를 잇게 하였다. 이전 시기라면 충분히 '臣'이라는 표현이 쓰였을 법하지만 철종 시대에 대왕대비 앞에서 '臣'이라고 표현한 기록은 한 번도 나타나지 않는다. 그 상황에서 모두 '小子'라고 썼을 뿐이다. 그러므로 같은 상황에서도 후기로 갈수록 '臣'이라는 표현은 사용되지 않고 '小子'가 널리 쓰였음을 볼 수 있다.

이렇게 보면 왕이 대비 앞에서 자기를 지칭하는 데에는 대표적으로 '臣'과 '小子'가 있다는 사실을 알 수 있다. 그리고 후대로 갈수록 '臣'은 거의 쓰이지 않게 되었다는 점이 확인된다. 그런데 이 둘은 약간의 차이가 있는 듯하다. 즉, '臣'은 유교의 '忠'에서 비롯된 군신 관계를 표시한 표현이고, '小子'는 유교의 '孝'에서 비롯된 혈연관계를 표시한 표현이다. 그런데 '臣'이 쓰인 기록은 모두 책문인데, 책문은 공식적이거나 격식적인 상황으로 볼 수 있다. 반면 '小子'는 책문이나 백성에게 내리는 교문, 또는 신하들 앞

33 '대행 대왕대비'는 대왕대비가 죽은 후 시호를 올리기 전에 높여 이르던 말이다.

에서 대왕대비와 자기를 비교할 때 등 어느 상황에서나 쓰인다. 따라서 '小子'의 사용 영역은 공식적인 자리는 물론 사적이거나 비격식적인 상황에서도 자유롭게 쓰여 사용 범위가 매우 넓었던 것으로 판단된다. 이상의 내용을 간단히 표로 보이면 다음과 같다.

〈표-2〉 왕의 자기 지칭어 '臣'과 '小子'

구분	출현 환경	관계 표현	상황	대우
臣	책문	군신 관계	공식적, 격식적	최고 대우
小子	제약 없음	혈연관계	비격식적	대우

위에서 조선시대에 왕이 대비 앞에서 자기를 지칭하는 표현으로는 '小子'가 매우 일반적임을 볼 수 있다. 이 '소자'는 혈연관계를 나타나내는 동시에 구어성을 띤 표현으로 판단된다. 그러나 '臣'이라는 표현도 가능한데, 이것은 군신 관계를 고려한 것이라고 볼 수 있다. 즉, '臣'이라는 표현은 아무리 현재의 왕이라고 하더라도 선대왕의 신하였으므로, 선대왕의 비에게 선대왕과 동일한 대우를 해야 함을 의미한다. 그런데 조선 후기로 갈수록 동일한 상황에서 '臣'이 거의 쓰이지 않고 '소자'가 널리 쓰이는데, 이것은 군신 관계를 고려한 예법이 조선 후기로 갈수록 점점 약해졌다는 것을 의미한다.

다만, 실록의 기사 등을 통해 볼 때 '臣'은 책문과 같이 공식적이고 제한된 상황에서 나타날 수 있는데 현종의 한글 편지에 나타난 '신'은 매우 예외적이라고 볼 수 있다. 편지는 공식적인 문서라기보다는 사적인 영역의 문서라고 볼 수 있기 때문이다. 더구나 종결어미도 'ᄒᆞ쇼셔'체가 아닌 'ᄒᆞᄋᆸ'류로 나타나는 것 역시 '신'과 호응하기는 어려울 수 있다. 어찌 보면 '이중적인 표현'이라고 볼 수 있는 사실이 현재로서는 쉽게 설명되지 않는다. 편지 글에서 보다 구어적이고 친밀한 '소자'를 쓰지 않고 공식적인 문서에 쓰일 수 있었던 '신'이라는 표현을 쓰면서도 또, 종결어미는 'ᄒᆞ옵'류를 쓴 데는 다른 이유가 있지 않을까 추측된다. 가령, 온양온천에 왕이 거둥 중이라는 매우 특수한 상황, 즉 온양온천에서 궁중으로 가는 문서의 전달 과정에 평소와는 다른 이떠한 제약이 있지 않았을까 추정해 볼 수 있다.

5. 결론

현종의 한글 편지에 나타난 '신'은 결국 한자어 '臣'으로 볼 수 있다. 왕이 대비에게는 자기 자신을 가리켜서 '신'이라는 표현을 쓸 수 있는데, 이것은 대비를 선왕과 동일시했기 때문이다. 그런데 '臣'이라는 표현은 공식적이거나 격식적인 상황에서 매우 제한적으로 사용했던 것으로 일상생활에서도 사용했다고 볼 수는 없다. 아마도 일상생활에서는 '小子'와 현대국어의 '저'에 해당하는 다른 표현이 쓰였을 가능성이 많다. 그럼에도 불구하고 왕이 대비 앞에서 자기 자신을 '臣'이라고 표현할 수 있었다는 것만큼은 분명하다. 이상의 내용을 간단히 정리하면 다음과 같다.

1. 현종이 남긴 한글 편지는 현재까지 12건이 전하며 이것은 '숙명신한첩'과 '숙휘신한첩', 그리고 '명안공주 유물' 등에 나누어 전한다.
2. 현종의 한글 편지 중에는 대왕대비 앞에서 자기를 지칭하는 표현으로 '신'을 사용한 편지가 있다. 이 편지는 현종의 다른 편지와 비교할 때 현종의 편지가 분명하다.

3. 현종의 편지에 나타나는 '신'은 한자어 '臣'과 '身'의 가능성이 있는데 '臣'을 의미한다. 이것은 조선의 예법상 선왕의 비를 선왕과 동일하게 대우해야 하기 때문일 가능성이 높다.
4. 실록의 기록 등을 통해 볼 때 왕이 대비 앞에서 자기를 가리키는 표현에는 '臣'과 '小子'가 대표적이다. '臣'은 책문에 쓰이는데, 이것은 군신 관계의 표현이고, 공식적이고 격식적인 상황에서 쓰인다. '小子'는 출현 환경에 별다른 제약이 없고, 이것은 혈연관계를 나타낸다. 또, '소자'는 비격식적인 상황에서 주로 쓰인다. '臣'은 군신 관계의 표현이므로 대비를 최고로 대우한 표현이다.
5. 왕의 자기 지칭어 '臣'은 조선 후기로 갈수록 점점 찾아보기 어렵고, 혈연관계를 나타내고, 구어성을 반영한 '小子'가 더 널리 쓰였다.

참고문헌

강릉시립박물관(1996), 『明安公主關聯遺物圖錄(寶物 第1220號)』.

김용경(2001), 「명안어서첩(明安御書帖) 소재 언간에 대하여」, 『한말연구』 제9호, 한말연구학회, 53-75쪽.

金一根(1959), 『李朝御筆諺簡集』, 通文館.

金一根(1986), 『諺簡의 硏究(三訂版)－한글書簡의 硏究와 資料集成』, 건국대학교출판부.

배영환(2009), 「顯宗의 한글 편지에 나타난 자기 지칭어 '신'에 대하여」, 『국어국문학』 153, 국어국문학회, 31-60쪽.

白斗鉉(2001), 「조선시대 한글 보급과 실용에 관한 연구」, 『震檀學報』 92, 震檀學會, 193-218쪽.

백두현(2004), 「보물 1220호로 지정된 "명안공주(明安公主) 친필 언간"의 언어 분석과 진위(眞僞) 고찰」, 『어문론총』 제41호, 한국문학언어학회, 1-19쪽.

백두현(2005), 「조선시대 여성의 문자생활 연구－한글 편지와 한글 고문서를 중심으로」, 『어문론총』 제42호, 한국문학언어학회, 39-85쪽.

변원림(2006), 『조선의 왕후』, 일지사.

신명호(1998), 『조선의 왕』, 가람기획.

예술의전당 · 서울서예박물관(2002), 『朝鮮王朝御筆』.

尹敬洙(1987), 「淑徽宸翰帖의 硏究-價値와 書式을 中心으로」, 『外大語文論集』 第3輯, 釜山外國語大學校 語學硏究所, 157-184쪽.

李秉岐 編註(1947), 『近朝內簡選』, 國際文化館.

李迎春(1998), 『朝鮮後期王位繼承 硏究』, 集文堂.

趙恒範(1998), 『註解 순천김씨묘출토간찰』, 태학사.

지두환(2007), 『성종대왕과 친인척 1』, 역사문화.

지두환(2009), 『현종대왕과 친인척』, 역사문화.

崔承熙(1989), 『(改正 · 增補版) 韓國古文書硏究』, 지식산업사.

黃文煥(1991), 「1人稱 謙讓語 '저'의 起源」, 『國語學』 21, 國語學會, 53-77쪽.
황문환(1999), 「근대국어 문헌 자료의 'ᄒᆞᄋᆞᆸ'류 종결형에 대하여」, 『배달말』 25, 배달말학회, 113-129쪽.
黃文煥(2002), 『16, 17世紀 諺簡의 相對敬語法』, 國語學叢書 35, 太學社.
황문환(2007), 「조선시대 언간 자료의 부부간 호칭과 화계」, 『藏書閣』 제17집, 한국학중앙연구원, 121-131쪽.
황문환 외(2013), 조선시대 한글편지 판독 자료집(1,2,3), 도서출판 역락.

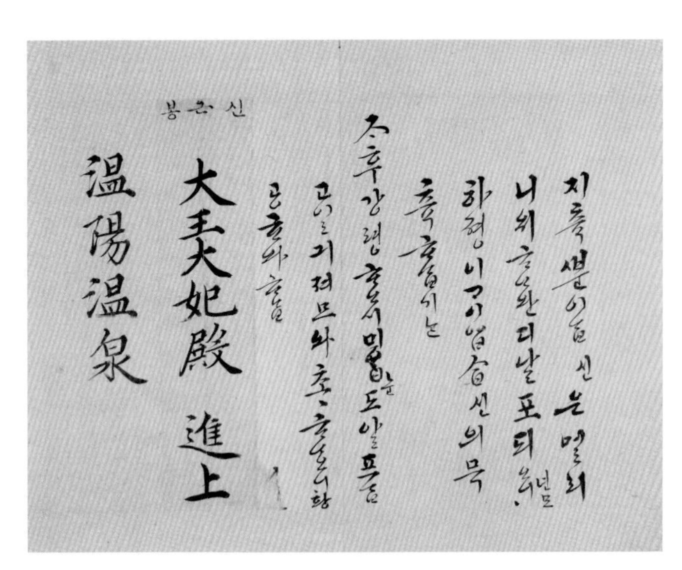
지ᄎᆞᆨ 섭섭이ᄋᆞᆸ 신은 멀리
나와 ᄒᆞᄋᆞᆸ건디 날포 되ᄋᆞᆸ
하졍이 ᄀᆞ이 업ᄉᆞᆸ 신의 목
ᄎᆞᆨ ᄒᆞᄋᆞᆸ시ᄂᆞᆫ
ᄌᆞ후 강령ᄒᆞᄋᆞ시ᄋᆞᆸ신 일 도 알고 ᄌᆞᆸ
고이 ᄀᆞ리ᄋᆞᆸᄂᆞ 져므와 ᄎᆞᆺᄒᆞᄋᆞ오니 황
공ᄒᆞ와 ᄒᆞᄋᆞᆸ
신 근봉
大王大妃殿 進上
溫陽溫泉

〈현종의 한글 편지-1〉

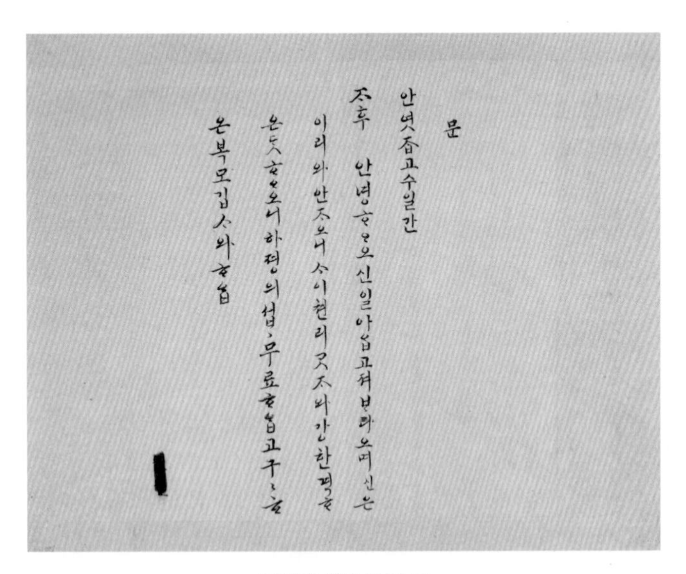
문
안 엳ᄌᆞᆸ고 수일간
ᄌᆞ후 안녕ᄒᆞᄋᆞ오신 일 아ᄋᆞᆸ고져 ᄇᆞ라오며 신은
이리 와 안ᄌᆞ오나 ᄉᆞ이 현리 ᄀᆞᆺ조와 간한 ᄢᆡᆨᄒᆞ
온 ᄃᆞᆺᄒᆞᄋᆞ오니 하졍의 섭섭 무료ᄒᆞᄋᆞᆸ고 ᄀᆞᆨᄀᆞᆨᄒᆞ
온 복모 깁ᄉᆞ와 ᄒᆞᄋᆞᆸ

〈현종의 한글 편지-2〉

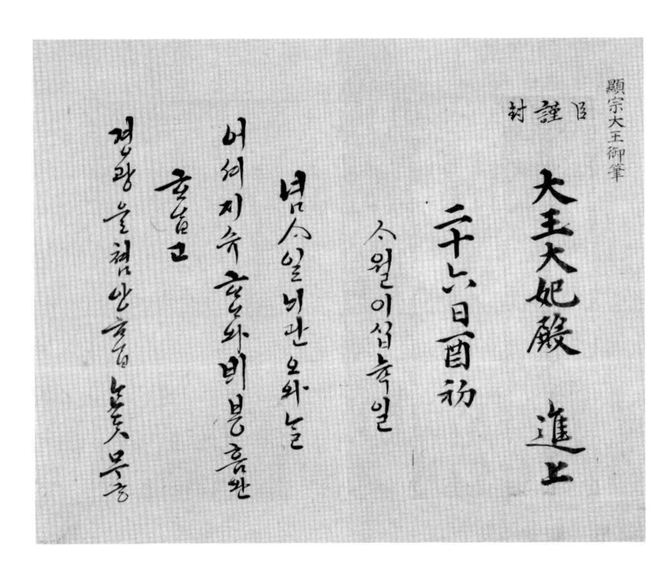

顯宗大王御筆

大王大妃殿 進上

臣謹封

二十六日酉初

ᄉᆞ월 이십ᄉᆞ일

념ᄉᆞ일 니관 오와 ᄂᆞᆯ

어셔 지슈ᄒᆞ오와 비봉 흠완

ᄒᆞᄋᆞᆸ고

경광을 쳠앙ᄒᆞᄋᆞᆸ ᄂᆞᆺ 무ᄒᆞ

〈현종 편지-3〉

Ⅵ. 숙종, 고모님께 위로의 편지를 보내다

1. 서론

숙종은 조선의 제19대 국왕으로서 재위 기간은 1674년부터 1720년이다. 아버지인 현종과 어머니인 명성왕후의 외아들로 태어났다. 어머니 명성왕후는 청풍부원군(淸風府院君) 김우명(金佑明)의 딸이다. 숙종은 현종 2년(1661) 8월 15일 경덕궁 회상전에서 태어나 7세 때인 현종 8년(1667) 1월 22일 왕세자에 책봉되었다. 14세인 현종 15년(1674) 8월 18일에 현종이 창덕궁 재려에서 승하하자 8월 23일에 조선 제19대 왕으로 즉위하였다.[1]

숙종은 아버지인 현종이 명성왕후 이외에 다른 비빈을 두지 않았고, 일찍 승하했기 때문에 형제가 많지 않았다. 즉, 현종이 둔 1남 3녀 가운데 1녀인 명선공주와 2녀인 명혜공주가 모두 어렸을 때 졸하였고, 그나마 3녀인 명안공주(1665~1687)마저 적은 나이에 졸하였기 때문에 형제간의 우애나

1 지두환, 숙종대왕과 친인척1, 2009, 33쪽.

동기간의 정은 늘 부족했다고 할 수 있다. 즉, 조선 후기로 갈수록 왕손이 귀했을 뿐 아니라 공주들마저 일찍 졸하여서 늘 혈육 간의 정이 필요했던 왕이었다.

혈육 간의 정이 그리워서 그런지는 몰라도 숙종은 고모님들 또한 극진히 모셨던 것으로 보인다. 숙종의 아버지인 현종 역시 남자 형제가 없어 숙종에게는 숙부가 없는 대신 고모가 많았다. 현종의 아버지인 효종, 또한 아들이 귀하였고, 공주가 많았다. 첫째 딸 숙신공주(조졸), 둘째 딸 숙안공주(1636~1697), 셋째 딸 숙명공주(1640~1699), 넷째 딸 숙휘공주(1642~1696), 다섯째 딸 숙정공주(1645~1668), 여섯째 딸 숙경공주(1648~1671) 등이 현종에게는 누이들이고, 숙종에게는 고모들이었다. 이들 고모 가운데 숙종이 한글 편지를 통해 소식을 주고받은 공주는 숙명공주와 숙휘공주이다. 물론, 그 밖의 고모에게도 소식을 주고받았다고 추정되지만 현재 전하는 것은 두 공주와 주고받은 편지뿐이다. 특히 숙휘공주와는 여러 편지를 주고받은 것으로 드러나는데, 이는 숙휘공주가 불행한 삶을 살다간 것과 관련이 있다. 일찍 남편을 잃은 것도 모자라 아들마저 먼저 보낸 숙휘공주를 위로하는 내용에서 숙종의 인간적인 면모를 살펴볼 수 있다.

한편 숙종은 그동안 언문 사용을 억제한 왕으로 알려졌기에 이렇게 언문 편지를 남긴 이유를 살펴볼 필요가 있다. 여기에서는 숙종의 한글 편지 현황을 파악하고, 숙종의 언문 사용 제약과 관련된 내용도 간단하게 살펴보기로 한다. 아울러, 숙종의 한글 편지 속에 담긴 인간적인 면모를 고찰해 보기로 한다.

2. 숙종의 한글 편지 현황과 특징

숙종은 고모님들을 극진히 모시면서도 여러 가지 사연을 보냈던 것으로 보인다. 이러한 사연은 언간을 통해 나타나는데 현재까지 남아 있는 것은 숙명공주와 숙휘공주에게 보낸 편지이다. 숙종의 언간은 숙휘신한첩 소재 6건과 기타 2건을 포함하여 전체 8건이 전하고 있다.

한편 숙종이 남긴 한글 편지는 필체 면에서 남성 궁체의 완성체 모습을 보인다는 점에서 주목할 필요가 있다. 숙종의 글씨는 강건한 남성적인 모습이 여실히 나타난다. 이러한 글씨체는 숙종의 성격을 반영한다고도 판단된다. 주지하듯이 숙종은 강력한 왕권을 구축한 것으로 알려졌다. 숙종 대의 중심적 사건은 세 차례의 환국으로 요약될 수 있다. 대체로 환국한 해의 간지를 따라서 경신환국(1680, 숙종 6), 기사환국(1689, 숙종 15), 갑술환국(1694, 숙종 20) 등으로 부르는데 그 사건의 주체는 바로 숙종이었다. 이런 측면은 숙종 대의 왕권이 매우 강력했음을 보여 준다.

정치적으로는 강력한 왕권을 구축한 왕이지만 그가 남긴 한글 편지 속에는 가족 간의 따뜻한 사랑과 정이 담겨 있어 그의 인간적인 면모를 살펴볼 수 있다. 다음은 숙종의 한글 편지 현황이다.

〈표-1〉 숙종의 한글 편지 현황

	편지 명	발신자	수신자	필사 연도
1	밤 ᄉᆞ이 평안ᄒᆞ옵시니잇가 나가옵실	숙종(아들)	명성왕후(어머니)	1680~1683
2	뎡 ᄃᆡ댱 병환은 ᄆᆞᄎᆞᆷ내 믈약지효롤	숙종(조카)	숙휘공주(고모)	1685
3	뎍ᄉᆞ오시니 보옵고 친히 뵈옵ᄂᆞᆫ	숙종(조카)	숙휘공주(고모)	1685
4	뎍ᄉᆞ오시니 보옵고 친히 뵈옵ᄂᆞᆫ	숙종(조카)	숙휘공주(고모)	1685

5	덕ᄉᆞ오시니 보ᄋᆞᆸ고 친히 뵈ᄋᆞᆸᄂᆞᆫ	숙종(조카)	숙휘공주(고모)	1685
6	요ᄉᆞ이 일긔 고ᄅᆞ디 아니ᄒᆞ오니	숙종(조카)	숙휘공주(고모)	1685
7	덕ᄉᆞ오시니 보ᄋᆞᆸ고 신셰예 평안ᄒᆞᄋᆞᆸ신	숙종(조카)	숙휘공주(고모)	1674~1696
8	몬졔ᄂᆞᆫ 창망 듕 업시	숙종(조카)	숙명공주(고모)	1691

숙종의 언간에서 확인되는 수신자는 어머니인 명성왕후와 고모인 숙명공주, 숙휘공주 등이다. 다만, 숙종의 편지 가운데 여느 왕처럼 공주에게 전한 한글 편지는 현재까지 전하지 않는다. 그 이유는 숙종에게는 후일 경종과 영조와 같이 왕위에 오르는 아들은 있었지만 편지를 보낼 만한 공주가 없었기 때문이다. 즉, 공주가 있었지만 모두 조졸했으므로 공주에게 보내는 편지는 존재하지 않는 것으로 판단된다. 그 대신 어머니와 고모에게 보내는 편지가 존재한다. 특히 조선시대 왕의 편지들 중에서 어머니에게 보낸 경우가 많지 않은데, 숙종이 어머니에게 보낸 편지가 비록 1건이지만 존재한다.

한편 숙종의 한글 편지에서 발신자와 수신자의 측면을 고려할 때 숙종이 어머니와 고모에게 보냈다는 사실은 왕실의 한글 편지쓰기가 대부분 왕실 내의 가족 관계를 중심으로 이루어졌음을 시사한다. 또, 숙종의 한글 편지의 대체적인 내용은 어머니와 고모에 대한 문안이나 위로, 당부 등으로 요약된다. 즉, 가족 간에 서로 안부를 묻고 전하거나 윗사람에 대한 예의를 갖추는 차원에서 문안드리고 위로하는 등의 소통 수단으로 언간이 사용되었음을 알 수 있다.

그런데 숙종은 언문의 사용을 제약했던 왕으로 대체로 알려졌다. 이러한 평가는 아마도 숙종 대에 공문서의 사용에서 언문의 사용을 엄격히 규제했기 때문으로 볼 수 있다. 사실 조선시대 공문서는 조선 초기부터 한문, 즉

진서(眞書)로 작성하는 것을 원칙하였다. 그렇기 때문에 언문으로 공문서를 작성하는 내용을 거의 찾아볼 수 없다. 경국대전의 공문서 양식에도 모든 문서가 한문으로 작성되어 있는데, 숙종 대(숙종 1년)에 이러한 내용이 좀 더 강화되었던 것으로 알려졌다.[2]

(1) 빚을 주고 문기를 작성한 것은 반드시 증인과 필자(筆者)가 갖추어 있어야 송사를 심리한다. 문기를 언문(諺文)으로 작성하였거나 문기에 증인이나 필자가 없으면 송사의 심리를 허락하지 않는다.[3]

위 (1)은 사채의 문서에 증인과 집필인이 없고, 또 문서가 한글로 되어 있을 때 채권을 인정하지 말라는 내용이다. 즉, 숙종 대에는 여러 가지 산업 자본이 형성되었고, 더구나 한글로 쓰인 여성의 소지(所知) 등도 상당수 작성된 시기이다. 그렇기 때문에 이에 대한 송사가 많았다고 할 수 있고, 이에 대한 제약이 필요했던 것이다. 아마도 이러한 내용에 따라 숙종은 언문 사용에 적극적인 태도를 취하지 않았던 왕으로 인식되었지만, 실제 가족 간의 안부, 특히 여성이 개입되어 있는 안부 편지에서는 언문으로 작성된 편지를 남겼다는 점에서 의미를 부여할 수 있다.

3. 숙종이 어머니에게 보내는 편지의 내용과 의미

숙종은 아버지인 현종과 어머니인 명성왕후 사이에 태어난 유일한 아들

---

2 이에 대해서는 안병희(1985:806)를 참고함.

3 出債成文, 必具證 · 筆者, 聽理。 諺文及無證 · 筆者, 勿許聽理(受教輯錄, 戶典 徵債條).

이다. 주지하듯이 조선시대 왕 가운데 왕비를 제외하고 여느 비빈을 두지 않았던 유일한 왕이 아버지 현종이었는데, 그렇기 때문에 숙종에게는 형제가 많지 않았다. 손이 귀했기 때문에 숙종은 어느 누구보다도 사랑을 많이 받았을 것으로 생각된다. 명성왕후는 슬하에 숙종과 3녀를 두었지만, 딸 둘을 일찍 먼저 보내고 유일하게 남은 공주인 명안공주를 끔찍이 아꼈던 것으로 보인다. 특히 현종과 명성왕후가 명안공주에게 보낸 한글 편지가 현재까지 전하고 있어 그러한 사랑을 살펴볼 수 있다.[4] 그런데 명성왕후는 명안공주가 하가한 이후에도 자주 명안공주가 사는 곳을 찾아가 지냈던 것으로 보인다. 그러한 어머니를 걱정하는 숙종의 편지가 현재까지도 전하고 있다.

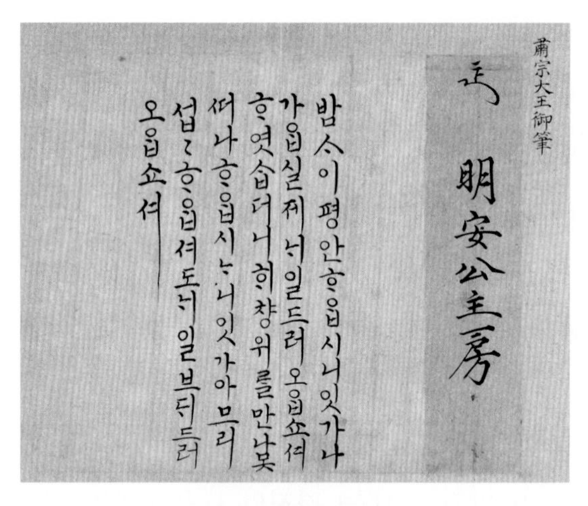
肅宗大王御筆
明安公主房
밤ᄉᆞ이 평안ᄒᆞ옵시니잇가 나
가옵실 제 ᄂᆡ일 드러오옵쇼셔
ᄒᆞ엿ᄉᆞᆸ더니 히챵위를 만나 못
떠나ᄒᆞ옵시니잇가 아므리
섭〻ᄒᆞ옵셔도 ᄂᆡ일 브ᄃᆡ 드러
오옵쇼셔

〈숙종의 한글 편지-1〉

(2) 밤 ᄉᆞ이 평안ᄒᆞ옵시니잇가 나가옵실 제 ᄂᆡ일 드러오옵쇼셔 ᄒᆞ엿ᄉᆞᆸ더니

4 이들 편지는 강원도 '오죽헌박물관'에 전하고 있다.

ᄒᆡ챵위ᄅᆞᆯ 만나 못 ᄯᅥ나 ᄒᆞᄋᆞᆸ시ᄂᆞ니잇가 아므리 섭섭ᄒᆞᄋᆞᆸ셔도 ᄂᆡ일 브듸 드러 오ᄋᆞᆸ쇼셔〈숙종→명성왕후, 1680년~1683년〉

[밤새 평안하십니까? 나가실 때 내일 들어오십시오 하였더니 해창위를 만나 못 떠나 오십니까? 아무리 섭섭하셔도 내일은 부디 들어오십시오.]

위의 편지는 강릉 오죽헌박물관에 소장되어 있는 명안공주 관련 언간[5]으로 알려진 편지 가운데 숙종이 쓴 것이다. 이 편지는 봉투에 '명안공주방'이라고 쓰여 있고 봉투 상단에 수결이 있어 숙종이 보낸 것임을 알 수 있다. 그런데 수신자가 명안공주로 되어 있지만 실제 수신자는 명안공주가 아니라 자전인 명성왕후이다. 즉, 여동생 집에 잠깐 가 있는 어머니에게 아들이 보낸 편지이다. 명성왕후가 하가한 딸인 명안공주의 집에 가 있을 때 숙종이 어머니의 안위를 걱정하여 다음날 대궐로 돌아오시라고 요청하고 있다.

위의 편지에서 숙종은 자전인 어머니를 생각하는 지극한 마음이 잘 드러나 있다. "나가실 때 내일 들어오십시오"라고 하였다는 표현에서 아마도 어머니가 딸의 집에 간다고 나서니까 내일 꼭 궁으로 돌아오시라며 걱정스러워하는 아들의 모습을 읽을 수 있다. 그런데 어머니인 명성왕후가 모처럼 딸의 집에 방문하자 사위와 딸 또한 장모님, 그리고 어머니를 지극히 모시면서 더 계시다가 가라고 한 것으로 보인다. 이러한 상황에서 명성왕후도 궁으로 가지 않고 예정보다 더 딸의 집에 머물렀던 것으로 추측된다. 숙종은 이러한 상황이 걱정스러워 편지를 보낸 것이다.

숙종이 어머니인 명성왕후를 진심으로 생각하는 마음은 뒷부분의 "아무

---

5 명안공주 관련 언간은 전체 12건이 '어필'이라는 제목의 첩 속에 들어 있다.

리 (헤어지는 것이) 섭섭하셔도 내일은 부디 들어오십시오"라는 부분에서 더욱 잘 드러난다. 자주 만날 수 있는 상황이 아니라서 딸, 그리고 사위와 헤어지기 아쉬워 환궁을 하루하루 미루고 있는 어머니를 기다리는 마음이 절절하게 드러나고 있다.

한편 위의 편지에서 숙종과 명안공주 그리고 매제인 해창위 간의 사이가 돈독한 것을 추정해 볼 수 있다. "해창위를 만나 못 떠나 오십니까?"라는 표현에서 어머니가 쉽게 돌아오지 못하는 이유를 '해창위'가 돌아가는 것을 만류하는 상황에서 찾는 데에는 삶의 여유와 웃음이 묻어난다. '해창위'는 명안공주의 부마인 오태주(吳泰周, 1668~1716)를 말한다. 해창위 오태주는 본관이 해주(海州)로 호는 취몽헌(醉夢軒)이다. 1668년(현종 9) 숙종 때 공조판서를 지낸 오두인(吳斗寅)의 아들로 태어났다. 1679년(숙종 5) 현종의 셋째 딸인 명안공주와 혼인하여 해창위에 봉해졌고 종1품 명덕대부(明德大夫)에 올랐다. 1689년(숙종 15) 숙종과 남인 측이 희빈 장씨 소생의 왕자를 세자로 책봉하려고 하자 이에 반대하는 서인 측의 입장에 섰다가 일시 관작(官爵)이 삭탈되었다. 이후 정치에 관심을 두지 않고 서예를 즐기며 살았으며 얼마 후 왕명으로 직첩이 환원되었다. 글씨를 잘 썼는데 특히 예서에 능하였으며 시문에도 탁월한 재주를 보여 숙종에게 많은 총애를 받았다고 한다.[6] 또, 명안공주는 현종과는 유일한 남매 사이이다. 하나 남은 여동생을 아끼고 사랑하는 마음은 능히 헤아리고도 남는데 여동생의 남편 또한 아끼고 신뢰했다고 할 수 있다. 그러면서 자연스럽게 돈독한 관계가 이어져 이러한 모습이 편지에 그대로 드러난 것으로 볼 수 있다.

---

6 이에 대해서는 〈한국민족문화대백과사전〉(인터넷판)을 참고함.

4. 숙종이 고모에게 보내는 편지의 내용과 의미

숙종은 고모들에게도 편지를 자주 보낸 것으로 보인다. 이 가운데 숙휘공주와 숙명공주에게 보낸 편지가 현재까지도 전하는데 대체로 그 내용은 안부나 또는 위로, 그리고 건강에 대한 염려 등이다. 이러한 편지를 통해 아주머님, 즉 고모님을 진정으로 생각하는 숙종의 마음은 물론 따뜻한 마음씨 등을 살펴볼 수 있다.

4.1. 숙휘공주를 위로하는 글

4.1.1. 숙휘공주의 불행한 삶

숙휘공주는 효종과 인선왕후 장씨 사이에 1642년(인조 19) 2월 넷째 딸로 태어났다. 어렸을 때부터 공주들 중 아버지인 효종과 오라버니 현종에게 많은 사랑을 받고 자랐다고 한다. 그러나 숙휘공주의 불행한 삶은 가족들을 늘 안타깝게 했다. 즉, 숙휘공주는 남편을 일찍 여의어 홀로 되었을 뿐 아니라 아들마저 후사가 없이 먼저 보냄으로써 마음고생이 많았던 것이다.

숙휘공주의 남편 정제현(鄭齊賢)은 우의정을 지낸 정유성(鄭維城)의 손자이다. 정제현은 1642년(인조 20) 2월에 태어났다. 즉, 숙휘공주와 정제현은 동갑나기로 서로 결혼을 한 것이다. 이들은 1653년(효종 4) 12월에 숙휘공주는 정제현과 혼인하였으며 정제현은 효종의 부마가 되어 인평위(寅平尉)에 올랐다.

숙휘공주는 어려서부터 부왕인 효종이 무척 아꼈던 것으로 보인다. 효종은 딸들을 무척 사랑하였는데, 그러한 사랑이 때로는 지나쳐 문제가 된 적도 있었다. 〈조선왕조실록〉의 다음과 같은 기록은 효종이 숙휘공주에 대한 지극한 사랑을 엿볼 수 있다.

> (3) 판중추부사 정유성(鄭維城)이 졸하였다. 유성은 인조 조에 등제하여 청요직을 역임하고 효종 때에 여러 번 승진하여 육경에 이르렀다. 금상 초기에 우상에 임명되었고 이때 와서 졸하니, 나이가 69세였다. 그의 손자 정제현(鄭齊賢)이 효종의 셋째 딸 숙휘공주(淑徽公主)에게 장가들었다. 당시 여러 공주의 저택이 극히 사치하여, 효종이 제현을 위해 저택을 지어주는 데 제도가 매우 크고 화려하였다. 이에 유성이 청대하여 아뢰기를, "신의 손자는 한미한 가문에서 생장하여 일평생 들어가 살 집이 그저 몸을 들여놓을 정도면 족합니다. 15칸을 한도로 해주소서." 하였으나, 효종이 들어주지 않았다. 그 뒤 공주를 보면 항상 크고 사치한 것을 경계하였으므로 공주가 궁중에 품하여 70칸을 줄이었다. 그러나 사람됨이 속되고 옹졸하여 정승으로서의 공업은 일컬을 만한 게 없었다.

위의 내용은 정제현의 조부인 정유성의 졸기에 담겨 있다. 이를 통해 보면 효종이 숙휘공주에게 과도한 저택을 지어 주었는데, 그것이 세상의 비웃음거리가 되었던 것으로 보인다. 그러자 정유성이 효종에게 지나친 저택을 하사하는 것에 대해 간언을 내렸지만, 효종은 간언을 무시하고 70여 칸이나 되는 큰 저택을 하사한 것으로 나타난다. 이러한 모습에서 효종이 당시 공주들에게 지나친 사랑을 베풀었다는 것을 알 수 있다.

숙휘공주 역시 과분한 사랑을 받았지만, 그녀의 삶은 매우 불행했던 것으로 보인다. 숙휘공주는 1661년(현종 2년) 남편 정제현과의 사이에 아들 정태일을 낳았고, 다음 해인 1662년에 남편 정제현이 사망하여 21세의 나이로 혼자가 되었다. 외아들 정태일을 홀로 키웠으나 정태일 또한 1685년 25

세의 젊은 나이로 후사 없이 요절하였다. 이후 숙휘공주는 홀로 지내다가 1696년(숙종 22) 10월 세상을 떠났다. 남편을 먼저 보낸 것도 원통할 텐데 어린 아들마저 후손도 없이 먼저 보내는 상황에서 숙휘공주의 삶이 얼마나 외롭고 힘들었을지 상상할 수 있을 것이다. 사실 숙휘공주에게 아들 정태일만 있었던 것은 아닌 듯하다. 〈숙휘신한첩〉에 "인샹, 계샹, 효희" 등의 아명(兒名)이 나타나는 것으로 보아 숙휘공주의 소생이 2남 1녀 있었으나 아들 '인샹'과 딸 '효희'는 일찍 죽은 것으로 보인다. 그러한 사실은 〈국조인물고〉의 다음과 같은 기술에서도 드러난다.[7]

(4) 공의 부인인 공주(公主)는 속이 깊고 행실이 얌전하였으며, 2남 1녀를 낳았는데 모두 나이가 아직 어리다. 또 유복(遺腹) 아이가 있다. 장남 정인상(鄭獜祥)은 나이가 5세인데 선왕(先王)께서 어서(御書)로 이름을 지어서 내려 주었다. 대체로 공주가 해산할 달을 당하여 집안에 기린이 꿈에 보이는 길상(吉祥)이 있었기 때문에 그렇게 해 준 것이었다. 차남 정태상(鄭台祥)도 또한 비범한 기골(氣骨)이 있다.

아! 슬프도다. 공이 재주로써 벼슬길을 말미암아 나아갔더라면 단박에 현달한 관직에 오를 수 있었을 것은 말할 필요가 없는 일이다. 그런데 일찍 신분이 귀해짐으로써 재능을 발휘할 수가 없게 되었고, 공의 착하고 어짊으로 보아서는 마땅히 장수를 누렸어야 하는데도 약관(弱冠, 20세를 말함)의 나이에 그쳤으니, 천도(天道)조차도 의심스러운 노릇이다. 그러나 훌륭한 아들들이 집에 있으니, 그 보시(報施)가 자신에게 있지 않고 그 후손에게 있으리라는 것이 비교적 뚜렷하다. 내가 이로써 상공(相公, 정승을 지낸 조부 정유성

---

7 〈국역 국조인물고〉 참고함.

을 말함)과 낭중(郎中, 정랑을 지낸 아버지 정창징을 말함)의 마음을 위로하고 다음과 같이 명(銘)을 짓는다.

위의 내용은 〈국조인물고〉에서 '정제현'에 대해 기술한 부분의 일부이다. 위의 글은 정제현이 젊은 나이에 죽자 그의 할아버지인 정유성이 이경석에게 부탁해서 지은 것으로 알려졌다. 위에서 먼저 공의 부인, 즉 숙휘공주의 성품에 대해 칭찬하고 있다. 아울러 정제현이 세상을 하직할 때 아이가 2남 1녀가 있었음을 밝히고 있다. 그리고 아이 가운데 '길상'과 '태상'이 있었음을 알 수 있다. 그런데 정제현이 세상을 등진 후에 어느 사이엔가 '길상'과 '초희'가 죽었고 더구나 '태상'마저 젊은 나이에 졸하였다고 추정된다. 뒷부분에 정제현의 재주가 뛰어나고 성격이 어질었으나 약관의 나이에 세상을 하직한 것을 매우 아쉬워하고 있다. 이러한 기록에서 숙휘공주가 나약한 한 여인으로서 감당하기 어려운 고통을 겪었음을 엿볼 수 있다.

4.1.2. 숙종이 숙휘공주에게 보낸 편지의 내용과 의미

숙종은 고모들 가운데 숙휘공주에게 가장 많은 편지를 보낸 것으로 나타난다. 그 이유는 숙휘공주의 불행한 삶과 관련이 있는데, 그에 대한 위로와 걱정 때문에 지속적으로 편지를 보냈다고 판단된다. 숙종이 숙휘공주에게 보낸 편지 가운데 가장 긴 사연은 숙휘공주의 아들 정태일이 먼저 세상을 등지자, 자식을 잃은 슬픔에 식음을 전폐한 숙휘공주에게 보낸 것이다.

(5) 뎡 딕댱 병환은 ᄆᆞ춤내 믈약지효롤 엇디 못ᄒᆞ와 쳔만 의외예 상식 나오니 경통 참졀ᄒᆞ오미 아므라타 업ᄉᆞ온 둥 녯날 ᄒᆞᆫᄃᆡ셔 노던 일을 ᄉᆡᆼ각ᄒᆞ오니 참도ᄒᆞ온 ᄆᆞ옴이 더옥 각별ᄒᆞ오이다 아ᄌᆞ마님겨오셔 여러 둘 쵸젼ᄒᆞ옵시

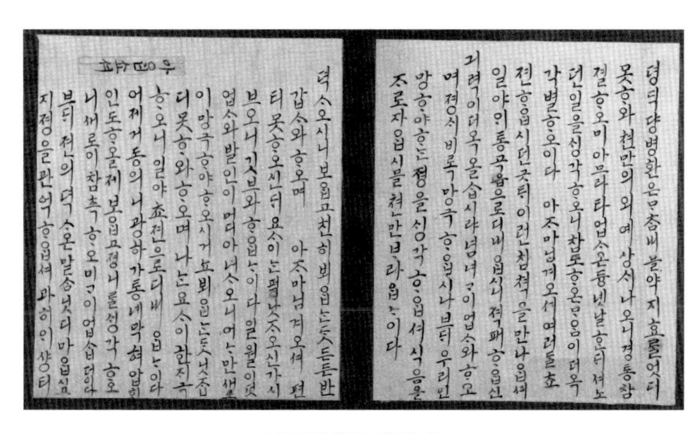

뎡딕댱병환은ᄆᆞ춤내 믈약지효를 엇디
못ᄒᆞ와 쳔만의외예 상ᄉᆞ나오니 경통참
졀ᄒᆞ오미 아므라타 업ᄉᆞ온듕 녜날ᄒᆞᆫᄃᆡ 셔노
던일을 ᄉᆡᆼ각ᄒᆞ오니 참도ᄒᆞ온ᄆᆞ음이 더옥
각별ᄒᆞ오이다 아ᄌᆞ마님겨오셔 여러ᄃᆞᆯ쵸
젼ᄒᆞ옵시던 긋틔 이런 참쳑을 만나옵셔
일야 이통곡읍으로 디내옵시니 젹패ᄒᆞ옵신
긔력이 더옥 올습시랴 념녀 ᄀᆞ이업ᄉᆞ와ᄒᆞ오
며졍시 비록 망극ᄒᆞ옵시나 브ᄃᆡ 우리 민
망ᄒᆞ야 ᄒᆞᄂᆞᆫ 졍을 ᄉᆡᆼ각ᄒᆞ옵셔 식음을
ᄌᆞ로 자옵시믈 쳔만ᄇᆞ라옵ᄂᆞ이다

〈숙종의 한글 편지-2〉

던 긋틔 이런 참쳑을 만나옵셔 일야 익통 곡읍으로 디내옵시니 젹패ᄒᆞ옵신 긔력이 더옥 올습시랴 념녀 ᄀᆞ이업ᄉᆞ와 ᄒᆞ오며 졍시 비록 망극ᄒᆞ옵시나 브ᄃᆡ 우리 민망ᄒᆞ야 ᄒᆞᄂᆞᆫ 졍을 ᄉᆡᆼ각ᄒᆞ옵셔 식음을 ᄌᆞ로 자옵시믈 쳔만 ᄇᆞ라옵ᄂᆞ이다〈1685년, 숙휘신한첩-06, 숙종(조카)→숙휘공주(고모)〉

[정 직장 병환은 마침내 물약지효를 얻지 못하여 천만 의외에 상사가 생기니 경통 참절함이 무어라 할 말이 없는 가운데 옛날 한 곳에서 놀던 일을 생각하오니 참도(慘悼)한 마음이 더욱 각별하옵니다. 아주머님께서 여러 달 초조하고 괴로워하시던 끝에 이런 기막히게 슬픈 일을 만나시어 밤낮으로 애통해 하시며 통곡하고 눈물을 흘리며 지내시니 쇠약해지신 기력이 더욱 옳으실까 염려 가이없어 하오며 혈육 간의 정이 비록 망극하시나 부디 우리가 민망해하는 뜻을 생각하시어 음식을 자주 자시기를 천만 바라나이다.]

위의 편지는 숙휘공주의 아들 정태일이 25세의 젊은 나이로 요절을 하자 숙종이 고모인 숙휘공주를 위로하기 위해 보낸 것이다. 위의 편지는

〈숙휘신한첩〉 속에 전하고 있는데 이 편지첩은 대체로 숙휘공주의 주변 인물이 주고받은 편지를 후손들이 모아 놓은 것이다. 우선 위의 편지에서 보면, 숙종은 웅건한 필체를 통해 격식을 갖추어 사연을 적었음을 알 수 있다. 즉, '아ᄌᆞ마님겨오셔' '편티' 앞에는 고모와 직접 관련된다고 생각하여 격간법을 적용하였다. 그리고 '긔력이'와 '덕ᄉᆞ오시니'에서는 한 칸을 높여 대두법을 적용하여 고모에 대한 예를 갖추고 있다.

한편 숙종은 정태일(정 직장)에게 많은 약을 처방했음에도 결국 세상을 등지게 되는 모습을 보고 안타까워하고 있다. 아울러 함께 놀던 옛 생각도 떠올리면서 애도하는 마음을 금하기 어렵다고 하고 있다. 아무도 생각지 않던 아들의 죽음 앞에 어머니인 숙휘공주의 절망감이란 이루 말할 수 없을 것으로 생각된다. 그런데 숙종은 그러한 가운데에서도 숙휘공주의 기력이 쇠해질까 염려하여 음식을 자주 드시기를 간곡히 바라고 있다. 이러한 내용에서 고모를 생각하는 숙종의 지극한 정성을 느낄 수 있다.

숙종은 이 무렵 하루가 멀다 하고 고모인 숙휘공주에게 편지를 보낸 것으로 보인다. 상사가 나고 발인이 멀지 않은 시점에도 또 다시 편지를 보내었다.

(6) 덕ᄉᆞ오시니 보옵고 친히 뵈옵ᄂᆞᆫ ᄃᆞᆺ 든든 반갑ᄉᆞ와 ᄒᆞ오며 아ᄌᆞ마님겨오셔 편티 못ᄒᆞ오신ᄃᆡ 요ᄉᆞ이ᄂᆞᆫ 퍽 낫ᄌᆞ오신가 시브오니 깃브와 ᄒᆞ옵ᄂᆞ이다 일월이 덧업ᄉᆞ와 발인이 머디 아녀ᄉᆞ오니 어ᄂᆞ만 새로이 망극ᄒᆞ야 ᄒᆞ오시거뇨 뵈옵ᄂᆞᆫ ᄃᆞᆺ 닛ᄌᆞᆸ디 못ᄒᆞ와 ᄒᆞ오며 나ᄂᆞᆫ 요ᄉᆞ이 한직 극ᄒᆞ오니 일야 효젼으로 디내옵ᄂᆞ이다 어제 거동의 니광하가 통네 막혀 압ᄒᆡ 인도ᄒᆞ올 제 보옵고 졍니ᄅᆞᆯ ᄉᆡᆼ각ᄒᆞ오니 새로이 참측ᄒᆞ오미 ᄀᆞ이업ᄉᆞᆸ더이다 브ᄃᆡ 젼의 덕ᄉᆞ온 말ᄉᆞᆷ 닛디 마옵시고 지졍을 관억ᄒᆞ옵셔 과히 ᄋᆡ샹티 마옵쇼셔〈1685년, 숙휘신

한첩-07, 숙종(조카)→숙휘공주(고모)〉

[보내 주신 편지 보고 친히 뵈옵는 듯 든든 반가워하오며 아주머님께서 편치 못하신 곳이 요사이는 퍽 나으신가 싶으니 기뻐합니다. 일월이 덧없어 발인이 멀지 아니하오니 얼마나 새로이 망극하시겠습니까? 뵈옵는 듯 잊지 못하여 하오며, 나는 요사이 한재(旱災)가 몹시 심하오니 밤낮 초전으로 지냅니다. 어제 거둥에 이광하(李光夏)가 통례가 되어 앞에 인도할 때 뵙고 정리를 생각하오니 새로이 참측함이 그지없습니다. 부디 전 편지에 적은 말씀 잊지 마시고 지성을 억누르시고 지나치게 슬퍼하지 마십시오.]

위의 내용 역시 숙휘공주가 아들의 상이 나고 기력을 회복하지 못했는데 그나마 차도가 있다는 소식을 들은 후에 답장을 쓴 것으로 보인다. 아울러 발인이 멀지 않았다는 내용에서 상이 나고 며칠이 지난 후에 쓴 편지로 볼 수 있다. 또 건강을 해칠 정도로 슬퍼하지 말도록 거듭 당부하고 있다.

숙종은 건강이 좋지 않은 고모에게 약재를 보낸 것으로 보이고, 아울러 지속적인 안부 편지를 보내 고모가 기력을 회복하기를 간절히 바란 것으로 여겨진다. 이러한 숙종의 염려 덕분인지 그 후에 숙휘공주는 건강을 그나마 되찾은 것으로 보인다.

(7) 요ᄉᆞ이 일긔 고ᄅᆞ디 아니ᄒᆞ오니 긔운 엇더ᄒᆞ오시거뇨 아옵고져 ᄇᆞ라오며 적패ᄒᆞ옵신 그ᄐᆡ 병환이 ᄃᆞᆯ포 미류ᄒᆞ옵시니 념녀 ᄀᆞ이 ᄀᆞ이업ᄉᆞ와 ᄒᆞ옵더니 이제ᄂᆞᆫ 대셰 거의 다 차복ᄒᆞ여 겨옵시니 희힝ᄒᆞ옵기 아므라타 업ᄉᆞ오ᄃᆡ 힝혀 병이 나앗다 ᄒᆞ옵셔 조심ᄒᆞ옵시던 ᄆᆞ음을 프러 ᄇᆞ리옵시고 ᄋᆡ샹 곡읍을 젼톄로 ᄒᆞ옵시면 약녁과 됴보ᄒᆞ옵신 공뷔 다 허일이 되올 거시니 도로혀 념녀 브리옵디 못ᄒᆞ와 ᄒᆞ옵ᄂᆞ이다 브ᄃᆡ 내 이리 뎍ᄉᆞᆸᄂᆞᆫ 뜻을 밧ᄌᆞᆸ셔 쇼유지계

ᄅᆞᆯ 닛디 마ᄋᆞᆸ시고 음식 긔거지졀을 ᄇᆡ히 삼가ᄋᆞᆸ셔 원긔 졈졈 더 츙실ᄒᆞᄋᆞᆸ시면 오라디 아녀 든든이 뵈올 거시오니 그만 ᄇᆞ라ᄋᆞᆸ고 잇ᄉᆞᆸᄂᆞ이다〈1685년, 숙휘신한첩-10, 숙종 (조카)→숙휘공주(고모)〉

[요사이 일기 고르지 아니하오니 기운 어떠하신지 알고자 바라오며 적패하신 끝에 병환이 달포 미류하시니 염려 매우 그지없어 하더니 이제는 대세가 거의 다 차도가 있도록 회복하셨으니 기쁘고 다행하기 무어라 할 말이 없되 행여 병이 나았다 하시어 조심하시던 마음을 풀어 버리시고 애상곡읍(哀傷哭泣)을 전처럼 하시면 약의 효력과 조리하신 공이 다 헛일이 될 것이니 도리어 염려 놓지 못합니다. 부디 내가 이렇게 적은 뜻을 받으셔서 소유지계(少愈之戒)를 잊지 마시고 음식 기거지절(起居之節)을 더욱 삼가셔서 원기가 점점 더 충실하시면 오래지 아니하여 든든히 뵈올 것이오니 그것만 바라고 있겠습니다.]

위의 편지는 숙휘공주의 건강이 악화되었다가 다시 회복되었다는 소식을 받고 숙종이 답장을 보낸 것으로 보인다. 차도가 있도록 회복했다는 사실에서 이러한 상황을 엿볼 수 있다. 숙휘공주가 기력을 회복했다는 소식에 숙종은 기뻐하며 다행이라고 하고 있다. 무엇보다 전처럼 슬퍼하면 다시 헛일이 될 것이라고 하면서 숙휘공주가 더 이상 슬픔에 빠지지 않도록 당부하고 있다. 아울러 원기가 회복되어 오래지 않아 다시 뵙기를 간곡하게 바라고 있다. 이러한 내용에서 숙종의 사상함과 고모에 대한 성성 등을 느낄 수 있다.

한편 다음과 같은 편지는 숙휘공주가 쾌차하기를 바라는 가운데 그 당시 신년 인사법을 알 수 있다는 점에서 흥미롭다.

(8) 뎍ᄉᆞ오시니 보ᄋᆞᆸ고 신셰예 평안ᄒᆞᄋᆞᆸ신 일 아ᄋᆞᆸ고 든든 몬내 알외와 ᄒᆞ오며 이번은 날포 든든이 디내ᄋᆞᆸ다가 나가ᄋᆞᆸ시니 섭섭ᄒᆞ오미 아므라타 업ᄉᆞ와 ᄒᆞ오며 아ᄌᆞ마님겨오셔 신년은 슉병이 다 쾌차ᄒᆞᄋᆞᆸ시다 ᄒᆞ오니 깃브와 ᄒᆞᄋᆞᆸᄂᆞ이다〈1661년~1696년, 숙휘신한첩-11, 숙종(조카)→숙휘공주(고모)〉

[보내 주신 편시 보고 새해에 평안하신 일 아옵고 든든하며 못내 아뢰어하오며 이번은 하루 남짓 든든히 지내다가 나가시니 섭섭함이 이보다 더한 것이 없어 하오며 아주머님께서 신년은 묵은 병이 다 쾌차하시었다 하오니 기쁩니다.]

위의 편지는 숙종이 고모인 숙휘공주에게 보낸 것인데, 새해를 맞이하여 안부 인사를 드리는 내용을 담고 있다. 숙휘공주가 궁에 들어왔다가 날포 밖에 지내지 못함을 섭섭하게 생각하면서 고모의 오랜 병이 낫기를 기원하고 있다. 그런데 여기서 인사법이 아주 특이하다. "아주머님께서 신년은 오랜 병이 다 쾌차하셨다고 하니 기쁩니다."와 같이 신년의 인사를 오랜 병이 깨끗이 나았다며 실제 일어난 일처럼 적고 있는 것이다. 이러한 인사법은 신년의 덕담으로 볼 수 있는데, 오랜 기다림이나 간절한 소망을 기정사실처럼 말하는 화법이라는 점에서 특징적이다.[8]

그런데 이는 조선시대에 궁중에서 매우 일반적인 인사법으로 보인다. 혜경궁 홍씨의 다음과 같은 편지에서도 기정 사실의 인사법이 확인된다.[9]

(9) ᄒᆞᄅᆞ ᄉᆞ이 됴히 디내ᄂᆞ냐 오ᄂᆞᆯ은 네 싱일(生日)이니 어ᄂᆞ ᄉᆞ이 십 셰(十歲)롤 넘어시니 어룬이 다 된 ᄃᆞᆺ 긔힝〃(奇幸〃)ᄒᆞ기 니롤 것 업ᄉᆞ니 오족 너

8 이에 대해서는 백두현(2015)에서 다루었는데, 이 글에서도 참고하였다.

9 이러한 내용은 이종덕 선생님의 발표 내용에서 참고하였다.

ᄅᆞᆯ 위ᄒᆞ야 츅(祝)ᄒᆞ기는 무병〃(無病無病) 댱슈〃(長壽長壽) ᄒᆞ고 ᄒᆞᆨ문(學問)이 진ᄎᆔ(進就)ᄒᆞ고 덕ᄒᆡᆼ(德行)이 탁이(卓異)ᄒᆞ야 금옥(金玉)의 견고(堅固)ᄒᆞᆷ과 큰 션ᄇᆡ의 일홈을 어더 닙신셩ᄎᆔ(立身成就)의 ᄂᆞᆷ븟그럽디 아냐 칭예(稱譽)ᄒᆞᄂᆞᆫ 소ᄅᆡ 네 어미 귀예 들려 효도(孝道)ᄅᆞᆯ 닐위여 착ᄒᆞᆫ 아ᄃᆞᆯ 나ᄒᆞᆫ 현모(賢母)의 일홈을 들리고 모ᄌᆡ(母子ㅣ) ᄇᆡᆨ셰(百歲) 향슈(享受)ᄒᆞ야 모(母)ᄂᆞᆫ ᄌᆞ(子)ᄅᆞᆯ 의지(依持)ᄒᆞ야 ᄇᆡᆨ녹(百祿)을 밧고 ᄌᆞ(子)ᄂᆞᆫ 모(母)ᄅᆞᆯ 우러〃 지효(至孝)로 이바다 태평안낙(太平安樂)의 ᄌᆞ손(子孫)이 면원(綿遠)ᄒᆞ야 뎡숑강(鄭松江) 문호(門戶)ᄅᆞᆯ 듕닙(重立)ᄒᆞᆫ다 ᄒᆞ니 깃브다〈기증 996〉

위의 내용은 혜경궁 홍씨가 외손자 정의(鄭漪, 1782~1832)[10]의 열 살 생일에 무병장수하고 입신 성취하며 나아가 정송강 문호를 새로이 세우기를 축수하는 덕담을 한 것이다. 그런데 덕담은 "뎡 숑강 문호ᄅᆞᆯ 듕닙ᄒᆞᆫ다 ᄒᆞ니"라고 하여 바라는 바를 기정 사실로 진술하였다. 이는 소망 성취를 간절히 바라는 마음에서 그 소망을 확정적인 사실로 표현하는 전통적 덕담 진술 방식이다. 혜경궁 홍씨의 편지에서도 이러한 화법을 볼 수 있어 축하 사연에서 기정 사실 화법은 매우 일반적이었던 것으로 추정된다.

4.2. 숙명공주를 위로하는 글

숙명공주(淑明公主)는 부왕인 효종(孝宗)과 어머니 인선왕후(仁宣王后) 사이에 셋째 딸로 태어났다. 1652년(효종 3)에 청평위(靑平尉) 심익현(沈益顯)에게 시집을 갔다. 60세를 일기로 졸하였는데, 소생으로는 심정보(沈廷輔)가 있다.

10 조선 후기의 문신으로, 아버지는 흥은부위(興恩副尉) 정재화(鄭在和)이며, 어머니는 장헌세자(莊獻世子)의 딸 청선공주(淸璿公主)이다.

숙명공주의 남편인 심익현은 본관은 청송(靑松)으로 아버지는 영의정 심지원(沈之源)이다. 어머니는 부사 윤종지(尹宗之)의 딸이다. 10세 때 효종의 부마로 뽑혀 숙명공주(淑明公主)에 장가들어 청평위(靑平尉)에 봉해졌다. 그 뒤 궁중에 자주 출입하여 왕실의 두터운 신임을 받았다. 숙명공주 역시 부왕에게 많은 사랑을 받았고 왕실 내의 여러 인물과 편지를 주고받은 것으로 보이는데, 이러한 사연이 〈숙명신한첩〉에 남아 있다.

한편 숙종은 또 다른 고모인 숙명공주에게도 소식을 자주 전했던 것으로 보인다. 그러나 아쉽게도 현재 전하는 편지는 1건밖에 남아 있지 않기 때문에 그 전모를 파악하기는 어렵다. 다음에서 보듯 숙명공주에게 보낸 한 건의 편지에서도 고모의 건강을 염려하는 모습은 확연하게 드러난다.

(10) (봉투) 謹封 淑明公主房

몬졔ᄂᆞᆫ 창망 듕 업시 ᄃᆞᆫ녀오오니 그ᄣᅢ 심회야 어이 내내 덕ᄉᆞ오리잇가 병환은 나날 낫ᄌᆞ오셔 즉금은 거의 여샹ᄒᆞ오신가 시브오니 흔힝ᄒᆞ오미 아ᄆᆞ라타 업ᄉᆞ와 ᄒᆞ오며 언제 다시 반가이 뵈올고 기ᄃᆞ리고 잇ᄉᆞᆸᄂᆞ이다〈1691년, 숙종(조카)→숙명공주(고모)〉

[먼저는 창망한 가운데 다녀오시니 그때 마음이야 어이 내내 적겠습니까? 병환은 나날이 나으셔서 지금은 거의 평상시와 같은가 싶으니 다행스러움이 뭐라고 할 말이 없으며 언제 다시 반가이 뵐까 기다리고 있습니다.]

위의 내용에서 숙종은 숙명공주가 병환이 나아서 평상시와 같이 회복된 사실에 매우 기뻐하면서 다행스럽게 생각하고 있다. 아울러 다시 건강한 모습으로 뵈올 것을 기원하고 있다. 이 편지는 숙명공주가 말년에 병을 앓고 있다가 회복된 즈음에 숙종이 걱정과 안타까움에 있다가 병이 나은 것을 보고 기뻐한 것이다.

이러한 사실에서 숙종은 바쁜 정사를 돌보면서도 늘 고모의 건강과 안위를 걱정하고 있고, 자주 안부를 물었던 것으로 볼 수 있다. 이는 가족이 많지 않았던 숙종이 고모 등 주변의 혈육에게 늘 애정과 관심이 많았다는 것을 엿볼 수 있다. 이는 강력한 왕권을 구축하여 카리스마 있는 왕이었지만 가족에게는 따뜻한 마음을 베풀었던 군왕이었음을 방증하는 것이다.

5. 결론

숙종은 조선시대 언문의 사용을 억제한 것으로 알려졌지만 실상은 언문 사용을 억제했다고 보기 어렵다. 더욱이 숙종은 왕실의 여성과 끊임없이 언문으로 소통하고 있었다. 현재까지 남아 있는 숙종의 한글 편지는 전체 8건이 전하고 있는데, 눈에 띄는 것은 어머니인 '명성왕후'에게 보낸 편지가 있다는 점이다. 사실 국왕이 어머니에게 편지를 보내는 상황이 많지 않기 때문에 현재까지 남아 있는 편지 가운데 매우 귀한 자료라고 할 수 있다. 그리고 고모인 숙휘공주와 숙명공주에게 보낸 편지가 남아 있다.

이러한 한글 편지를 볼 때 혈육이 많지 않았던 숙종은 고모들 또한 극진히 모셨던 것으로 보인다. 그리고 고모님의 안부를 묻고 건강과 안위를 걱정하는 지상한 모습을 보이고 있다. 이러한 사실에서 정치적으로는 환국 등 강력한 왕권을 발휘했지만 내면에는 따뜻한 인간애가 흐르는 평범한 모습을 보인다고 할 수 있다.

참고문헌

강릉시립박물관(1996), 보물 제1220호 명안공주관련유물도록.

김용경(2001), 명안어서첩 소재 언간에 대하여, 한말연구 9, 한말연구학회, 53-75.

김일근(1986), 언간의 연구-한글 서간의 완성과 자료 집성(삼정판), 건국대학교출판부.

박정숙(2017), 조선의 한글 편지, 다운샘.

백두현(2015), 조선시대 왕실 언간의 문화중층론적 연구-「숙휘신한첩」을 중심으로, 한국학논집 59, 계명대학교 한국학연구원, 349-403.

안병희(1985), 훈민정음 사용에 관한 역사적 연구-창제로부터 19세기까지, 동방학지 48, 연세대학교 국학연구원, 793-821.

윤경수(1987), 淑徽宸翰帖의 硏究: 價値와 書式을 中心하여, 외대어문논집 3, 釜山外國語大學 語學硏究所, 157-184.

장요한(2019), 『宸翰帖 坤』의 연구 및 역주, 계명대학교 출판부.

황문환 외(2013), 조선시대 한글편지 판독 자료집(1,2,3), 도서출판 역락.

Ⅶ. 정조, 외숙모와 생질녀에게 안부 편지와 세찬을 보내다

1. 머리말

정조는 조선 제22대 왕으로서 재위 기간은 1776년부터 1800년까지이다. 이름은 이산(李祘)이고, 호는 홍재(弘齋)이다. 주지하듯이 영조의 둘째 아들인 장헌세자(莊獻世子, 일명 思悼世子)와 혜경궁 홍씨(惠慶宮洪氏) 사이에서 맏아들로 태어났으며, 비(妃)는 청원부원군(淸原府院君) 김시묵(金時默)의 딸인 효의왕후(孝懿王后)이다. 정조는 1759년(영조 35) 세손에 책봉되었지만, 1762년 장헌세자가 비극적인 죽음을 당하자 요절한 영조의 맏아들 효장세자(孝章世子: 뒤에 眞宗이 됨)의 후사(後嗣)가 되어 왕통을 이었다.

정조는 왕위에 오른 후부터 억울하게 희생당한 아버지 장헌세자를 어떻게 예우하고, 또 억울함을 풀 것인가를 고심하였다. 아울러 홀로 남은 어머니 혜경궁 홍씨의 한을 풀어 주고 효성을 베풀어야만 했다. 이에 따라 아버지 사도세자를 장헌세자로 추존하였다(고종 때 장조로 추존됨). 또한 양주 배봉산(拜峰山) 아래에 있던 장헌세자의 묘를 수원 화산(花山) 아래로 이장해

현륭원(顯隆園)이라 했다가 다시 융릉(隆陵)으로 올렸고, 용주사(龍珠寺)를 세워 원찰(願刹)로 삼았다. 나아가 아버지 사도세자의 복권과 어머니 혜경궁 홍씨에 대한 효도를 수원에 신도시를 건설하는 것으로 완수하였다.[1]

정조는 홀로 남은 어머니에 대한 효성이 지극했다. 슬프게 세상을 떠난 아버지에 대한 그리움이 대단하여 수원의 화성을 건립하는 것은 물론이고 어머니를 위해 크고 작은 정성을 쏟은 것으로 드러났다. 정치적으로 외조부인 홍봉한이 사도세자의 희생에 적극적으로 구원하지 못한 원죄가 있지만 오로지 어머니를 위하여, 외조부를 사면한 것 역시 어머니에 대한 효심이 작용한 결과라고 볼 수 있다.

한편, 정조는 호학의 군주로 많은 저술뿐 아니라, 신하들과 주고받은 간찰 또한 많이 남겼다. 이전에 공개된 정조의 다른 편지들은 수신자가 외조부 홍봉한(洪鳳漢), 외숙부 홍낙임(洪樂任), 외사촌 홍취영(洪就營), 신하 심환지(沈煥之), 채제공(蔡濟恭) 등 주로 남성이었기 때문에 한문으로 쓰였다. 그러나 정조가 쓴 한글 편지도 남아 있다는 점에서 주목된다. 정조의 한글 편지가 존재한다는 사실을 처음 밝힌 것은 이병기 편(1948)이다. 이병기 편(1948: 15-17)에서는 정종(正宗) 어필(御筆)이라는 제목으로 4건의 한글 편지를 소개하였다. 아울러 이 편지들이 정조가 생질녀에게 보낸 것임을 소개하고 있다. 이어 김일근(1986)에서도 정조의 한글 편지가 소개되어 있다.[2] 김일근(1986:197)에서는 정조가 여동생인 청선공주(淸璿公主)의 딸이자 민치성의 아내인 생질녀에게 보낸 편지 4건의 판독문이 제시되어 있다. 다만 여기에는

---

1 이에 대해서는 〈한국민족문화대백과사전〉(인터넷판)과 〈두산백과〉(인터넷판) 등을 참고하여 정리하였다.

2 전체적으로 보았을 때 김일근(1986)에서는 정조의 한글 편지 실물을 확인한 것으로 보이지는 않는다. 현재 이 편지의 소재는 정확하게 알기 어렵다.

판독문만 있고, 한글 편지 원본은 제시하고 있지 않았다. 결국 이 편지의 원본은 현재까지 공개된 적이 없고 소재마저 불분명하여 연구자의 입장에서는 아쉽다고 할 수 있다. 이후 예술의 전당 한글서예박물관(2002)에서 개인 소장으로 있던 정조의 한글 편지 가운데 외숙모 여흥민씨에게 보내는 편지 3건이 소개되었다. 여기에서는 이미지는 물론 판독문까지 함께 제공되어 있어 연구자들은 물론 일반인에게도 접근성을 높이고 있다. 특히 이들 언간 가운데 정조가 어린 시절 언문으로 쓴 필체가 남아 있어 흥미롭다고 할 수 있다. 이후 국립한글박물관(2014)에서는 기존에 알려졌던 여흥민씨에게 보내는 편지 3건과 그 밖의 편지 11건 등 전체 14건의 정조 편지를 〈정조 어필 한글 편지첩〉이라는 이름으로 간행하였다. 여기에는 판독문과 주석문 그리고 이미지까지 제공하여 비상한 관심을 끌게 하였다. 특히 이 편지 가운데는 정조가 원손이나 세손이었을 당시 어린이의 필체가 나타난다는 점에서 특이하고 더구나 그것이 정조의 글씨라는 점에서 더더욱 관심을 끌기에 충분하였다.[3] 그러므로 현재까지 알려진 정조의 한글 편지는 〈정조 어필 한글 편지첩〉 속의 14건과 기존의 연구에서 판독문만 제시되었던 4건을 포함하여 총 18건의 한글 편지가 전해진다고 할 수 있다. 이를 표로 보이면 다음과 같다.

3 이 언찰첩은 정조가 어린 원손 시절부터 세손을 거쳐 왕위에 오른 뒤까지 한 개인의 한글 글씨가 성장 과정에 따라 변천해 가는 모습을 살필 수 있고, 정조가 일찍이 글자 쓰기를 익히면서부터 편지 투식을 배워 그 격식에 맞추어 편지를 썼음을 확인할 수 있다.

〈표-1〉 정조의 한글 편지

구분	개별 명칭	발신자	수신자	연대
1	문안 알외ᄋᆞᆸ고 기후 무ᄉᆞ하오신	정조(조카)	여흥민씨(외숙모)	
2	오래 봉셔 못 ᄒᆞᄋᆞᆸ고	정조(조카)	여흥민씨(외숙모)	
3	상풍의 긔후 평안ᄒᆞ오신 문안	정조(조카)	여흥민씨(외숙모)	
4	일긔 극한ᄒᆞ오니 긔운 평안ᄒᆞ오신	정조(조카)	여흥민씨(외숙모)	
5	야간 문안 아ᄋᆞᆸ고져 ᄇᆞ라오며	정조(조카)	여흥민씨(외숙모)	
6	문안 알외ᄋᆞᆸ고 의외 봉셔	정조(조카)	여흥민씨(외숙모)	
7	일젼 봉셔 밧ᄌᆞ와 보ᄋᆞᆸ고	정조(조카)	여흥민씨(외숙모)	
8	납한의 평안ᄒᆞᄋᆞᆸ신 문안 아ᄋᆞᆸ고져	정조(조카)	여흥민씨(외숙모)	
9	납한의 평안ᄒᆞᄋᆞᆸ신 문안 아ᄋᆞᆸ고져	정조(조카)	여흥민씨(외숙모)	
10	근일 극열ᄒᆞ오니 긔후 평안ᄒᆞᄋᆞᆸ신	정조(조카)	여흥민씨(외숙모)	
11	봉셔 밧ᄌᆞ와 보ᄋᆞᆸ고 근일	정조(조카)	여흥민씨(외숙모)	
12	수일 일긔 다시 극한ᄒᆞ오니	정조(조카)	여흥민씨(외숙모)	
13	연ᄒᆞ여 늉한이 심ᄒᆞ오니 긔후	정조(조카)	여흥민씨(외숙모)	
14	신년의 긔후 평안ᄒᆞᄋᆞᆸ신잇가 문안	정조(조카)	여흥민씨(외숙모)	
15	네도 잘 디내고 네 어미도	정조(외숙)	민치성 부인(생질녀)	
16	됴히 잇ᄂᆞ냐 쇼믁 보낸다	정조(외숙)	민치성 부인(생질녀)	
17	됴히 잇ᄂᆞ냐 집은 공연이	정조(외숙)	민치성 부인(생질녀)	
18	됴히 잇ᄂᆞ냐 이것 보내니	정조(외숙)	민치성 부인(생질녀)	

위의 표에서와 같이 혜경궁 홍씨의 친오빠인 홍낙인의 부인이자 정조에게는 외숙모가 되는 여흥민씨에게 보낸 14건의 편지와 정조의 여동생인 청선공주의 딸이자 생질녀인 민치성의 아내에게 보낸 편지가 4건이 존재한다. 이들 수신자는 모두 여성이기 때문에 한글로 편지를 써서 보낸 것이다. 그리고 그 사연은 대체로 안부를 전하고 간단한 선물을 보내는 내용으로 구성

되어 있다. 그런데 여흥민씨에게 보낸 편지에는 새해가 되기 전에 꼭 세찬을 보냈음을 알 수 있고, 세찬의 내용은 물목을 통해 알 수 있다. 그러한 면에서 정조의 따뜻한 인간적인 면모를 간접적으로나마 알 수 있다.

2. 외숙모에게 보낸 편지와 세찬

현재 국립한글박물관에서 소장하고 있는 『정조어필언간첩』은 본디 표지에 표제가 적혀 있지 않은데, 첩에 실려 있는 친필 자료 16건 중 14건이 한글 편지인 점을 고려하여 잠정적으로 '정조어필언간첩'[4]이라고 명명하고 있다. 이 언간첩은 정조가 큰외숙모 여흥민씨(驪興閔氏, 1729~?)[5]에게 보낸 것을 모아 성첩한 것으로 한문 필적 2건, 한글 편지 14건, 총 16건으로 이루어져 있다. 한문 필적 2건은 필체로 보아 정조가 원손일 때에 쓴 것이다. 한글 편지 14건 중, 3건은 원손 시절, 3건은 세손 시절, 나머지 8건은 재위 시절에 쓴 것이다. 이 한글 편지들은 발신 연기가 적혀 있는 것도 있고 적혀 있지 않은 것도 있지만, 필체와 내용으로 미루어 발신 시기의 순서에 따라 성첩한 것으로 보인다.

4 16건 중 8건은 정조가 원손이거나 세손이었을 때 쓴 것이므로 엄밀한 의미로 어필(御筆) 또는 어찰(御札)이 아니라 예필(睿筆) 또는 예찰(睿札)이라고 해야 하나, 결국 정조가 왕위에 올랐으므로 즉위 이전의 필적까지 통틀어 '어필' 또는 '어찰'이라고 할 수 있다. 그런데 '어찰'은 한문편지를 포함하여 사용할 수 있는 용어이므로 특히 한글 편지임을 나타내기 위하여 '언간'을 첨가하였다. '국문어찰'이라는 표현을 사용할 수도 있으나 '국문'이라는 용어 자체가 갑오개혁 이후에 사용된 것이므로 조선시대에 일반적으로 쓰인 '언간, 언서, 언찰' 등의 용어를 참조하여 '언간'을 첨가하였다.

5 여흥민씨(驪興閔氏)는 숙종(肅宗)의 계비 인현왕후(仁顯王后)의 부친인 민유중(閔維重)의 손자 민형수(閔亨洙)의 둘째 딸로서, 정조의 큰외숙부 홍낙인(洪樂仁, 1729~1777)의 아내이다.

한글 편지 중 처음 3건(01번~03번)은 발신자가 01번은 '질(姪)', 02번과 03번은 '元孫'이라고 적혀 있고, 겨우 성자(成字)를 한 것같이 필체가 조잡하여 정조가 나이 어린 원손 시절에 쓴 것임을 알 수 있다. 그다음 2건(04번, 05번)은 각각 '世孫', '셰손'이라는 발신 표기가 있어서 정조가 세손 시절에 쓴 편지로 볼 수 있다. 06번 편지는 발신자 표기가 없으나 본문에 외조부 홍봉한(洪鳳漢)과 관련하여 1772년에 있었던 사실을 언급하고 있으므로 역시 세손 시절에 쓴 것임을 알 수 있다.

나머지 8건(07번~14번) 중 4건은 발신 연기가 적혀 있어서 이를 통해 재위 시절에 쓴 것임을 알 수 있고, 나머지 4건도 필체가 동일하여 역시 재위 시절에 쓴 것으로 추정된다. 발신 연기가 적혀 있는 4건은 09, 12, 13, 14번 편지인데, 각각 계튝(1793년), 을묘(1795년), 병진(1796년), 무오(1798년) 등으로 적혀 있다. 그리고 10번 편지는 발신 연기가 적혀 있지 않으나 "ᄌᆞ궁 듀갑탄일"이 언급되었기에 1785년에 쓴 것임을 알 수 있다. 그런데 1798년에 쓴 편지에 수신자인 여흥민씨가 칠순임을 언급하고 있으므로 풍산 홍씨 족보에는 생몰년이 적혀 있지 않으나 여흥민씨가 1729년생이라는 정보를 얻을 수 있다.

수신자인 여흥민씨는 홍낙인(洪樂仁)[6]의 아내이다. 홍낙인은 정조의 어머니인 혜경궁 홍씨의 오라버니로서 본관은 풍산(豊山)이고 자는 대유(大囿), 호는 안와(安窩)이다. 홍중기(洪重箕)의 증손으로, 할아버지는 예조판서 홍현보(洪鉉輔)이고, 아버지는 영의정 홍봉한(洪鳳漢)이며, 어머니는 이집(李潗)의 딸이다. 1761년(영조 37) 정시문과에 병과로 급제하고 교리를 거쳐, 1763년 통신사의 종사관으로 뽑혔으나 통신사가 고모부인 조엄(趙曮)으로 교체되면

6 〈한국 역대 인물 종합 정보 시스템〉 참조

서 친혐으로 종사관도 김상익(金相翊)으로 교체되었다. 그 뒤 보덕 · 예조참의 · 좌부승지 · 대사성 · 전라도관찰사 · 대사헌을 역임하였고, 1773년 도승지, 이어 지돈녕부사를 거쳐 1775년 이조참판에 이르렀다. 1777년(정조 1) 6월 장봉 만호(長峰萬戶)에 보임되었다가 같은 달에 세상을 떠났다. 이 편지의 등장 인물 등을 확인하기 위해 정조의 외가 친척 가계도를 보이면 다음과 같다.[7]

정조가 외숙모 여흥민씨에게 보낸 편지에서 드러나는 인물은 여흥민씨와 혜경궁 홍씨, 그리고 여흥민씨의 아들인 홍수영과 홍최영 등이다. 수신자인 외숙모 여흥민씨는 인현왕후의 아버지 민유중의 증손녀이다.

정조는 원손이나 세손이었을 당시, 어렸을 때부터 여흥민씨에게 한글 편지를 보냈던 것으로 보인다. 특히 아직 익숙하지 않은 글씨체가 나타난다는 점에서 흥미롭다. 더구나 편지의 중간에 가다 보면 필체가 달라지는 부분도 있는데, 이것은 앞부분은 누군가가 대필해 주고 뒷부분은 어린 정조가 직접 쓴 것으로 볼 수 있다.[8]

(1) 문
안 알외ᄋᆸ고
긔후 무ᄉᆞᄒᆞ오신 문안
아ᄋᆸ고져 ᄒᆞ오며 이
죡건은 내게 젹ᄉᆞ
오니 슈대 신기ᄋᆸ

7 이 가계도는 국립한글박물관(2014:51)를 참조함.

8 여기에 제시된 판독문과 현대어역은 국립한글박물관(2014)을 참고하여 제시한 것이다.

■ 정조의 외가 친척 가계도

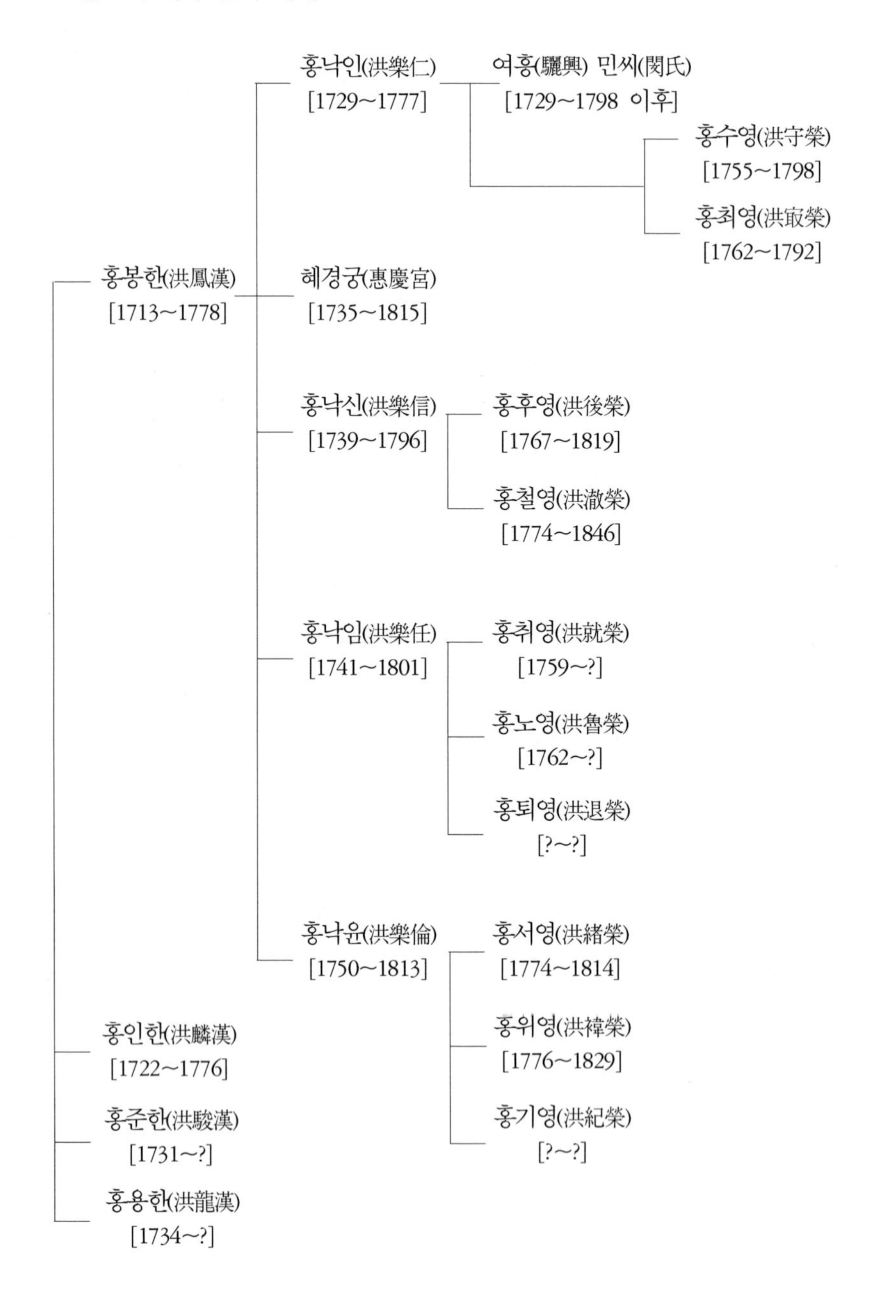
홍봉한(洪鳳漢) [1713~1778]
홍낙인(洪樂仁) [1729~1777]
여흥(驪興) 민씨(閔氏) [1729~1798 이후]
홍수영(洪守榮) [1755~1798]
홍최영(洪冣榮) [1762~1792]
혜경궁(惠慶宮) [1735~1815]
홍낙신(洪樂信) [1739~1796]
홍후영(洪後榮) [1767~1819]
홍철영(洪澈榮) [1774~1846]
홍낙임(洪樂任) [1741~1801]
홍취영(洪就榮) [1759~?]
홍노영(洪魯榮) [1762~?]
홍퇴영(洪退榮) [?~?]
홍낙윤(洪樂倫) [1750~1813]
홍서영(洪緖榮) [1774~1814]
홍위영(洪緯榮) [1776~1829]
홍기영(洪紀榮) [?~?]
홍인한(洪麟漢) [1722~1776]
홍준한(洪駿漢) [1731~?]
홍용한(洪龍漢) [1734~?]

쇼셔

질

[문안 아뢰고 기후 무사하신지 문안을 알고자 합니다. 이 족건(足巾, 버선)은 저에게 작사오니 수대를 신기옵소서. 조카]

위의 편지는 정조의 한글 편지 가운데 가장 이른 시기에 쓰인 것으로 추정된다.[9] 원문 그대로 행을 제시하였는데 글씨가 일정하지 않고 더구나 셋째 줄의 문안부터 뒷부분은 글씨가 굵고 일정하지 않은 것을 확인할 수 있다. 더욱이 세 번째 줄의 '문안'은 첫 번째 줄의 '문'과 '안'처럼 이행법을 적용하여 행을 달리 써야 하는데 그러지 않고 썼다. 그러한 사실은 어린 정조가 편지의 격식 존대를 아직 제대로 배우지 않고 한글만 깨우친 어린 나이였음을 보여 준다. 그러면서도 '족건'이 작다고 자기보다 어린 사촌동생인 '슈대'를 신기도록 하는 내용에서 어렸을 때부터 남을 배려하는 정조의 마음씨를 알 수 있다.

어린 시절 정조가 사촌들과 친하게 어울려 지냈음을 보여 주는 하나의 단서는 '슈대'인데, 다음과 같은 내용에서도 '슈대'가 등장한다.

(2) 일긔 극한ᄒᆞ오니 긔운 평안ᄒᆞ오신 문안 아옵고져 ᄇᆞ오며 오래 봉셔도 못ᄒᆞ오니 섭섭이 디내옵더니 돌아지 드러오오니 든든ᄒᆞ오며 드러오기 쉽지 아니ᄒᆞ니 ᄂᆡ일 나가라 ᄒᆞ오니 오놀 나오라 ᄒᆞ여 겨오시다 ᄒᆞ고 단단이 못 이실다 ᄒᆞ오니 한아바님긔 인마 ᄂᆡ일 보내오심 ᄇᆞ라오며 슈대 못 드러오오니 후일 부대 낫거든 도여 보내오쇼셔 世孫〈1760년경 정조-02, 정조(조카)→여

9 이에 대해서는 국립한글박물관(2014:22-23) 참조.

홍민씨(외숙모)〉

[날씨가 매우 추우니 기운 평안하신 문안 알고자 바라오며 오래 봉서도 못 하니 섭섭하게 지냈었는데 돌아저씨 들어오니 든든하며 들어오기 쉽지 아니하니 내일 나가려 하니 오늘 나오라 하셨다 하고 꼭 못 있겠다고 하니 할아버님께 인마 내일 보내오시기를 바라오며 수대 못 들어오니 후일 부디 (사정이) 낫거든 돌려 보내십시오. 세손.]

이 편지는 정조가 9-10세 때 쓴 것으로 추정되는데, 정조는 1759년 2월 12일에 세손이 되었고 정조의 외사촌 '슈대'는 홍수영으로 추정된다. 이 편지에서 '돌아지'와 '슈대' 등이 등장하는데 어린 정조는 '돌 아재'와 함께 보낼 수 있는 시간이 짧았음을 아쉬워하고 섭섭해 하고 있다. 또한 궁에 들어오지 못한 '슈대'를 떠올리며 병이 나으면 궁에 꼭 들여보내 달라고 청하고 있다. 이 편지에서 정조가 어렸을 때부터 외가 친척들과 어울리며 친하게 지냈음을 알 수 있다.

한편, 정조는 어렸을 때부터 외숙모에 대한 생각이 지극했음을 보여 주는 편지도 있다.

(3) 야간 문안 아ᄋᆞᆸ고져 ᄇᆞ라오며 오늘은 병환 엇디ᄒᆞ오신디 아ᄋᆞᆸ고져 ᄇᆞ라며 오늘은 마마겨오셔 ᄉᆡᆼ일 음식 ᄒᆞ여 주어 겨오시기 혼자 먹ᄉᆞ와 음식 됴곰 드리오니 잡ᄉᆞ오심 ᄇᆞ라ᄋᆞᆸ 세손

[올리는 글 밤사이 문안 알고자 하며 오늘은 병환이 어떠하신지 알고자 합니다. 오늘은 마마께서 생일 음식을 해 주셨는데 혼자 (다) 먹지 못하여 음식을 조금 드리오니 잡수시기 바랍니다. 세손]

위의 편지 말미에 ‘세손’이라고 썼기 때문에 정조가 세손 시절에 보낸 편지로 판단된다. 외숙모의 문안을 궁금해 하면서 몸이 편찮은 외숙모의 병환이 어떠한지 마음을 쓰고 있다. 아울러 어머니인 혜경궁 홍씨가 생일 음식을 차려 준 것으로 보인다. ‘마마겨오셔’는 바로 혜경궁 홍씨를 말한다.[10] 그런데 혼자 먹다가 외숙모가 생각이 나서 음식을 조금 보낸다는 마음에서 외숙모에 대한 사랑을 엿볼 수 있으며, 한편으로는 어린 정조의 귀엽기도 한 모습을 찾아볼 수 있다.

정조는 아버지 장헌세자가 젊은 나이에 억울하게 죽어간 것을 늘 가슴속에 담고 있었고, 그러한 마음속에는 어머니 혜경궁 홍씨에 대한 사랑도 남아 있었다. 다음의 여흥민씨에게 보낸 편지를 통해 어머니에 대한 사랑을 엿볼 수 있다.

(4) 근일 극열ᄒᆞ오니 긔후 평안ᄒᆞ옵신 문안 아옵고져 ᄇᆞ라오며 ᄌᆞ궁 듀갑 탄일은 격일ᄒᆞ오시니 하졍의 경축 흔힝ᄒᆞ오믈 엇디 다 젹ᄉᆞ올잇가 일긔 하 덥ᄉᆞ오니 드러와 노양 ᄒᆞ옵실 거시기 삼졔 오 쳡 보내오니 드러오시기 젼의 잡ᄉᆞᆸ고 드러오실가 ᄒᆞ옵ᄂᆞ이다

[국동에 즉시 받침 요사이 몹시 더운데 기후 평안하신지 문안 알고자 합니다. 어머님 환갑 생신을 하루 앞두고 있으니 제 심정의 경축하고 기쁘고 다행함을 어찌 다 적겠습니까? 날씨가 매우 더우니 들어와 기운을 잃으실 듯하여 삼제(蔘劑)[11] 다섯 첩을 보내오니 들어오시기 전에 잡수시고 들어오셨으면 합니다.]

10 정조는 한글 편지에서 어머니인 혜경궁 홍씨는 ‘ᄌᆞ궁(慈宮)’ 또는 ‘마마(媽媽)’라고 지칭하였다. 그리고 본문이 아닌 봉투에 적힌 것이지만 외숙모 여흥민씨를 ‘叔母主’, ‘아ᄌᆞ마님’이라고 지칭하였다.

11 인삼이 든 화제. 화제는 약의 처방을 이른다.

위의 편지는 발신일이 따로 기록되어 있지 않지만 편지의 내용상 혜경궁 홍씨의 환갑을 하루 앞두고 있다는 내용을 통해 1795년 6월 17일에 쓰인 편지임을 알 수 있다.[12] 조선조에 자궁이 환갑을 맞는 경사는 흔치 않은 일이었다. 정조는 이에 대해 감격스럽고 기쁜 마음을 한껏 드러내고 있다. 아울러 외숙모에게 더운 날씨에 건강을 유의할 것을 말하면서 삼을 보내 외숙모를 생각하는 마음을 잘 드러내고 있다.

한편 이러한 정조의 외숙모에 대한 사랑과 효심은 어렸을 때뿐만 아니라 자라서도 달라지지 않는다. 정조가 재위 시절에 보낸 편지는 현재 8건이 확인된다. 그 가운데 4건은 12월에 보낸 편지인데 4건에는 물목 단자가 딸려 있어서, 정조가 거의 해마다 세찬을 보냈음을 짐작할 수 있다.

(5) (봉투) 홍 참판ᄃᆡᆨ 입납

납한의 평안ᄒᆞᄋᆞᆸ신 문안 아ᄋᆞᆸ고져 ᄒᆞ오며 뎌 적 드러와 겨ᄋᆞᆸ실 적 뵈온 일은 지금 닛ᄌᆞᆸ디 못ᄒᆞ오며 셰찬 수둉 보내오니 수대로 밧ᄌᆞ오시고 최대도 주ᄋᆞᆸ실가 ᄒᆞ오며 슈슈ᄒᆞ여 좀 적ᄉᆞᆸᄂᆞ이다 납념일

인삼 일 냥 젼문 일ᄇᆡᆨ 냥 미 일 셕 광어 이 미 쳥어 일 급, ᄉᆡᆼ대구어 일 미 ᄉᆡᆼ강요주 십 ᄀᆡ 하란 삼 승 감동혜 오 승 ᄉᆡᆼ치 삼 슈 건시 일 졉 ᄇᆡᆨ쳥 오 승 젼약 일 ᄀᆡ 왜감ᄌᆞ 십ᄀᆡ 산귤 삼십 ᄀᆡ 향초 삼 근 연듁 이 ᄀᆡ

[홍 참판 댁에 삼가 편지 드림 섣달 추위에 평안하신지 문안 알고자 합니다. 저번에 들어와 계실 적에 뵌 일은 지금도 잊지 못합니다. 세찬 몇 가지를 보내오니 수대로 받으시고 최대에게도 주셨으면 합니다. 어수선하고 정신이 어지러워 잠깐 적사옵니다. 납월 념일[12월 20일] 인삼 한 냥, 돈 일백 냥, 미

12 혜경궁 홍씨의 환갑 행사와 관련한 당시의 모습은 『원행을묘정리의궤(園幸乙卯整理儀軌)』에 구체적으로 기록되어 있다. 이에 대해서는 국립한글박물관(2014:41) 참조.

일 셕, 광어 두 마리, 청어 일 급(스무 마리), 생대구 한 마리, 생꼬막 열 개, 새우알 석 되, 감동젓 다섯 되, 생치(生雉) 세 마리, 곶감 한 접(백 개), 꿀 다섯 되, 전약[13] 한 그릇, 왜감귤 열 개, 산귤 서른 개, 향 담배 세 근, 담뱃대 두 개]

(6) 국동 홍참판ᄃᆡᆨ 젼납 근봉

납한의 긔후 평안ᄒᆞ옵신 문안 아옵고져 ᄇᆞ라오며 내년은 ᄌᆞᄃᆞᆼ 뉵슌이오시니 경힝ᄒᆞ온 하졍을 엇디 다 형용ᄒᆞ여 알외올잇가 셰슈 칭경 ᄣᅢ의 드러오옵시면 뵈올가 든든 기ᄃᆞ리오며 셰의 수동은 으졋지 못ᄒᆞ오나 ᄒᆡ마다 보내던 거시옵기 보내오니 수ᄃᆡ로 밧ᄌᆞ오쇼셔 ᄉᆡ히 머디 아니ᄒᆞ얏ᄉᆞ오니 내내 평안ᄒᆞ오심 ᄇᆞ라옵ᄂᆞ이다 계튝 납월 념일

인삼 일 냥 젼문 일ᄇᆡᆨ 냥 미 일 셕 거ᄒᆡ 오 근 대젼복 일 졉 광어 이 미 츄복 십 졉 생대구어 일 미 쳥어 일 급 고치일 슈 ᄉᆡᆼ치 삼 슈 건시 이 졉 하란 삼 승 ᄇᆡᆨ쳥 오 승 젼약 일 긔 민강 삼 근 경조연듁 일 ᄀᆡ 간듁 오 ᄀᆡ 계튝 십이월 일〈1793년, 정조-03, 정조(조카)→여흥민씨(외숙모)〉

[국동 홍참판 댁에 전달하여 바침. 삼가 봉함 섣달 추위에 기후 평안하신 문안 알고자 합니다. 내년은 어머님 육순이시오니 경사스럽고 다행스러운 심정을 어찌 다 형용하여 아뢰겠습니까? 새해 초 경사 때에 들어오시면 뵐 수 있을까 하여 든든하고 기다려집니다. 세찬(歲饌) 몇 가지는 변변치 않으나 해마다 보내던 것이기에 보내오니 수대로 받으옵소서. 새해가 멀지 아니 하였사오니 내내 평안하시기를 바라옵니다. 계축 섣달 이십일[1793년 12월 20일]

인삼 한 냥, 돈 일백 냥, 쌀 한 섬, 솜 다섯 근, 큰 전복 한 접, 광어 두 마

13 동짓날에 먹는 음식의 하나. 쇠가죽을 진하게 고아서 꿀과 관계(官桂)·건강(乾薑)·정향(丁香)·후추 따위의 가루와, 대추를 쪄서 체에 거른 고(膏)를 섞어 푹 끓인 후에 사기그릇에 담아 굳힌다.〈표준국어대사전〉

리, 추복 열 접, 생대구 한 마리, 청어 일 급, 살진 꿩 한 마리, 생치 세 마리, 곶감 두 접, 새우알 석 되, 꿀 다섯 되, 전약(煎藥) 한 그릇, 민강(閩薑)[14] 세 근, 서울산 담뱃대 한 개, 담배설대 다섯 개. 계축 십이월 일]

(7) 국동 입납 乙卯 臘月 初十日 근봉

수일 일긔 다시 극한ᄒᆞ오니 긔후 강경ᄒᆞ옵신 문안 아옵고져 ᄇᆞ라오며 마마겨오셔ᄂᆞᆫ 연ᄒᆞ여 태평하오시니 축슈ᄒᆞ오며 셰찬은 ᄒᆡ마다 보내옵던 거시기 으젓지 못ᄒᆞ오나 수대로 보오쇼셔 셰졔 머디 아니ᄒᆞ오니 거ᄂᆞ리오시고 과셰 평안이 ᄒᆞ옵심 ᄇᆞ라옵ᄂᆞ이다 납월 초십일

인삼 일 냥 젼 일ᄇᆡᆨ 냥 미 일 셕 모ᄌᆞ 오 닙 진소 십 ᄀᆡ 대젼복 일 졉 ᄉᆡᆼ치 삼 슈 건시 이 졉 불염셕어 이 속 ᄉᆡᆼ대구어 일 미 슈어 일 미 잡혜 삼 승 감동혜 삼 승 ᄇᆡᆨ쳥 오 승 젼약 일 긔 의이 삼 승 황다 오 봉 쥬촉 삼십 병 연듁 일 ᄀᆡ 구간듁 향초 오 근 을묘 십이월 일

[국동(國洞)에 편지 드림. 을묘 납월 초십일[1795년 12월 10일] 삼가 봉함. 여러 날 날씨가 다시 몹시 추우니 기후 강경하신지 문안 알고자 합니다. 마마께서는 계속하여 태평하시니 축수(祝壽)하오며 세찬은 해마다 보내던 것이기에 변변치 못하오나 수대로 보옵소서. 섣달 그믐날 밤이 멀지 아니하오니 (식구들) 거느리시고 과세(過歲, 설을 쇰) 평안히 하심을 바라옵니다. 납월 초십일[12월 10일]

인삼 한 냥, 돈 일백 냥, 쌀 한 섬, 모자 다섯 개, 참빗 열 개, 큰 전복 한 접, 생치 세 마리, 곶감 두 접, 무염(無鹽) 조기 두 뭇(스무 마리), 생대구 한 마리, 숭어 한 마리, 잡젓 석 되, 감동젓 석 되, 꿀 다섯 되, 전약(煎藥) 한 그

14 생강을 설탕물에 조려 만든 과자.〈표준국어대사전〉

릇, 율무 석 되, 황차 다섯 봉, 붉은 초 서른 자루, 담뱃대 한 개, 향담배 다섯 근. 을묘 십이월 일[1795년 12월 일]]

(8) (봉투) 국동 입납

연ᄒᆞ여 늉한이 심ᄒᆞ오니 긔후 평안ᄒᆞ옵신 문안 아옵고져 ᄇᆞ라오며 마마겨오샤는 긔후 일양 만안ᄒᆞ오시니 하졍의 경힝 츅슈ᄒᆞ옵ᄂᆞ이다 슈증이는 구실 잘잘ᄒᆞ다 ᄒᆞ오니 공ᄉᆞ의 다힝다힝 하 깃브오니 이로 다 못 알외옵ᄂᆞ이다 셰찬 수등은 보내오니 보옵실가 ᄒᆞ옵ᄂᆞ이다 셰졔 격순ᄒᆞ엿ᄉᆞ오니 거ᄂᆞ리옵시고 쳬닉 만강ᄒᆞᄋᆞ시고 과셰 만길ᄒᆞ옵시믈 다시옴 ᄇᆞ라옵ᄂᆞ이다

인삼 일 냥 젼 일빅 냥 미 일 셕 모ᄌᆞ 오 닙 쳥다 일 봉 대젼복 일 졉 싱치 삼 슈 대건시 일 졉 오뎍어 이 졉 민어 이 미 셕어 삼 속 반건대구어 이 미 싱대구어 이 미 슈어 일 미 의이 삼 승 빅쳥 오 승 뎐약 일 긔 주쵹 삼십 병 연듁 일기 향초 오 근 병진 십이월 일

[국동에 삼가 편지 드림 계속하여 추위가 매우 심하오니 기후 평안하신지 문안 알고자 합니다. 마마께서는 기후가 한결같이 아주 평안하시니 저의 심정에 경사스럽고 다행하여 축수하옵니다. 수증이는 홍역을 잘 치렀다 하니 공사(公私)에 다행스럽고 매우 기뻐 이루 다 못 아뢰옵니다. 세판 몇 가지 보내오니 보셨으면 하옵니다. 섣달 그믐날 밤이 열흘 앞이오니 (식구들) 거느리시고 체내 아주 편안하시고 과세(過歲) 만길(萬吉)하심을 다시금 바라옵니다.

인삼 한 냥, 돈 일백 냥, 쌀 한 섬, 모자 다섯 개, 녹차 한 봉, 큰 전복 한 접, 생치 세 마리, 큰 곶감 한 접, 오징어 두 접, 민어 두 마리, 조시 세 뭇(삼십 마리), 반건대구 두 마리, 생대구 두 마리, 숭어 한 마리, 율무 석 되, 꿀 다섯 되, 전약 한 그릇, 붉은 초 서른 자루, 담뱃대 한 개, 향담배 다섯 근. 병진 십이월 일[1996년 12월 일]]

위의 예는 정조가 12월에 보낸 편지의 내용이다. 정조는 해마다 세찬을 보냈고 그 물목(物目)을 항상 적어 보내 확인하도록 하였다. 정조가 보낸 물목의 내용은 대동소이한데 공통적으로 '인삼 한 냥, 돈 일백 냥, 쌀 한 섬, 생치 세 마리, 백청(꿀) 다섯 되, 전약 한 그릇'을 보냈고, '건시(곶감), 생대구, 연죽(담뱃대)'도 매년 보냈으나 때에 따라 수효가 다르다. 그 외에 '대전복, 향초(담배), 젓갈' 등은 자주 보냈고, '광어, 숭어, 청어, 석어(소기), 민어, 오징어, 꼬막, 새우알' 등 해산물과 '귤(왜감자, 산귤), 민강, 차, 살진 꿩' 등의 식품, '솜, 모자, 참빗, 초, 담배설대' 등을 가끔 보냈다. 왕이 보낸 세찬이 구체적으로 무엇인지 사실 잘 알려지지 않았지만 이 자료를 통해 세찬의 구체적인 목록이 드러난다는 점에서 흥미롭다고 할 수 있다. 대체로 음식과 약재 그리고 여러 가지 생활필수품, 그리고 돈까지 매우 다양했음을 볼 수 있다. 이러한 세찬 목록 등을 볼 때 정조의 세심함과 남을 배려하는 성격이 잘 드러난다고 할 수 있다.

3. 생질녀에게 보낸 안부 편지와 선물

정조의 한글 편지 가운데는 정조의 여동생인 청선공주의 딸인 생질녀에게 보낸 편지도 확인된다. 이들 편지가 처음 알려진 것은 이병기 편(1948)이다. 이병기 편(1948:15-17)에서는 '정종 어필'이라는 제목 아래 4건의 한글 편지를 소개하고 있다. 이병기 편(1948:17)에서는 4건의 한글 편지 판독문을 제시한 후에 '민집은 정조의 생질녀, 즉 청선공주의 따님이 민치성에게 출가한 이를 이름'이라고 제시하여 이 편지들이 정조가 청선공주의 딸에게 보낸 편지로 보았다. 그러나 이들 편지가 정조가 쓴 편지임을 확인할 만한 증거는 별도로 제시하지 않고 있다.

한편, 이병기 편(1948)에서는 정조의 한글 편지에 대한 판독문을 제시하고 있는데 아쉽게도 판독문의 표기법이 현대국어적인 표기로 이루어졌다는 문제점이 있다. 즉, '·'자가 전혀 반영되어 있지 않고 모두 'ㅏ'로 표기되었다. 물론 이병기 편(1948)에서는 '·'자인 곳에는 해당 글자 오른편에 '·'를 해 놓아 '·'임을 알 수 있게 되어 있기는 하지만 거기에 제시된 표기를 그대로 믿기에는 무엇인가 부족하다. 이러한 의심을 해소하기에 가장 좋은 방법은 원본 이미지를 함께 제시하는 것이지만, 아쉽게 원본 이미지를 함께 제시하지 않아 그 내용을 그대로 이해하기에는 약간 주저하게 된다. 가령, 정조의 편지 가운데 다음과 같은 내용은 판독문을 그대로 믿기 어려운 부분이 있다.

(9) 됴히 잇느·냐 이것 보내니 보와라 보다가 졈졈 오래니 셥셥하다 향 하나 바늘 한 봉 가외 하나〈정조(외삼촌)→민치성 부인(생질녀, 淸璿公主 女)〉

[잘 있느냐? 이것 보내니 보아라. (자주) 보다가 (본 지) 점점 오래 되니 섭섭하다. 향 하나 바늘 한 봉 가위 하나 (보낸다)]

위의 예는 이병기 편(1948:17)에 제시되어 있는 내용이다. 제시된 내용을 따르면 위의 편지는 정조가 생질녀에게 보낸 것으로 볼 수 있다. 그런데 이병기 편(1948:17)에서는 '잇느·냐'에서와 같이 '느' 옆에 '·'자를 표기하여 '느'가 'ᄂᆞ'임을 보여 주고 있다. 그러므로 위의 내용에서 '·'를 포함하고 있는 글자는 'ᄂᆞ'로 볼 수 있다. 그러나 '셥셥하다'의 '하'나 '향 하나'의 '하', '한 봉'의 '한'은 중세국어에서 각각 'ᄒᆞ나' 'ᄒᆞᆫ'과 같이 '·'를 가지고 있는 어사이었음을 감안하면 '·'자가 제대로 반영되어 있지 않음을 볼 수 있다. 그러므로 판독문을 그대로 받아들이기에는 의심스러운 부분이 있다.

한편, 이들 정조의 한글 편지는 김일근(1986)에서도 제시되어 있으나 판독문만 제시되어 있을 뿐 아쉽게도 원본 이미지가 빠져 있다. 아울러 김일근(1986)에서는 이병기 편(1948)에서 '·'로 표시한 부분만 '·'로 바뀌었을 뿐 판독문은 그대로라는 것을 볼 수 있다. 그리고 김일근(1986:79)에서도 이병기 편(1948)에서 언급한 내용을 그대로 인용했을 뿐 이 편지에 대한 추가적인 언급은 별도로 없었다. 그러므로 김일근(1986)도 원본 이미지를 직접 확인한 것으로 추정되지는 않는다. 왜냐하면 판독문만 '·'로 바꾸었을 뿐 달라진 것이 없기 때문이다. 따라서 이들 편지는 이병기 편(1948)에서만 원문을 확인하였고 그 후에 원본 이미지를 확인한 연구는 없는 것으로 판단된다.

한편 이 편지의 수신자인 정조의 생질녀는 청선공주의 딸로 알려졌다. 청선공주는 장헌세자(莊獻世子, 莊祖)의 딸이어서 본래 청선군주였으나 1899년 공주로 추봉되었다. 정조의 누이동생으로 정조는 편지에서 '네 어미'로 표현하고 있다. 청선공주는 정재화(鄭在和, 1754~1790)에게 하가하였다. 정재화는 증조부가 정구하(鄭龜河)이고, 조부는 정유(鄭揉)이며, 부친은 기성부윤(箕城府尹)을 지낸 정인환(鄭麟煥)이다. 1766년(영조 42년) 청선군주와 결혼하면서 흥은부위(興恩副尉)의 칭호를 받았으나, 사헌부지평(司憲府持平) 홍상성(洪相聖)이 정재화가 사람들을 풀어 감옥에 간혀있던 죄수를 빼준 일을 고하어 직위를 빼앗겼다. 이후에도 조정의 허락 없이 전국을 돌아다니며 여러 문제를 일으키자 1783년(정조 7) 사간원정언(司諫院正言) 홍낙항(洪樂恒)이 상소를 올려 벼슬을 빼앗기고 벼슬아치 명부에서 지워졌다. 이후 1899년(광무 3)에 부인인 청선군주가 청선공주(淸璿公主)로 추증될 때 흥은부위에서 흥은

위로 추증되었다.[15]

한편 생질녀의 남편인 민치성에 대해서는 뚜렷한 기록이 없다. 1773년(영조 49)에 태어나 1853년(철종 4)에 몰한 것으로 기록되어 있다. 순조(純祖) 27년(1827)에 증광시(增廣試) 병과(丙科) 21위로 입격한 기록과 예조판서, 함경도 관찰사를 지낸 것으로 알려졌다.[16]

정조가 생질녀에게 보낸 편지의 주된 내용은 안부를 묻는 것이다. 4건의 편지 모두 소략하여 거기에 담긴 내용 또한 간단하다.

(10) (봉투) 민집 보와라

네도 잘 디내고 네 어미도 잘 디내ᄂᆞ냐 내 마음의ᄂᆞᆫ 네 셔방 셔울 이시면 됴흘 돗ᄒᆞ니 네 어미다려 닐러 보와라〈정조(외삼촌)→민치성 부인(생질녀, 淸璿公主 女)〉

[민집 보아라 너도 잘 지내고 네 어미도 잘 지내느냐? 내 마음에는 네 서방 서울 있으면 좋을 듯하니 네 어미에게 말해 보아라.]

위의 편지와 같이 정조가 보낸 편지는 매우 소략하다. 간단한 안부 인사가 전부이다. 다만 여기서 '네 어미'는 누구를 지시하는지 생각해 볼 필요가 있다. 문맥으로 보아서는 정조의 여동생인 청선공주(군주)로 판단되는데, 군주를 네 어미로 지칭했다는 점에서 특이하다고 할 수 있다. 이러한 지칭어가 가능한 것인지 아니면 다른 사람을 지시하는 것인지 편지로 보아서는 전혀 알 수 없다.[17] '네 셔방 서울 이시면 됴흘 돗ᄒᆞ다'라는 표현에서 생질

15 이에 대해서는 〈한국민족문화대백과사전〉(인터넷판) 참고.

16 이에 대해서는 〈한국역대인물 종합시스템〉 참고.

17 이러한 내용을 통해 어쩌면 이 편지가 정조의 편지가 아닐 가능성도 전혀 배제하지 않

녀의 남편인 민치성이 현재 서울에 살고 있지 않고 지방에 있다는 것을 알 수 있다. 하지만 민치성이 벼슬 때문에 지방에 있었을 것 같지는 않다. 왜냐하면 민치성은 순조 때에나 벼슬을 했기 때문이다.

한편, 정조는 생질녀에게 세찬(歲饌)을 비롯하여 선물을 주기적으로 보냈음을 다음의 편지에서 알 수 있다.

(11) (봉투) 민집 보와라

됴히 잇ᄂᆞ냐 쇼믁 보낸다 네 셔방도 됴히 잇ᄂᆞ냐 색기도 됴히 잇ᄂᆞ냐〈정조(외삼촌)→민치성 부인(생질녀, 清璿公主 女)〉

[민집 보아라, 잘 있느냐? 작은 묵[18] 보낸다. 네 서방도 잘 있느냐? 아이도 잘 있느냐?]

(12) (봉투) 민집 보와라

됴히 잇ᄂᆞ냐 집은 공연이 ᄯᅩ 올모니 웃는다 셰찬 보낸다〈정조(외삼촌)→민치성 부인(생질녀, 清璿公主 女)〉

[잘 있느냐? 집은 공연히 또 옮기니 웃는다. 세찬 보낸다.]

을 수 없다. 다만, 현재까지 이 편지의 소재가 전혀 알려지지 않아 기존의 연구를 따를 수밖에 없다.

18 '쇼믁'이 무엇을 의미하는지 정확하게 파악하기 어렵다. 이병기 편(1948:16)에서는 '쇼믁'을 '蘇木', '蘇方木'으로 보고 향나무를 의미하는 것으로 보았다. 만약 그렇다면 '쇼목' 정도로 나타나야 할 것인데, '믁'으로 나타난 것을 설명하기 어렵다. 다만, '소목'은 표준국어대사전에서는 한의학에서 약재로 쓰는 것으로 설명하고 있다. 콩과에 속하는 상록 교목의 속살을 한방에서 이르는 말. 어혈이나 통증을 없애는 작용이 있어 외과 질병 및 생리 불순을 치료하는 데 쓴다.〈표준국어대사전〉

(13) (봉투) 민집 보와라

됴히 잇ᄂᆞ냐 이것 보내니 보와라 보다가 졈졈 오래니 셥셥ᄒᆞ다

향 하나 바늘 한 봉 가외 하나〈정조(외삼촌)→민치성 부인(생질녀, 淸璿公主 女)〉

[잘 있느냐? 이것 보내니 보아라. (자주) 보다가 (본 지) 점점 오래되니 섭섭하다. 향 하나 바늘 한 봉 가위 하나 (보낸다)]

위의 첫 번째 편지에서 정조는 '쇼믁'을 생질녀에게 보내는 것으로 쓰고 있다. 이어서 두 번째 편지에서는 새해를 맞이하여 '세찬'을 보내는 것으로 쓰고 있다. 아울러 마지막 편지에서는 '향'과 '바늘' '가외(가위)'와 같이 일상생활에서 꼭 필요한 생활필수품을 보내고 있다. 비록 편지의 내용은 간단하지만 정조는 바쁜 가운데도 생질녀를 잊지 않고 꼬박꼬박 안부 편지를 보냈을 뿐만 아니라 선물과 세찬 등을 주기적으로 보냈음을 알 수 있다. 이러한 내용에서 정조의 가족과 친인척에 대한 사랑은 물론 인간애를 간접적으로 엿볼 수 있다.

4. 결론

정조의 한글 편지는 현재까지 모두 18건이 학계에 보고되어 있다. 그 가운데 4건은 그 소장처가 미상이면서 소재 또한 알기 어렵게 되어 있다. 다행히 판독문만 일부 남아 있으나 그마저도 현대어로 제시되어 있어 아쉽다고 할 수 있다. 한편, 최근에 국립한글박물관에서 〈정조어필한글첩〉이라는 이름으로 14건의 한글 편지에 대해 판독문과 주석문 그리고 이미지까지

제공하여 학계에 비상한 관심을 끌게 하였다.

정조가 남긴 한글 편지 14건은 정조의 외숙모인 홍낙인의 부인 여흥민씨에게 보낸 편지이다. 또, 현재 원본 이미지는 알 수 없고 판독문만 남아 있는 한글 편지 4건은 정조의 여동생인 청선공주의 딸이자 민치성의 부인인 생질녀에게 보낸 편지로 알려졌다. 수신자의 측면에서 보면 모두 여성에게 남긴 편지라고 할 수 있다.

정조가 외숙모에게 보낸 편지에는 정조가 원손이나 세손 때와 같이 어린 시절에 보낸 편지는 물론 장차 왕이 되어서 보낸 편지 등이 있어 그의 인간적인 면모뿐만 아니라 다양한 필체도 확인할 수 있다. 아울러 어머니 혜경궁 홍씨에 대한 효성과 외숙모에 대한 사랑 등이 잘 드러난다. 그리고 정조가 생질녀에게 보낸 편지에서는 비록 내용은 소략하지만, 이들 편지에서도 조카에 대한 따뜻한 마음을 느낄 수 있다.

참고문헌

국립한글박물관(2014), 김씨부인한글상언, 정조어필한글 편지첩, 곤전어필, 통천문화사.

김일근(1986), 언간의 연구(삼정판), 건국대학교출판부.

박정숙(2017), 조선의 한글 편지, 도서출판 다운샘.

신성철 · 배영환(2018), 〈정조의 한글편지〉에 대한 국어학적 연구, 영주어문 39, 영주어문학회, 33-59.

예술의전당 서예박물관(2002), 조선왕조어필, 우일출판사.

이래호(2015), 조선시대 언간 자료의 현황 및 그 특성과 가치, 국어사연구 20, 국어사학회, pp.65-126.

이병기 편(1948), 근조내간선, 국제문화관.

지두환(2009), 정조대왕과 친인척-조선의 왕실 22-1,2, 역사문화.

황문환(2015), 조선시대의 한글 편지, 언간(諺簡), 도서출판 역락.

황문환 외(2013), 조선시대 한글편지 판독 자료집(1,2,3), 도서출판 역락.

Ⅷ. 흥선대원군, 마노라(명성황후)와 아들에게 편지를 쓰다

1. 서론

흥선대원군(興宣大院君, 1820~1898)은 조선 후기의 왕족이자 정치가, 화가로서, 후일 대한제국에서 대원왕(大院王)으로 추존되었다. 흥선대원군의 본명은 이하응(李昰應)이다. 이하응은 그의 둘째 아들 고종이 즉위함으로써 조선 역사상 유일하게 왕의 자리에 오른 적이 없으면서도 살아 있는 왕의 아버지로 대원군에 봉해졌다. 나아가 최고의 권력을 휘두르는 섭정을 맡게 되어 격동기 조선 후기 역사의 중요한 역할을 담당하게 되었다. 조선시대에서 국왕의 아버지가 생존해 있다는 사실 자체도 민감한 문제였지만, 실제 막후에서 정치적 실권을 장악했다는 점에서 특이한 인물이라고 할 수 있다. 흥선대원군은 '살아 있는' 대원군이라는 점에서 조선 정치사에서 유일무이한 존재였다.

실권을 잡은 흥선대원군은 여러 가지 개혁 정치를 펼치게 되지만 며느리이자 왕비인 명성황후와 대립하게 되면서 점차 위기에 직면하게 된다.

아울러 안으로는 경복궁 재건 등을 무리하게 추진하면서 국가 재정을 위태롭게 하였고, 밖으로는 외세의 침입과 급변하는 국제 정세 속에서 제대로 대응하지 못하여 나라를 위험에 빠뜨리게 하였다. 결국 대원군은 집권 10년 만에 하야하게 되고, 이선으로 물러나게 된다. 그러면서도 여전히 정계 복귀를 시도하다가 임오군란이 일어나고 청나라에 인질로 끌려가게 된다. 청나라 톈진에 3년간 유배되어 지내면서 인생의 어려운 시기를 보내게 되었다. 이 시기에 한글 편지를 쓰게 되는데 이들 편지가 현재까지 전해지고 있다.

흥선대원군은 왕실의 남성이면서도 특히 한글 편지를 남겼는데, 현재까지 3건이 전해진다. 그런데 이들은 모두 흥선대원군이 톈진(天津)의 바오딩(保定)에 유배되었을 때 조선에 있는 가족에게 보낸 편지이다. 그 목록은 다음과 같다.

〈표-1〉 흥선대원군의 한글 편지 현황

구분	개별 명칭	발신자	수신자	연대
1	뎐마누라젼 기간 망극지ᄉᆞ을 엇지	흥선대원군(시아버지)	명성황후(며느리)	1882
2	이곳셔 말이 다 쥬문이	흥선대원군(아버지)	이재면(아들)	1882
3	나 나가고 못 나가기은	흥선대원군(아버지)	이재면(아들)	1882

위의 〈표-1〉에서와 같이 흥신대원군은 현재 3건의 한글 편지를 남겼는데, 대체로 며느리와 아들에게 보낸 것으로 알려졌다. 그런데 위의 편지가 처음 소개된 것은 1973년 문학사상 14호에서인데, 여기에서 흥선대원군의 한글 편지 3건이 학계에 공개되었다. 그 후 김일근(1991:249-250)에서 이들 편지에 대한 판독문이 제시되었다. 특히 김일근(1991:178)에서는 이들 3건의

편지가 고종 19년(1882)에 쓰인 것으로 추정하였다. 다만, 김일근(1991:178)에서는 '뎐마노라젼'으로 되어 있는 첫 번째 편지를 부인에게 보내는 편지로 이해하고 있음이 특이하다고 할 수 있다.

한편, 『문학사상』에서 '다시 살아 돌아가지 못하리라'라는 제목으로 제시한 한글 편지는 흥선대원군이 자기 부인에게 쓴 편지로 소개되었다. 이러한 해석은 바로 '뎐마노라 뎐'이라는 편지의 서두에 쓰인 내용에서 '마노라'를 '부인'으로 해석했기 때문이다. 그러나 '마노라'가 부인이 아니고 왕실의 어른인 '왕비'의 의미라는 사실이 알려지고, 이것은 흥선대원군이 며느리이자 왕비인 명성황후에게 보낸 편지라고 새롭게 알려졌다.[1] 아울러 나머지 2건의 편지도 발·수신자 관계에서 특이한 모습을 보인다. 이는 아버지가 아들에게 보낸 편지로 알려졌는데, 이러한 모습은 그리 일반적인 양상이 아니다. 왜냐하면 조선시대 언간 자료 가운데 남성이 남성에게 보낸 한글 편지는 매우 드물기 때문이다. 더욱이 왕실의 남성 가운데 발·수신자 모두 남성인 경우는 거의 없다. 특히 왕실 남성 가운데 부자간에 한글로 편지를 남긴 경우는 현재까지 찾아보기 어렵다. 그러한 점에서 이들 편지는 발·수신자 면에서 매우 진귀한 양상을 보인다.

여기에서는 흥선대원군의 한글 편지 가운데 현재까지 남아 있는 3건의 편지를 대상으로 발·수신 관계를 고찰해 보고 나아가 편지의 내용을 통해 당시의 상황을 파악해 보고자 한다.

---

1 이에 대해서는 이종덕·황문환(2012) 참조.

2. 흥선대원군과 명성황후의 대립과 정치 변화

19세기 조선은 이른바 세도 정치(勢道政治)[2]가 극에 달해 있었다. 특히 1834년에 어린 나이의 헌종이 즉위하게 되자 대왕대비인 순원왕후는 수렴청정(垂簾聽政)을 하기 시작했다. 그러나 15년 만에 헌종이 후사 없이 승하하자 철종이 즉위하게 되었는데, 이때도 순원왕후는 수렴청정을 하였다. 그러는 가운데 1851년(철종 2년) 김문근(金汶根)의 딸을 철종 비로 맞아들임으로써 안동김씨의 세도가 절정에 이르게 되었다.

시어머니인 순원왕후의 기세에 눌려 지냈던 신정왕후 조씨(조대비)는 불만이 많았지만 이미 안동김씨 세상에서 할 수 있는 일이 많지 않았다. 그러는 가운데 안동김씨 가문에 원한을 품고 있던 조대비의 친조카 승후군(承侯君) 조성하(趙成夏)를 통해 이하응을 알게 되었고, 이들은 장차 후계자 없이 승하할 철종의 왕위 계승자로 이하응의 둘째 아들 이명복(李命福)을 지명하기로 묵계를 맺었다.

1863년 12월 철종이 승하하자 대왕대비인 조대비(신정왕후)는 일찍이 이하응과 맺은 묵계대로 이하응의 둘째 아들 이명복을 철종의 후사로 지명하였다. 이때 고종은 12세의 어린 나이였지만, 그의 아버지 이하응의 노력이 결실을 거두어 왕위에 올랐고 이하응은 왕의 아버지, 즉 대원군이 되었다. 500여 년 조선의 역사상 '대원군'은 선조의 아버지 덕흥대원군, 인조의 아버지 정원대원군, 철종의 아버지 전계대원군, 그리고 고종의 아버지 흥선대원군 등 모두 4명이 있지만, 왕이 즉위할 때 살아 있었던 인물은 흥선대

2 왕실의 근친이나 신하가 강력한 권세를 잡고 온갖 정사(政事)를 마음대로 하는 정치. 조선 정조 때 홍국영에서 비롯하여 순조·헌종·철종의 3대 60여 년 동안 왕의 외척인 안동 김씨, 풍양 조씨 가문에 의하여 이루어졌다.〈표준국어대사전〉

원군이 유일했다. 특히 어린 나이의 고종을 왕으로 지명한 조대비는 수렴청정을 하면서 중요한 정책 결정을 흥선대원군이 하도록 하였다. 그마저도 얼마 지나지 않아 조대비가 수렴청정을 거두면서 흥선대원군은 조선의 실질적인 지배자가 되었다. 조대비는 1866년 2월에 수렴청정을 끝내고 물러났는데, 이때부터 형식상으로 고종이 통치권을 장악하였다. 그러나 대원군은 그 후 1873년 11월까지 '사실상의 섭정'으로 남아 있이 대권을 행사했다.

그런데 흥선대원군은 젊은 시절부터 세도가 양반들에게 무시당하면서까지 반전의 기회를 노렸고, 시정의 건달 행세를 하면서 당시의 문제점을 파악하고 있었으므로 과감한 개혁을 통해 문제를 해결하고자 하였다. 전권을 잡은 흥선대원군은 자신의 정치적 지배를 강화하는 데 방해가 되는 일을 없애고자 하였다. 특히 이전 시기 외척의 세도 정치의 폐단을 알기에 고종의 비, 즉 며느리를 맞이할 때도 되도록 세력이 미천한 집안을 고르려고 하였다. 이에 부대부인(府大夫人) 민씨(閔氏)의 천거로 영락한 향반 여흥 민씨(驪興閔氏) 집안에서 고종의 비를 맞이하였다.

대원군은 명성황후의 친정이 단출한 것을 매우 마음에 들어 했다고 한다. 왕비를 내세운 안동김씨의 외척 세도정치를 무척이나 경계하던 대원군은 가문적으로는 그다지 빠지지 않으나 주변에 힘이 될 사람은 별로 없는 명성황후를 전격적으로 왕비로 간택했다. 물론 제대로 된 왕비 간택 절차를 거쳤지만, 이 간택 절차 이전에 대원군은 아비 없고 남자 형제 없는 민씨가의 외로운 처녀를 이미 며느리로 점찍고 있었다. 몰락한 친정을 둔 왕비가 정치에 개입할 여지는 전혀 없다고 판단했기 때문이었다.

그러나 대원군의 명성황후에 대한 기대는 전혀 엉뚱하게 흘러갔다. 그것은 명성황후가 시대적 감각을 갖추었고 꽤나 총명했기 때문이다. 더군다나 고종이 궁인 이씨와의 사이에서 아들 완화군을 낳자 궁중의 관심은 모두 궁인 이씨에게로 몰렸다. 완화군이 태어나자 대원군은 명성황후가 젊은 나이임에도 불구하고 완화군을 세자로 책봉하려고까지 했다. 대원군은 배경 없는 왕비를 며느리로 들인 것도 모자라 혹시나 외척이 발호하는 것이 두려워 신분적으로나 가문적으로 아무것도 기댈 데 없는 궁인의 자식에게 힘을 실어주고자 했다. 대원군은 이것이 외척에게 시달리지 않고 왕권을 더욱 오롯이 하는 방법이라고 생각했을 것이다. 대원군의 완화군에 대한 성급한 세자 책봉 시도는 결국 이루어지지 않았지만, 이때부터 명성황후는 시아버지 대원군의 의중을 알아보았고 이로 인해 대원군과 명성황후의 사이는 멀어지기 시작했다.

한편, 명성황후는 이후 두 명의 아들을 낳게 되는데 첫째 아들의 병 치료 문제로 흥선대원군과 다투게 되고, 결국 태어난 지 며칠 만에 아들이 죽게 되자 흥선대원군과 갈라져 평생을 두고 화합될 수 없게 된다.

고종 역시 어느덧 집권한 지 10년이 지났고, 대원군의 영향력에서 벗어나 친정을 원하고 있었다. 이러한 고종의 마음을 알았던 명성황후는 시아버지 흥선대원군을 축출하고자 했다. 이때 시대적 상황 역시 흥선대원군에게 불리하게 돌아가고 있었다. 서구 열강 등 외세에 대한 정치적 입장이나 경복궁 중건 등으로 인해 대원군의 거듭된 실정이 부각되고, 고종의 친정 요구가 점점 커져 가고 있었다.[3]

결국 최익현(崔益鉉)의 대원군 탄핵 상소를 계기로 대원군을 정계에서 추방하는 데 성공하였다. 1873년 11월, 고종은 대원군의 사저로 통하던 창덕궁의 대원군 전용문을 왕명으로 폐쇄해 흥선대원군을 하야하게 하였다. 흥선대원군은 하야 후 양주로 은거했지만, 정권에 대한 집념과 명성황후에

---

3 이러한 역사적 사실에 대해서는 〈한국민족문화대백과사전〉(인터넷판), 〈두산백과〉(인터넷판) 등을 통해 필자가 정리한 것이다.

대한 원망의 감정은 극에 달하였다. 그러면서도 정계 복귀에 대한 꿈을 버리지 않고, 기회 있을 때마다 정계로의 복귀를 꾀해 물의를 빚었다. 예를 들면 1881년(고종 18년) 8월 29일 안기영 등에 의하여 국왕의 이복형인 대원군의 서장자(庶長子) 이재선을 국왕으로 옹립하고자 하는 안기영 사건이 사전에 발각되는 일이 벌어진다. 대원군 계열의 승지 안기영, 권정호 등은 유림 사이에 강하게 확대되고 있던 위정척사운동을 이용하여 고종을 폐위시키고 별군직이란 한직에서 불만을 느끼고 있던 이재선을 국왕으로 추대하는 쿠데타를 계획했던 것이다. 이에 안기영, 권정호 등은 사형되고 이재선은 국왕의 근친인 관계로 제주도에 유배되었다가 곧 사약을 받고 죽었다. 이 사건을 계기로 유생 집단의 활동과 재집권의 기회를 노리는 대원군파의 기세를 동시에 누를 수 있었다.(지두환 2009:121)

또 다른 기회만 노리고 있던 흥선대원군은 1882년 신식 군대에 대한 구식 군대의 불만이 표출된 임오군란이 일어나 난병(亂兵)이 운현궁(雲峴宮)으로 몰려와 정국 개입을 요청하자, 스스로 입궐해 사태 수습을 왕명으로 위임받게 된다. 이때 명성황후는 신변의 안전을 도모할 수 없는 지경에 이르게 되었다. 명성황후는 궁궐을 탈출하여 장호원에 은거하였고 임오군란을 계기로 일시적으로 정권을 되찾은 대원군은 명성황후가 죽었다고 선포하고 국장까지 치르려고 하였다. 그러나 명성황후는 여주와 장호원 등에서 몸을 피해 있으면서 자신이 살았음을 계속해서 고종에게 알렸다. 그러면서 청국에 사태 해결의 도움을 요청하였다. 결국 청나라 군대의 개입으로 사태는 역전되었다. 대원군은 청국으로 연행되어 바오딩[保定]에서 3년간 유폐되어 있어야 했다.

흥선대원군이 결국 청나라 톈진으로 끌려가는 모습을 〈조선왕조실록〉에는 다음과 같이 기록하고 있다.[4]

(1) 대원군(大院君)이 천진(天津)으로 행차(行次)하였다.

오늘 오후에 대원군(大院君)이 정여창(丁汝昌), 마건충(馬建忠) 두 사람이 머물고 있는 둔지미(屯地尾)의 청(淸) 나라 군영(軍營)에 가서 답례 방문을 하고 사의를 표한 다음 병선(兵船)을 타고 중국으로 떠났다. ○황제의 명을 받고 조선의 사변을 처리하는 마건충, 오장경(吳長慶), 정여창, 위윤선(魏綸先)의 효유문(曉諭文)의 대략에, '조선은 중국의 속국으로서 본래부터 예의를 지켜왔다. 근래 이래로 권신(權臣)들이 실권을 잡아 나라의 정사가 사가(私家)의 문에서 나오더니 마침내 올해 6월의 변고가 있게 되었다. 지난번 이 변고가 황제께 보고되자 황제께서는 장수들에게 명하여 군사를 파견하였다. 먼저 대원군을 중국에 들어오게 하여 일의 진상을 직접 물으시고, 한편으로 죄인들을 잡은 뒤에는 엄하게 징벌하되, 그 수괴는 처단하고 추종한 자는 석방하여 법을 정확히 준수하도록 하였다. 이제 북양(北洋) 수군을 통솔한 정(鄭) 제독이 잠시 대원군과 함께 바다를 건너서 황제께서 계신 곳으로 갔다. 남의 혈육지간의 일에 대하여 은정을 온전하게 하고 의리를 밝히는 것은 우리 대황제께서 참작해서 알맞게 잘 처리하실 것이요, 너희 대원군에게는 반드시 대단한 추궁을 하지는 않으실 것이다. 그런데 행차가 갑자기 있었으므로 혹시 너희들 상하 신민(上下臣民)들이 이 뜻을 알지 못하고 함부로 의심과 두려움에 사로잡혀 원(元) 나라에서 고려의 충선왕(忠宣王)과 충혜왕(忠惠王)을 잡아간 전례와 같은 것으로 생각한다면 황제의 높고 깊은 뜻을 저버리는 것이다. 이밖에 지난번 난을 일으킨 무리들이 혹시 다시 음모를 꾸민다면, 지금 대군이 바다와 육로로 일제히 진출한 것이 벌써 20개 영(營)이나 되니 너희들은 화와 복을 깊이 생각하고 일찌감치 해산할 것이며, 그릇된 악감을 고집하여 스스

---

4 〈조선왕조실록〉의 내용은 국사편찬위원회가 제공하는 사이트에서 인용하였음을 밝혀둔다.

로 죽음을 재촉하지 말라. 아! 대국과 너희 조선은 임금과 신하의 관계이므로 정의(情誼)가 한 집안과 같다. 본 제독은 황제의 명령을 받고 왔으니, 곧 황제의 지극히 어진 마음을 체득하는 것이 군중(軍中)의 규율이다. 이것을 믿을 것이다. 특별히 절절하게 타이른다.'라고 하였다.

청나라에 유배되어 있는 동안에도 흥선대원군은 국내로 돌아오기를 도모하였고, 한편으로는 명성황후에게도 편지를 보내어 자기의 잘못을 인정하고 집안의 후사를 잇게 해 주도록 부탁한다. 아울러 아들 이재면에게도 한글 편지를 보내면서 국내로 복귀를 모색한다. 결국 삼 년간 유폐 생활을 하다가 고종 22년(1885) 2월에 조선 통상 사무 전권 위원으로 부임하는 위안스카이(袁世凱)와 함께 귀국하여 8월 27일 서울 운현궁으로 돌아왔다.

흥선대원군이 복귀하는 모습에 대해 〈조선왕조실록〉에는 다음과 같이 기록하고 있다.

(2) 남문(南門) 안에 나아가서 대원군(大院君)이 청(淸)나라에서 돌아오는 것을 영접하였다. 전교하기를, "대원군께서 지금 이미 돌아오셨으니, 나의 기쁜 마음을 어떻게 이루 다 말할 수 있겠는가? 지금 황상(皇上)의 유지(諭旨)를 보니, '노여움을 푼 뒤여서 아직도 편안치 못하다.'라는 구절의 말이 있는데, 은덕에 감동하여 덕을 칭송하는 중에도 억울한 마음이 다시 절절해진다. 대체로 연전의 문제에 대하여 어떻게 말할 수 있겠는가? 모두 잡류(雜類)들이 까닭 없이 드나들며 거짓말을 하고 비방을 하여 대원군에게 누(累)가 되게 하였기 때문이니, 이에 대해서 생각하면 나도 모르게 통탄하게 된다. 또한 일의 대체를 가지고 말하더라도 예모가 원래 각별한 만큼 받들어 모시는 제반 의식 절차에 대하여 다시 예조(禮曹)에서 묘당(廟堂)과 상의하여 마련해서 들이

도록 하라. 그리고 조정 신하들과 한가한 잡인(雜人)들이 때 없이 왕래하지 못하게 하고 혹시라도 무례하게 되면 임금의 금령을 위반한 법조문으로 죄를 다스리는 것이 좋겠다." 하였다.

위에서와 같이 고종도 흥선대원군이 복귀하는 것에 대해 기쁜 마음을 표현하였다. 정치적인 역학 관계야 어찌되었든 유교 국가인 조선에서 아버지가 타국에서 유폐 생활을 하고 있다는 점에서는 고종도 불편할 수밖에 없었다. 늘 부담으로 작용하던 아버지 대원군이 유폐 생활에서 풀려나 고국으로 돌아오는 것에 진심으로 기뻐하고 있는 것이다.

3. 대원군, 마누라(명성황후)에게 편지를 보내다

흥선대원군은 명성황후와의 대립으로 하야한 이후 줄곧 정계 복귀의 기회를 노리고 있었는데, 임오군란이 일어나고 다시 정계 복귀를 하게 된다. 아울러 며느리이자 숙적인 명성황후가 궁 밖으로 나가 소식이 끊기자 바로 국상을 선포한다. 그러나 흥선대원군은 정치적 라이벌인 명성황후의 개입으로 청나라 군대에 끌려가 청나라에서 유폐 생활을 하게 된다. 청나라에 안치된 흥선대원군은 일단 목숨을 부지하고 가족의 후사를 잇도록 명성황후에게 한글 편지를 보내게 된다. 다음은 한글 편지의 판독문과 그 내용이다.

(3) 뎐 마누라 젼

기간 망극지ᄉᆞ을 엇지 만니 외예 안젼 셔ᄉᆞ로 ᄒᆞ올잇가 마누라계셔은 상쳔이 도으셔 환위을 ᄒᆞ셧건이와 너야 엇지 ᄉᆡᆼ환ᄒᆞ기을 바라올잇가 날이 오릭오니 옥도 ᄉᆡ시고 ᄐᆡ평 ᄐᆡ평ᄒᆞ시고 상후 졔졀과 ᄌᆞ뎐 문안 ᄐᆡ평ᄒᆞ시고 동궁 마마 ᄂᆡ외가 안슌ᄒᆞ기을 츅슈 츅슈ᄒᆞ옵니다 나은 다시 ᄉᆡᆼ환은 못ᄒᆞ고 만니 밧 고혼이 되오니 우리 집 후ᄉᆞ야 양뎐의셔 얼연니 보아 쥬시옵는잇가 다시 뵈옵도 못ᄒᆞ고 셰상이 올ᄋᆡ지 안니ᄒᆞ기신이 지필을 ᄃᆡᄒᆞ야 한심ᄒᆞ오니다 ᄂᆡ ᄂᆡ ᄐᆡ평이 지ᄂᆡ옵시기을 발아옵니다 보뎡부 안치 죄 니 상장 십월 십이일
〈1882년, 흥선대원군-01, 이하응(시아버지)→명성황후(며느리)〉

[전(殿) 마누라전(前) 그간 망극한 일을 어찌 만리(萬里) 밖에서 눈앞의 짧은 편지로 말하겠습니까? 마누라께서[명성황후]께서는 하늘이 도우셔서 환위(還位)를 하셨거니와 나야 어찌 살아 돌아가기를 바라겠습니까? 날이 오래 되었으니 옥도(玉度)가 새시고 태평하시고 상후(上候) 제절(諸節)과 자전(慈殿) 문안(問安) 태평(泰平)하시고 동궁(東宮) 마마 내외(內外)가 안순(安順)하기를 축수합니다. 나는 다시 살아 돌아가지는 못하고 만 리 밖의 고혼(孤魂)이 되니 우리 집안 후사(後事)야 양전(兩殿, 임금과 왕비)에서 어련히 보아 주시지 않겠습니까? 다시 뵈옵지도 못하고 세상이 오래지 아니하겠으니 지필(紙筆)을 대하여 한심합니다. 내내 태평(泰平)히 지내시기를 바랍니다. 보정부(保定府) 안치(按治) 죄(罪) 이(李) 상장(上狀). 시월(十月) 십이일(十二日).]

위의 (3)은 1882년 흥선대원군 이하응이 청나라 바오딩(保定府)[5]에 유폐되었을 당시 작성된 언간이다. 흥선대원군은 1882년 6월에 일어난 임오군란 이후 잠시 정권을 장악했다가 다음 달인 7월 청나라에 납치되어 3년 동안 유폐 생활을 하였다. 마지막 부분에 편지를 쓴 날짜가 10월 12일이므로 흥선대원군이 납치된 그해 10월 보정부에서 쓴 것으로 보인다. 또 그 내용에

5 중국 하북성 중부에 위치한 주도. 북경에서 남쪽으로 15㎞에 위치한 지역으로 정치의 중심지였음.

서 그동안 있었던 일을 '망극지사(罔極之事)'로 표현하면서 현재 자신의 외로운 처지를 "나는 다시 살아 돌아가지는 못하고 만 리 밖 고혼(孤魂)이 되니"라는 말로 요약하고 있다. 특히 마지막 부분에 "보정부 안치[6] 죄 이 상장"이라는 부분에서 보정부에 안치되어 있던 자신이 쓴 편지임을 밝히고 있다. 아울러 '상장'[7]이라는 표현에서 이 편지가 윗사람에게 보내는 것임을 알 수 있다.

이 편지의 수신인에 대해서는 그동안 흥선대원군의 부인인 여흥 부대부인 민씨라고 보았으나 최근에 수신인이 명성황후임이 밝혀졌다.[8] 그런데 이 편지에서 수신인을 알 수 있는 단서는 직접적인 증거와 간접적인 증거로 나누어 볼 수 있다. 직접적인 증거는 바로 "뎐 마누라 젼"의 '마누라'가 누구인가 하는 문제와 직결되어 있다. 그리고 간접적인 증거는 편지의 내용과 마지막 부분의 상장 등과 관련이 된다.

그런데 '마누라'는 『표준국어대사전』에 다음과 같이 뜻풀이되어 있다.

(1) 중년이 넘은 아내를 허물없이 이르는 말.

(2) 중년이 넘은 여자를 속되게 이르는 말.

위의 뜻풀이에서 '마누라'는 '여자'나 '아내'를 가리키는 말과 '허물없이 이르는 말'이나, '속되게 이르는 말' 등의 의미를 갖는다. 즉 '마누라'는 '중년이 넘은 여성'을 가리키고, 아울러 점잖은 표현이라고 보기는 어렵다.

---

6 조선시대에, 먼 곳에 보내 다른 곳으로 옮기지 못하게 주거를 제한하던 일. 또는 그런 형벌.〈표준국어대사전〉

7 공경하는 뜻이나 조상(弔喪)하는 뜻을 나타내어 올리는 편지.〈표준국어대사전〉

8 이에 대해서는 이종덕 · 황문환(2014) 참조.

『표준국어대사전』에서 제시하고 있는 '마누라'의 의미 자질을 잠정적으로 [+중년 이상] [+여성] [+속됨]의 세 가지로 나타낼 수 있을 것이다. 그런데 '마누라'는 본래부터 [+중년 이상] [+여성] [+속됨]의 의미 자질을 갖지는 않았다. 이에 대해 '마누라'에 대한 어원적인 설명을 살펴보도록 한다.

(4) 이내를 허물없이 이르는 호칭어로 15세기 문헌『삼강행실도』에 '마노라'로 나온다. 이 말은 원래 비복(婢僕)이나 신분이 낮은 사람이 지체 높은 주인이나 존귀한 사람(主上 · 上典)을 부를 때 쓰던 경어체로 남녀에 두루 사용하였다. 18세기부터 '처(妻), 아내'의 뜻으로 쓰이고 있다. '마노라'는 '만+오라'의 합성어이다.(마노라 〉 마누라)

'만'은 '첫째. 우두머리'의 뜻을 지닌 '뭇(가장), 민(꼭대기), 몬'과 동원어이고, '오라'는 중세어 '오래[門 · 家門; 집안]'와 일치한다. 결국 마누라는 가문 또는 집에서 우두머리 곧 나이가 지긋한 여자를 이르는 말이다 오늘날 노년층에서 자기 부인을 부르는 '마누라'에 대해 남편은 지난 날 벼슬아치를 높여 부르던 '영감(令監)'을 쓰고 있다. 북한에서는 '첩'을 '곁마누라'라고 한다.
(백문식 2014:188).

(5) 지금 우리들이 자기 안해나 늙은 여인을 가르키는 "마누라"란 말과 남의 소실을 가르키는 "마마"란 말도 모도 마님과 동원의 말이요, 또 모도 남녀를 물론하고 꼭같이 존칭으로 쓰든 말이다. 최근까지 궁중에서는 임금을 대전마마, 임금의 안해를 중전마마라고 하였거니와 여항간에서도 상감을 상감마누라라고 말하는 일이 있었다. 그뿐이 아니라 삼신마느라니 산신마누라니 하는 말이 있는데 삼신은 할머니라고 하는 것으로 좋아서 여성으로 치고 썼다고도 돌리겠으되 산신까지를 여성으로 잡았으리라고는 생각되지 않는다.

그 밖에도 속담에 終夜痛哭不知何마누라 喪事라는 말이 있는바 이 '마누라' 역시 금일의 용의로 따저서는 말이 잘 되지 않는다.(홍기문 1946:56-57)

(6) '마누라'의 중세국어 형태는 '마노라'이며, 이 말의 뜻은 남녀를 불문하고 '상전(상전), 마님' 등의 뜻이었다. 19세기에 들어서 '마노라'와 '마누라'의 두 형태가 함께 쓰였지만, '마노라'는 이전의 '상전'이란 뜻으로 사용되었고, 바뀐 형태인 '마누라'는 현대국어와 같은 '아내'의 뜻으로 사용되었다.(김무림 2015:346-347)

위의 (3)~(6)은 어원 사전류에서 '마누라'에 대해 설명한 내용을 제시한 것이다. 그 가운데 '마누라'의 이전 시기 형태는 '마노라'이고 그것은 15세기에 처음 나타나는 것으로 설명하고 있다. 그리고 15세기 국어의 '마노라'는 현대국어의 '마누라'가 갖고 있는 [+여성] [+속됨]의 의미와는 다르다고 할 수 있다. 즉, 15세기 국어의 '마노라'는 남녀에 모두 사용되며 상전이나 주인의 의미를 갖는다고 볼 수 있다. 이러한 의미의 변화에 대해 그 이유를 분명히 설명한 경우는 없지만 (6)에서 '마노라 〉 마누라'의 형태 변화가 '마누라'의 의미 변화와 관련이 있는 것으로 설명하고 있다. 그런데 '마노라'는 일반 사회에서만 사용된 것은 아니다. '마노라'는 궁중에서는 매우 존귀한 인물을 의미했다.

(7) 가. 내 엇뎨 두 님금을 두리오 제 죵이 ᄯᅩ 닐오ᄃᆡ 마노랏 父母ㅣ 늘그시니 져기 屈服ᄒᆞ시면 ᄒᆞᆫ 번 가아 보ᅀᆞᆸ 버비 이시리이다〈1481삼강행_런,忠18〉

나. 셰ᄌᆞ 향ᄒᆞ여 친ᄌᆞᄀᆞ티 ᄃᆡ졉ᄒᆞ오시고 대왕마노라 공ᄉᆞᄒᆞ오시던 일

이며 어딘 일홈을 엇과져 ᄒᆞ오셔〈16xx서궁일,008a〉

다. 대비마노라ᄂᆞᆫ 새로 아희를 두엇만 주어 믈이나 ᄠᅥ드리게 ᄒᆞ다가 〈16xx계축일_형,하,013b〉

(7가)는 국어사에서 가장 이른 시기에 발견되는 '마노라'의 예이다. 송나라 휘종이 금나라에 사로잡혔을 때 이부시랑인 이약수가 금나라에 굴복하지 않고 버티자 그 종이 충고하는 장면이다. 이러한 예를 통해 볼 때 '마노라'가 사용된 시기는 15세기까지 거슬러 올라간다(조남호 2001:202). (7나, 다)는 궁중에서의 일기 형식인데, '대왕마노라'와 '대비마노라'와 같이 나타난다.[9] 이를 통해 볼 때 궁중에서는 남녀와 관계가 없이 대왕이나 대비와 같이 존귀한 인물 뒤에 사용되는 것을 알 수 있다. 한편 언간에서도 '마노라'가 일찍부터 확인된다.

(6) 발긔 쳐블 말와댜 ᄒᆞᆫ 주롤 믜믜 노희여셔 마노라ᄒᆞ고 응젼 녀ᄂᆞᆯ ᄃᆞ려다 주고 잇든 뮙댜ᄂᆞᆫ 싀앗 말일다〈1550년~1592년, 순천김씨묘-041, 신천강씨(어머니)→순천김씨(딸)〉

[발기의 첩을 그만두기를 바란다고 한 것을 미워 노하여서 마누라와 응전 년을 데려다 주고 있는 것은 밉지 않은 첩 말이다.](현대어역: 조항범 1998: 234 참고)

위의 예는 〈순천김씨묘출토언간〉에 나타나는 '마노라'의 예이다. 위의 '마노라'는 문맥상 상전의 의미를 갖는 것으로 판단된다. 한편 조항범(1998:

9 조남호(2001)에서는 계축일기에서 '마노라'가 확인되는 예는 28회이고 모두 '왕'과 '왕비'(선대 왕과 왕피 포함)에게만 사용되었다고 한다.

230-231)에서는 '마노라'에 대해 '마노라'가 한중록에 '왕' '왕대비', '세자' '세자빈' 등 궁중의 높은 인물을 지시하는 데 쓰였고, 이 밖에 '大妃마노라', 웃전마노라 '先王마노라' 등도 쓰여 궁중의 존칭의 호칭어로서의 자격을 갖는다고 하였다. 이러한 의미가 일반 사회로 그 쓰임이 확대되어 지체 높은 벼슬아치나 그 부인 또는 상전의 의미로 쓰였다고 하였다. 또 무속이라는 특정 사회에까지 확대되어 '신'이라는 의미로 쓰인 것으로 이해하였다. '산신마노라, 터주마노라' '성주마노라' 등을 참고할 수 있다. '마노라'는 궁중을 벗어나 일반적인 의미를 띠게 되었으며 그 과정에서 존대의 자질을 잃었고 여성만으로 쓰임의 범위가 축소되었다고 보았다. 다만, 조남호(2001)에서는 문헌 자료의 출현 예를 바탕으로 '마누라'는 종이 상전을 가리키는 말로 쓰이다가 사용 범위가 넓어지면서 궁궐 내에서 존귀한 인물을 가리키는 말로 확대되었다고 하였다.

기존의 논의에서 다루지 못한 예의 '마노라'가 19세기 말까지 궁중에서 사용된 사실을 확인할 수 있다. 이때의 형태는 '마누라'로 비어두에서의 '고모음화'를 겪은 형태로 나타난다.

(8) 대감겨옵샤와 녕감겨옵셔 안녕ᄒᆞᄋᆞ오시오니 축슈 축슈ᄒᆞ와 ᄒᆞ옵ᄂᆞ이다 마누라겨옵셔는 ᄒᆡ포 만 입궐ᄒᆞ오셔 일긔는 극한이온ᄃᆡ 구경도 잘 못ᄒᆞ오시옵고 양일 고싱ᄒᆞ오시옵다 나가옵셔〈1863년~1907년, 봉셔-16, 신상궁(미싱)→미싱(미싱)〉

위의 예는 신 상궁이 궁중 밖의 인물에게 보낸 편지인데, 서두의 인사말에 대감과 녕감의 안부를 묻는 내용이 확인되며, 그 뒤에 '마누라'가 입궐했었다는 사실을 언급하고 있다. 그런데 이때의 마누라는 궁궐 밖에 있는 여성으로 아마도 하가한 공주일 가능성이 높다. 그러므로 이때의 마누라는 여성으로서 존귀한 존재임을 추정할 수 있다. 이러한 사실에서 '마노라'가 '마누라'로 형태가 바뀌었다고 하더라도 [여성]이나 [속됨]과 같은 자질을 갖게 된다는 지적은 사실과 다름을 확인할 수 있다. 그러므로 위의 사실에서 '마누라'는 여전히 존귀한 인물이라는 것을 알 수 있다. 따라서 '뎐 마누라'의 '마누라'는 아내의 의미보다는 존귀한 인물로 보는 것이 합리적이다. 그리고 여기서의 존귀한 인물은 바로 '명성황후'라고 할 수 있으며, '마누라'를 명성황후로 볼 때 편지의 사연과 부합된다.

(9) 마누라계셔은 샹쳔이 도으셔 환위을 ᄒᆞ셧건이와 ᄂᆡ야 엇지 싱환ᄒᆞ기을 바라올잇가

[마누라(명성황후)께서는 하늘이 도우셔서 환위(還位)를 하셨거니와 나야 어찌 생환하기를 바라오리까?]

주지하듯이 흥선대원군은 임오군란을 기회로 정계에 복귀한 후에 실종된 명성황후의 국장을 선포하였다. 그러나 명성황후는 청나라 군대에 도움을 요청하였고, 이에 따라 청나라 군대가 들어오면서 흥선대원군 역시 청나라에 죄인으로 끌려가게 되었다. 이때가 1882년이었는데 이 언간에서 '마누라'는 명성황후라고 할 때 편지의 내용이 제대로 이해된다. 특히 '마누라'에 '계셔'가 결합되었다는 것은 '마누라'가 존경의 대상임을 보여 준다. 나아가 청자경어법 역시 'ᄒᆞᆸᄂᆡ다, 바라올잇가' 등으로 나타나 아내에게 보낼 때 나타나는 'ᄒᆞᆸ'체와는 좀 더 높은 등급의 화계로 볼 수 있다. 아울러 편지의 내용에서도 '하늘이 도우셔서 환위를 했다'는 것은 명성황후가 임오군란 당시 궁 밖으로 피신해서 무사히 돌아온 사실을 가리킨다.

아울러 자기는 살아서 돌아가기 어렵다는 것을 말하고 있다. 여기에서는 자포자기의 심정 또한 나타난다. 한편 다음과 같은 안부도 수신자가 명성황후라고 해야 이해가 되는 부분이다.

(10) 상후[10] 졔졀과 ᄌᆞ뎐[11] 문안 ᄐᆡ평ᄒᆞ시고 동궁 마마 ᄂᆡ외가 안슌ᄒᆞ기을 축슈 축슈ᄒᆞᄋᆞᆸᄂᆡ다

[상후(上候) 제절(諸節)과 자전(慈殿) 문안(問安) 태평(泰平)하시고 동궁(東宮) 마마 내외(內外)가 안순(安順)하기를 축수합니다.]

위의 (10)에서 상후는 임금, 즉 고종의 안부와 관련이 되고, 'ᄌᆞ뎐'은 임금의 어머니, 즉 신정왕후를 의미한다. 아울러 동궁마마 내외는 장차 순종이 될 동궁마마와 순명효황후를 의미한다. 그러므로 이러한 안부도 수신자가 흥선대원군의 부인이라고 이해했을 때에는 자연스럽지 않다고 할 수 있다. 왕과 대비, 그리고 동궁은 모두 궁궐 내의 문제이므로 궁궐 소식을 제대로 알 수 없는 부인에게 이러한 안부를 전했을 리가 없기 때문이다. 아울러 다음과 같은 사연 속에서는 흥선대원군의 절박한 심정을 읽어낼 수 있다.

(11) 나은 다시 ᄉᆡᆼ환은 못ᄒᆞ고 만니 밧 고혼이 되오니 우리 집 후ᄉᆞ야 양뎐 의셔 얼연니 보아 쥬시ᄋᆞᆸᄂᆞᆫ잇가

위에서 "우리 집 후사(後嗣)야 임금과 왕비께서 어련히 돌보아 주지 않으시겠습니까?"라고 하여 집안의 대(代)를 이을 후사 문제를 애원하듯 부탁하

10 임금의 평안한 소식. 또는 임금 신체의 안위.〈표준국어대사전〉

11 자전: 임금의 어머니를 이르던 말. 여기서는 신정왕후를 가리킨다.

고 있다. 또, 자기 자신이 생환하기 어렵고 만 리 밖에서 죽을 수 있음을 이야기하고 있다. 이러한 내용은 청나라 유폐 시절 흥선대원군의 자포자기한 내면을 직접적으로 보여 주는 점에서 독특한 가치를 지닌다고 하겠다.

4. 대원군, 아들에게 편지를 보내다

조선시대의 언간은 왕실에서부터 하층민까지 다양하게 향유했으며, 남녀 구분도 없었다. 궁중에서는 왕족 남성 간, 왕과 여성 친척, 왕비와 공주, 왕과 장모, 왕비와 친정어머니 등으로 발·수신자의 관계가 다양하며, 민간에서는 사대부 가족 간을 비롯하여 상전과 노비, 하인, 관가의 상위자와 하위자(중인 등) 등으로 그 관계와 계층이 다양했다.

성별의 측면에서는 발신자나 수신자 어느 한쪽이 여성이 관여하는 언간이 많다는 특징을 보인다.[12] 『조선시대 한글 편지 판독자료집』(한국학중앙연구원 어문생활사연구소, 2013)에 실린 1465건의 언간들을 대상으로 발신자와 수신자의 성별을 살펴보면 다음과 같다.[13]

〈표-2〉 『조선시대 한글 편지 판독자료집』의 발수신자 성별

성별	여→여	여→남	남→여	남→남	여→남, 여	미상
건수	349	622	436	19	11	39
백분율	23.6%	42.3%	29.5%	1.2%	0.8%	2.6%

12 황문환(2002:134)에서는 조선시대에는 언간의 발신자나 수신자 어느 한쪽으로 반드시 여성이 관여하고 있었다고 하였다.

13 이러한 내용은 이래호(2014:68-69)를 참고하여 작성하였다.

조선시대 언간의 발신자나 수신자는 거의 대부분(96.2%, 미상 제외) 여성이 관여하지만, 남성이 관여하는 경우도 71.8%나 되어, 상당히 높은 편에 속한다. 남성 간의 언간은 1.2%인데, 이렇게 남성 간의 언간이 적은 사실은 남성 간에는 기본적으로 한문 서간이 오갔고, 주종 간에 오간 언간이나 외교상 기밀을 유지하기 위해 오간 경우가 많았기 때문이다(김일근 1986/1991: 46-8; 황문환 2002a:134; 황문환 2010a:76). 그러나 〈조선왕조실록〉에 나타나는 왕실의 양녕대군→문종의 언간뿐만 아니라 현존하는 언간 중에 왕실〈현종(처남)→정제현(매제), 숙휘-03, 1654〉, 사대부가〈송규렴→이세창, 선찰-8-2, 1704〉, 관가〈김진화(지방관)→안영록(경아전), 김성일가-123, 1850〉에서도 남성 간에 언간 교환이 있었다는 사실을 볼 때, 일상의 안부나 소식을 전할 때 남성 간에도 언간이 적잖이 오갔을 것으로 추정된다.

위의 표에서와 같이 조선시대에 남성과 남성 간의 사연은 주로 간찰로 작성되었고 언간으로 사연을 작성하는 경우는 실제 많지 않았다. 그런데 흥선대원군은 청나라에 유폐되어 있으면서 장남인 이재면에게 다음과 같은 언간을 보내게 된다.

(12) 이곳셔 말이 다 쥬문이 다시 들어와야 되ᄀᆡ다 ᄒᆞ고 ᄯᅩ 어졔 윤영이가 비힝ᄒᆞ야 온은 사람이 니즁탕의계도 긴ᄒᆞ고 사람이 상 업지 안니ᄒᆞ야 필담을 시기엇든니 그 ᄃᆡ답이 일어ᄒᆞ니 부ᄃᆡ 진쥬ᄉᆞ을 ᄯᅩ 보ᄂᆡ야 나 나고 안이 나가ᄋᆞᆫ 것ᄉᆞᆫ 고ᄉᆞᄒᆞ고 상감 쳬면이 쳔하의 빗치 나ᄀᆡ시니 부ᄃᆡ 잘 알외어 ᄂᆡ 일신을 살려다고 십구일 션즁〈1882년~1885년, 흥선대원군-01, 이하응(아버지)→이재면(아들)〉

[이곳의 말이 다 주문이 다시 들어와야 되겠다 하고 또 어제 윤영이 배행하여 온 사람이 '이중탕'에게도 긴하고 사람이 상 없지 아니하여 필담을 시켰

더니 그 대답이 이러하니 부디 진주사를 또 보내야겠다. 내가 나가고 아니 나가는 것은 고사하고 상감의 체면이 천하의 빛이 나겠으니 부디 잘 아뢰어 내 일신을 살려다오. 십구일 선중.]

(13) 나 나가고 못 나가기은 한 양반의 금심의 잇스니 속기은 놈이 쳔참 만육을 할 ᄂᆞᆷ이지 한 양반이아 엇지 알으시기는 이 이 다음은 사신과 역원을 갈이어 보ᄂᆡ어라 ᄀᆡ삼이도 모르고 공연이 ᄋᆡ만 쓰은가 보다 거위 나가계 되아 십팔일은 호음이 잇기든니 하로 ᄂᆡ로 결단이 낫다 무비 ᄂᆡ 팔ᄌᆞ이 누구를 한 ᄒᆞ기는니 이곳 죠ᄉᆞ들이 ᄃᆡ단이 말ᄒᆞ고 즉금은 쳔진 바닥에 다 안다 직금은 밀이 말 못ᄒᆞᆫ다 가만이 잇고 죠심만 ᄒᆞ아라

[나 나가고 못 나가기는 한 양반의 금심에 달렸으니 속이는 놈이 천번 만번 죽일 놈이지 한 양반이야 어찌 알겠느냐? 이 다음에는 사신과 역원을 가려 보내거라. 기삼이도 모르고 공연이 애만 쓰는가 보다. 거의 나가게 되어 십팔일은 좋은 소식이 있겠다 하였더니 하루 내로 결단이 났다. 비할데 없는 내 팔자니 누구를 한하느냐? 이곳 조사들이 대단하게 말하고 지금은 천진 사람들이 다 안다. 지금은 말 못한다. 가만히 있고 조심만 하여라.]

(13) 신문지의 경평이는 ᄂᆡ 편이오 영익이은 싼 편으로 말ᄒᆞ고 영익이가 낙발ᄒᆞ얏다 ᄒᆞ면셔 일번 ᄀᆡ별ᄒᆞ야 원슈을 갑은다 ᄒᆞ얏스니 웃는다 ᄉᆞ신을 ᄯᅩ 보ᄂᆡ어야 ᄒᆞ지 안니 보ᄂᆡ면 상감이 불효지명 면틀 못할 것신니 부ᄃᆡ 쥬션ᄒᆞ되 만일 너덜어 들어갈라 ᄒᆞ면 이것시 외슈니 힝여 속들 말어라〈1882년~1885년, 홍선대원군-03, 이하응(아버지)→이재면(아들)〉

[심문지(審問紙)에 경평이는 내 편이오 영익이는 다른 편으로 말하고 영익이가 머리가 빠졌다고 하면서 한편으로 기별하여 원수를 갚는다 하였으니 웃

는다. 사신을 또 보내야 하지 아니 보내면 상감이 불효지명을 면하지 못할 것 이니 부디 주선하되 만일 너한테 들어가라 하면 이것은 속임수이니 행여라도 속지 말아라.]

위의 편지는 홍선대원군이 텐진에 유배되어 있을 때 고국에 있는 아들 이재면에게 보낸 편지이다. 이재면은 홍선대원군과 여흥민씨(驪興閔氏) 사이의 장남으로, 고종의 형이며, 영선군 이준용(永宣君 李埈鎔)의 아버지로 알려졌다. 이재면은 아버지를 위해 여러 차례 텐진에 방문하는데 다음과 같은 기록에 잘 드러난다.

(14) 1882년 12월, 이미 7월에 청나라에 호송되어 텐진[天津] 보정부(保定府)에서 감금 생활을 하던 아버지 홍선대원군을 방문하였다. 이듬해 3월에 일시 귀국했다가 5월에 다시 청나라에 가서 홍선대원군을 봉양하였다. 1885년 4월 귀국했다가 아버지를 잊지 못해 세 번째로 청나라에 가서 8월 홍선대원군이 환국할 때 배종하였다. 그 뒤 약 10년간 운현궁에서 칩거하였다.[14]

한편, 명성황후의 큰오빠이자 민씨 일가의 거두였던 민승호가, 선물로 보낸 보따리 속에 쌓여 있던 폭약에 의해 희생되는 사건이 발생하고, 그 사건에 홍선대원군이 관여되었다는 소문이 돌았다. 그러자 민승호의 양자 민영익은 대원군이 민승호 일가를 폭탄 테러로 주였다고 단정하고 복수하겠다고 다짐했다고 한다. 이 소식을 접한 대원군은 바로 비밀편지를 작성하여 아들 이재면에게 도움을 요청한 것이다.

14 역대한국인물정보 참고

(15) 왕족인 경평군은 내편이고, 민영익은 딴 편으로 말하고 민영익이가 머리 깎았다고 하면서 일변 기별하여 원수를 갚는다고 하였으니 우습다. 사신을 또 보내어야 되지 안 보내면 상감이 불효의 이름을 면치 못할 것이되 부디 주선하되 올 수 있으면 너와 함께 들어오라.

한편 다음과 같은 편지에서 보면, 흥선대원군이 이홍장에게나 본국의 고종에게 자기의 사정을 전하여 일신을 살려줄 것을 호소하는 내용을 아들 이재면에게 보낸 것으로 판단된다.

(16) 이곳셔 말이 다 쥬문이 다시 들어와야 되ᄀᆡ다 ᄒᆞ고 ᄯᅩ 어졔 윤영이가 ᄇᆡᄒᆡᆼᄒᆞ야 온은 사람이 니즁탕의계도 긴ᄒᆞ고 사람이 상 업지 안니ᄒᆞ야 필담을 시기엇든니 그 ᄃᆡ답이 일어ᄒᆞ니 부ᄃᆡ 진쥬ᄉᆞ을 ᄯᅩ 보ᄂᆡ야 나 나고 안이 나가은 것슨 고ᄉᆞᄒᆞ고 상감 쳬면이 쳔하의 빗치 나ᄀᆡ시니 부ᄃᆡ 잘 알외어 ᄂᆡ 일신을 살려다고 십구일 션즁〈1882년~1885년, 흥선대원군-01, 이하응(아버지)→이재면(아들)〉

[이곳의 말이 다 주문이 다시 들어와야 되겠다 하고 또 어제 윤영이 배행하여 온 사람이 이중탕[15]에게도 긴하고 사람이 상 없지 아니하여 필담을 시켰더니 그 대답이 이러하니 부디 진주사를 또 보내야겠다. 내가 나가고 아니 나가는 것은 고사하고 상감의 체면이 천하의 빛이 나겠으니 부디 잘 아뢰어 내 일신을 살려다오. 십구일 선중.]

---

15 '이중탕'은 이홍장(李鴻章, 1823~1901)을 말한다. 청나라의 관리이자 정치가로서 청나라 말의 주요 외교 문제를 거의 혼자서 처리했다. 1882년 조선에 위안스카이(袁世凱)를 파견하여 일본의 진출을 견제하게 하고 묄렌도르프, 데니 등 외국인 고문을 보내는 등 조선의 내정과 외교에 깊이 관여했다.

(16)에서 '니즁탕'은 이 시기 청나라의 실권자인 '이홍장'을 말하는 것으로 흥선대원군이 이홍장에게도 자신의 석방을 호소한 것으로 볼 수 있다. 아울러 상감 체면을 말한 것은 고종 역시 아버지인 흥선대원군이 타국에서 유폐 생활을 하는 것이 유교 국가인 조선의 사회에서는 부담으로 작용할 수밖에 없을 테니, 흥선대원군은 바로 이러한 점을 아들인 이재면에게 알려 호소하기를 바란 것으로 보인다. 실제 대원군의 구조 요청을 비밀리에 받아든 큰아들 이재면은 배편으로 1884년 6월부터 톈진의 보정부를 다녀왔다. 1885년 민씨 정권이 친러 친일 등의 성향을 보이며 청나라를 견제하려 하자, 러시아를 견제하려는 청나라 정부와 위안스카이 등의 정치적 계산으로 대원군은 3년여 만에 귀국하게 되었다. 이에 명성황후는 러시아 공사에게 대원군 반대를 주선해 줄 것을 청하는 밀서를 보내기도 했고, 민영익 등은 대원군의 귀국을 강하게 반대하며 반발하였다.

한편, 흥선대원군이 남성 간에 이렇게 언간을 주고받은 이유가 무엇일까도 궁금하다. 우선 가정해 보자면, 톈진에서 조선으로 보낼 때 만약 언간으로 쓴다면 편지를 전달하는 가운데 혹 다른 사람이 보더라도 비밀 유지에 좀 더 용이했을 가능성이 있다. 왜냐하면 편지 내용을 한문으로 작성한다면 이 자료를 청나라 관원이 볼 경우 그 내용 파악이 수월해 오히려 편지의 사연이 그대로 노출될 가능성이 있기 때문이다. 그러므로 청나라에서 쓴 편지의 경우 오히려 언간으로 쓴다면 혹시 편지가 제대로 전해지지 않는다고 하더라도 크게 부담이 없을 것으로 판단했을 가능성이 있다.

5. 결론

조선시대 한글 편지는 대체로 발·수신자 가운데 적어도 하나가 여성일 가능성이 높다. 그런데 흥선대원군이 보낸 편지는 '마노라'에게 보낸 편지와 아들에게 보낸 편지 등이 있는데, 여기에서 그동안 문제가 된 것은 '마노라'가 누구인지와 또 왜 아들에게 간찰로 쓰지 않고 언간으로 썼는가였다. 이 글에서는 '마노라'의 의미와 편지 내용을 통해 명성황후라는 사실을 밝혔고, 아울러 아들에게 언간으로 작성한 편지를 보낸 이유 등을 살펴보았다.

'마누라'는 조선 초기의 자료에 '마노라'로 처음 나타나는데 이때는 상전이나 주인의 의미를 갖는다. 이러한 형태가 궁중으로 들어가 남성이나 여성, 모두를 가리키는 최고 지위의 인물을 지시하는 의미로 변화된 것으로 볼 수 있다. 또, 편지의 내용에서 경어법이나, 환위라는 말, 그리고 상후, 즈뎐, 동궁마마에게 안부를 묻는 것은 그 수신자가 명성황후라고 해야 이해가 되고 자기 부인이 수신자라고 할 때는 전혀 맞지 않는다고 할 수 있다. 그러므로 이 편지는 톈진의 보정부에 안치되어 있던 흥선대원군이 며느리인 명성황후에게 쓴 편지로 보아야만 합리적이라고 할 수 있다.

흥선대원군은 아들 이재면에게 자신의 안위와 석방과 관련한 내용의 편지를 보내게 된다. 명성황후에게 보낸 편지에서는 자신의 처지를 비관하여 자포자기한 내용을 보내지만 자기 아들인 이재면에게는 자신의 석방과 관련한 내용을 보내어 대비가 된다. 이렇게 아들에게 쓴 편지에서 간찰이 아닌 언간으로 쓴 이유는 그 장소가 청나라이기 때문에 한문으로 작성할 경우, 혹시 비밀 유지가 어렵기 때문에 언문으로 썼을 것으로 추정하였다.

참고문헌

김무림(2015), 한국어 어원 사전(전면 개정판), 지식과교양.

김일근(1986), 언간의 연구(삼정판), 건국대학교출판부.

백문식(2014), 우리말 어원 사전, 박이정.

이래호(2015), 조선시대 언간 자료의 현황 및 그 특성과 가치, 국어사연구 20, 국어사학회, pp.65-126.

이종덕 · 황문환(2012), 흥선대원군이 명성황후에게 보낸 한글 편지, 문헌과 해석 60, 태학사.

이종덕 · 황문환(2014), 흥선대원군이 아들에게 보낸 한글 편지, 문헌과 해석 66, 태학사.

정현(2016), 풍운아 흥선대원군－나는 왕족이로소이다, 기사임당.

조남호(2001), '마누라'의 의미 변천, 한국어 의미학 9, 한국어의미학회, 199-220.

지두환(2009), 고종황제와 친인척－조선의 왕실 26, 역사문화.

황문환(2015), 조선시대의 한글 편지, 언간(諺簡), 도서출판 역락.

황문환 외(2013), 조선시대 한글편지 판독 자료집(1,2,3), 도서출판 역락.

Ⅸ. 조선시대 왕실 남성 언간의 판독문 · 현대어역*

1. 선조의 언간

(1)

新歲예 너흐네 萬福ᄒᆞ니 깃거ᄒᆞ노라

甲午 十二月二十日 在京城〈1594, 선조(아버지)→諸공주(딸)〉

새해에 너희들 만복하니 기뻐하노라.

(2)

글월 보고 됴히 이시니 깃거ᄒᆞ노라 翁主ᄂᆞᆫ 千萬慮外예 뎌리 시작ᄒᆞ야시니 ᄀᆞ이 업세라 당시 만ᄐᆞᆫ 아니ᄒᆞ다 ᄂᆡ일 보와야 알리로다 각별 雜證은 업다 門禁으로 內外 通티 몯ᄒᆞ니 네 同生ᄃᆞᆯ히 지븨셔 아므란 닐올 마리 잇거

* 이 곳에 제시된 판독문과 현대어역은 기존의 연구를 참고하여 필자가 개략적으로 작성한 것으로 좀 더 수정 보완될 필요가 있음을 밝힌다.

ᄃᆞᆫ 다 네게로 因ᄒᆞ야 바ᄅᆞ 書啓ᄒᆞ야 드려 보내라 ᄒᆞ라 지비 갓가오니 이러로 어려워 말라 이 글월 도로 드려 보내라

만력 계묘 복월 십팔일 大哉乾元〈1603, 선조(아버지)→정숙옹주(딸)〉

글월 보고 잘 있으니 기뻐하노라. 옹주는 천만의외에 저리 시작하였으니 가이없어라. 당시 많든 아니하다. 내일 보아야 알 것 같다. 각별히 잡증은 없다. 문금(인정(人定) 이후 도성의 문으로 드나들지 못하게 하던 일.)으로 안팎으로 통하지 못하니 네 동생들이 집에서 아무런 이를 말이 있거든 다 네게로 인하여 바로 서계하여 들여 보내라 하라. 집이 가까우니 이렇게 어려워 말라. 이 글월 도로 들여 보내라.

(3)

허쥰의게셔 이리 서계 ᄒᆞ여시니 淸心元 半半丸을 슉닝의 ᄀᆡ여 목 ᄆᆞᆯ라 ᄒᆞᆯ 제 ᄡᅳ고 샹당ᄒᆞᆫ 약을 약방으로 ᄒᆞ야 드리라 ᄒᆞ야 급히 ᄡᅳ라 이 뒤도 보내논 이 달혀 ᄆᆡᆼ건이 ᄒᆞ야 수이 머기라〈1603, 선조(아버지)→정숙옹주(딸)〉

허준에게서 이리 서계하였느니 청심원 반반환을 숭늉에 개어 목말라 할 때 쓰고, 상당한 약방으로 하여 들이라 하여 급히 써라. 이 뒤도 보내는 것 달여 밍건하게 하여 빨리 먹이라.

(4)

글월 보고 양ᄌᆞ애 그리 도다시면 ᄀᆞ장 듕ᄒᆞ도다 엇디려뇨 셩혼 안닌 ᄌᆞ식이면 내 므스 일 이리 근심ᄒᆞ리 도ᄃᆞᆫ 거ᄉᆞᆯ ᄌᆞ세 보와 닐러라 오ᄂᆞᆯ ᄆᆞᄌᆞᆨ막 돗놋다〈1603, 선조(아버지)→정숙옹주(딸)〉

글월 보고 얼굴에 그리 돋았으면 매우 중하도다. 어찌하려는가. 결혼 안 한 자식이면 내 무슨 일로 이리 근심하리. 돋은 것을 자세히 보아 일러라. 오늘 마지막 돋았구나.

(5)

(봉투) 淑儀

글월 보고 됴히 이시니 깃거ᄒᆞ노라 나도 무ᄉᆞ이 인노라 텬장은 나라 이리 하 어읍스니 이제 어ᄂᆞ 겨ᄅᆞ레 ᄒᆞ며 군인 ᄒᆞ나힌ᄃᆞᆯ 어ᄃᆡ 가 어ᄃᆞ리 왜적도 ᄀᆞ올ᄒᆡ 젼라도 티려 ᄒᆞᆫ다 ᄒᆞᄂᆞᆫ 긔별도 이시니 더옥 심심ᄒᆞ야 ᄒᆞ노라 보내ᄂᆞᆫ 것 출화라

(별지) 豹皮 一 令 보내노라

見樣 조차 보내노라〈1597, 선조(남편)→숙의(아내)〉

글월 보고 잘 있으니 기뻐하노라. 나도 무사히 있노라. 천장은 나랏일이 하 어이없으니 이제 어느 겨를에 하여 군인 하나인들 어디가 얻으리. 왜적도 가을에 전라도 치려 한다 하는 소식도 있으니 더욱 걱정하노라. 보내는 것 차려라. 표피 일 녕 보내노라. 견양(서식) 같이 보낸다.

(6)

글월 보고 네 증은 담증이로다 調理ᄒᆞ면 아니 됴ᄒᆞ랴 藥은 지여 보내노라

孟春 元日

인동채 ᄉᆞ과만 몯ᄒᆞ니 ᄉᆞ과ᄅᆞᆯ 달혀셔 사당 빠 머기라〈미상(1594~1603), 선조(아버지)→미상?(딸)〉

글월 보고 네 증은 담증이구나. 조리하면 아니 좋겠느냐. 약은 지어 보내노라.

인동채 사과만 못하니 사과를 달여서 사탕 타 먹이라.

(7)

글월 보고 됴히 이시니 깃거ᄒᆞ노라 翁主 證은 順ᄒᆞ고 밥도 먹ᄂᆞ다

萬曆 癸卯 至月 卄一日 未時 大哉乾元〈1603, 선조(아버지)→정숙옹주(딸)〉

글월 보고 잘 있으니 기뻐하노라. 옹주 증세는 순하고 밥도 먹는다.

(8)

글월 보고 도ᄃᆞᆫ 거ᄉᆞᆫ 그 방이 어둡고 너 역질ᄒᆞ던 방 날도 陰ᄒᆞ니 日光이 도라디거든 내 親히 보고 ᄌᆞ셰 긔별호마 대강 用藥ᄒᆞᆯ 이리 이셔도 醫官醫女ᄅᆞᆯ 드려 待令ᄒᆞ려 ᄒᆞ노라 분별 말라 ᄌᆞ연 아니 됴히 ᄒᆞ랴 萬曆 三十一年 癸卯 復月 十九日 巳時〈1603년, 선조(아버지)→정숙옹주(딸)〉

글월 보고 돋은 것은 그 방이 어둡고 너 역질하던 방 날도 음습하니 일광이 돌아지거든 내 친히 보고 자세히 기별하마. 대강 약을 쓸 일이 있어도 의관 의녀를 들여 대령하려 하노라. 그러니 걱정 말아라. 역질 치레를 자연 아니 잘하겠느냐?

만력 삼십일년 계묘 복월 십구일 사시

(9)

엇디 인ᄂᆞᆫ다 나ᄂᆞᆫ 무ᄉᆞ이 인노라

三月 五日 在京城〈1594, 선조(아버지)→諸옹주(딸)〉

어찌 있느냐. 나는 무사히 있노라.

(10)

(봉투) 三翁主

그리 간 후의 안부 몰라 ᄒᆞ노라 엇디들 인는다 셔울 각별ᄒᆞᆫ 긔별 업고 도적은 믈러가니 깃거ᄒᆞ노라 나도 무ᄉᆞ이 인노라 다시곰 됴히 잇거라〈1597, 선조(아버지)→諸옹주(딸)〉

丁酉 九月 二十日

그리 간 후에 안부 몰라 하노라. 어찌들 있느냐. 서울 각별한 기별 없고 도적은 물러가니 기뻐하노라. 나도 무사히 있노라. 거듭 잘 있거라.

(11)

(봉투) 貞淑翁主

글월 보고 오ᄂᆞᆯ ᄯᅩ 가보니 도ᄃᆞᆫ 數ᄂᆞᆫ ᄒᆞᆫ가지오 痘色紅如臙脂ᄒᆞ야 픠 내파잇고 氣亦熱退而安 아ᄎᆞᆷ의 白粥一種 느즉ᄒᆞ야 爛飯數匙 먹고 大便不通 大便頻數則不好 證勢甚順 분별 말라 이리 긔별ᄒᆞ라 萬曆 癸卯 至日 未時 大哉乾元〈1603, 선조(아버지)→정숙옹주(딸)〉

글월 보고 오늘 또 가보니 돋은 숫자는 하나요, 걱정 말라 기별하라.

(12)

(봉투) 貞淑翁主

今日亦親往見之 則幾盡脹起ᄒᆞ고 녀나믄 證이 업ᄉᆞ니 ᄂᆡ일 모뢰 ᄉᆞ이면 庶有回根之望矣 且四書一帙書言故事一帙 包公案一帙 보내노니 駙馬 주라 包公案乃怪妄之書 只資閑一哂而已

萬曆 癸卯冬 十一月 念五日 午時

이 許浚 書啓 보긔 보내노라〈1603, 선조(아버지)→정숙옹주(딸)〉

여나문 증이 없으니 내일모레 사이면. 부마 주라. 이 허준 서계 보게 보내노라.

(13)

書啓 보긔 보내노라 그 女子ᄂᆞᆫ 엇디 그러커뇨 이 藥 보내여라

萬曆 癸卯 至月 廿一日 未時〈1603, 선조(아버지)→정숙옹주(딸)〉

서계 보게 보내노라. 그 여자는 어찌 그러냐? 이 약 보내어라.

(14)

글월 보고 闕內無事 방의셔도 됴히 잇다 翁主證은 ᄀᆞ장 順ᄒᆞ고 거의 다 부러 잇다 書啓 二張 보내노라 朴參判之女ᄂᆞᆫ 可哀也哉 不不祥祥 藥은 도로 보내노니 아믜나 救하라 昨日 글월도 보롸

萬曆 癸卯 十有一月 二十三日 未時〈1603, 선조(아버지)→정숙옹주(딸)〉

글월 보고 궐내 무사 방에서도 잘 있다. 옹주 증은 매우 순하고 거의 다

붙어 있다. 서계 두 장 보내노라. 도로 보내니 아무나 구하라. 어제 글월도 보라.

(15)

이제야 거머 도셔 이시니 其何虞何慮 此意須通于朴參判家 闕內皆平 予證一樣(뎡슉옹주)

이제야 검어 도서 있으니.〈미상(1594~1603), 선조(아버지)→정숙옹주(딸)〉

(16)

東陽尉 글시는 영노ᄒᆞᆫ 샹겨지비 남진 여러ᄒᆞ니 ᄀᆞᆮ고 錦陽尉 글시는 청년 과뷔 사ᄒᆞᆯ 굼고 병ᄒᆞ니 ᄀᆞᆮ다 이 마ᄅᆞᆯ 보면 글시 품들ᄒᆞᆯ 알리라〈미상(1594~1603), 선조(아버지)→정숙옹주(딸)〉

동양위 글씨는 영리한 상겨집이 남편 여럿 하니 같고, 금양위 글씨는 청년 과부 사흘 굶고 병하는 것 같다. 이 말을 보면 글씨 품들을 알리라.

(17)

이 相 ᄀᆞ장 됴ᄒᆞ니 夫人될로다 ᄉᆞᆯ비치 거므면 댱슈타 ᄒᆞ얀ᄂᆞ니라 져기 ᄌᆞ라거든 고텨 보자〈미상(1594~1603), 선조(아버지)→정숙옹주(딸)〉

이 상 가장 좋으니 부인될 것이다. 살빛이 검으면 장수한다 하였느니라. 좀 자라면은 고쳐 보자.

(18)

글월 보고 됴희 이시니 깃거ᄒᆞ노라 오늘도 가보니 證은 順ᄒᆞ더라〈1603, 선죠(아버지)→정숙옹주(딸)〉

글월 보고 잘 있으니 기뻐하노라. 오늘도 가보니 증세는 순하더라.

(19)

오놀은 당시 보디 아녓거니와 밤의 여러 번 먹고 인후도 ᄒᆞ렷사 ᄒᆞᆫ다 萬曆 三十一年 癸卯 十一月 二十六日 辰時〈1603, 선죠(아버지)→정숙옹주(딸)〉

오늘은 당시 보지 아니하였거니와 밤에 여러 번 먹고 인후도 나았다 한다.

(20)

진 나ᄂᆞᆫ 이ᄅᆞᆯ 허준의게 무ᄅᆞ니 만ᄒᆞᆫ 듕에 바뎟 그러니 업ᄉᆞ링잇가 ᄒᆞ고 오직 여러 날 대변을 몯ᄒᆞ니 열이 업디 아니ᄒᆞᆯ 거시니 약을 ᄒᆞ야 수이 통ᄒᆞ게 ᄒᆞ라 ᄒᆞᆫ다 이제ᄂᆞᆫ 긔운 엇더ᄒᆞ니〈1603, 선죠(아버지)→정숙옹주(딸)〉

진 나는 것을 허준에게 물으니 많은 중에 바이(?) 그러니 없습니까 하고 오직 여러 날 대변을 못하니 열이 없지 아니할 것이니 약을 하여 빨리 통하게 하라 한다. 이제는 기운이 어떠니.

(21)

翁主ᄅᆞᆯ 내 날마다 가 보고 許浚이와 의논ᄒᆞ거니와 내 보매ᄂᆞᆫ 아ᄆᆞ려도 의심 업ᄉᆞ니 분별 말고라 參議(判) 하 근심ᄒᆞᆫ다 ᄒᆞ니 지극 운노라 며ᄂᆞ리ᄅᆞᆯ 그리 듕히 너기니 고마올샤 ᄇᆞᆯ셔 누ᄅᆞᆫ 기믜 드럿고 도ᄃᆞᆫ 터도 각각 도닷디위 ᄒᆞᆫᄃᆡ 착난티 아니ᄒᆞ얀ᄂᆞ니 다ᄆᆞᆫ 나히 한 ᄃᆞ로 열ᄒᆞ야 디내연ᄂᆞ니〈1603, 선조(아버지)→정숙옹주(딸)〉

옹주를 내 날마다 가 보고 허준이와 의논하거니와 내가 보기에는 아무래도 의심 없으니 걱정 말아라. 참의 하 근심한다 하니 지극히 웃노라. 며느리를 그리 중히 여기니 고맙구나. 벌써 누런 기미 들었고, 돋은 터도 각각 돋았지마는 착란치 않았느니 다만 나이 많은 까닭으로 열이 나 지내었느니.

2. 효종의 언간

(1)

(봉투) 답샹장

당졍승 ᄃᆡᆨ

뎌 즈음 두어 슌 뎍ᄉᆞ오시니 보옵고 친히 뵈옵ᄂᆞᆫ ᄃᆞᆺ 아므라타 업ᄉᆞ와 ᄒᆞ오며 우리도 몸은 무ᄉᆞ히 잇ᄉᆞ오되 한이 블구의 가리라 ᄒᆞ오니 더욱 아모라타 업서 ᄒᆞ옵ᄂᆞ이다 가경의 편지도 보옵고 이 놈이 ᄀᆞ장 주적주적ᄒᆞᆫ가 시브오니 웃ᄌᆞᆸᄂᆞ이다 지리ᄒᆞ야 잠 뎍ᄉᆞᆸᄂᆞ이다

무인 구월 십칠일 호〈1638년, 효종-01, 효종(사위)→안동김씨(장모)〉

저 즈음 두어 번 적은 것 보고 친히 뵙는 듯 아무렇다고 말할 수 없으며

우리도 몸은 무사히 있되 한이 불구에 가리라 하니 더욱 뭐라고 말할 수 없습니다. 집안의 경사가 있는 편지도 보고 이 놈이 주적주적한가 싶으니 웃습니다. 지루하여 잠시 적습니다.

(2)

신세예 긔운이나 평안ᄒᆞ옵신가 ᄒᆞ오며 ᄉᆞ힝ᄎᆞ 드러오올 제 뎍ᄉᆞ오신 편지 보옵고 친히 뵈옵ᄂᆞᆫ ᄃᆞᆺ 아ᄆᆞ라타 업서 ᄒᆞ오며 청음은 뎌리 늘그신ᄂᆡ가 드러와 곤고ᄒᆞ시니 그런 일이 업ᄉᆞ오이다 힝ᄎᆞ 밧브고 ᄒᆞ야 잠 뎍ᄉᆞᆸᄂᆞ이다 신ᄉᆞ 정월 초팔일 □호〈1641년, 효종-01, 효종(사위)→안동김씨(장모)〉

새해에 기운이나 평안하신가 하며 사신 행차 들어올 때 적으신 편지 보고 친히 뵙는 듯 무엇이라 할 바 없으며 청음은 저렇게 늙으신네가 들어와 고생하니 그런 (안타까운) 일이 없습니다. 행차 바쁘고 하여 잠시 적습니다.
신사년 정월 초팔일 호

(3)

너ᄂᆞᆫ 어이 이번의 아니 드러온다 어제 네 형은 ᄎᆞᆯ 노리개엿 거ᄉᆞᆯ 슉휘지이 만히 가지되 네 목은 업스니 너ᄂᆞᆫ 그 ᄉᆞ이만 ᄒᆞ야도 하 어먼 일이 만흐니 애ᄃᆞᆯ와 뎍노라 네 목의 거ᄉᆞ란 아모 악을 쁠디라도 브듸 다 ᄎᆞ자라〈1652년~1659년, 숙명신한첩-01, 효종(아버지)→숙명공주(딸)〉

너는 어찌하여 이번에 들어오지 않았느냐? 어제 너의 언니[淑安公主]는 물론, 淑徽(숙명공주의 동생)까지 노리개들을 많이 가졌는데 네 몫은 없으니, 너는 그 사이만 하여도 매우 궂은 일이 많으니 내 마음이 아파서 적는다.

네 몫의 것은 아무런 악을 쓰더라도 부디 다 찾아라.

(4)

너ᄂᆞᆫ 싀집의 가 바틴다ᄂᆞᆫ ᄒᆞ거니와 어이 괴양이ᄂᆞᆫ 품고 잇ᄂᆞᆫ다 힝혀 감모나 ᄒᆞ얏거든 약이나 ᄒᆞ야 먹어라〈1652년~1659년, 숙명신한첩-02, 효종대왕(아버지)→숙명공주(딸)〉

너는 시댁에 가 버린다고는 하지마는 어찌하여 고양이는 품고 있느냐? 행여 감기나 걸렸으면 약이나 하여 먹어라.

(5)

득죄야 므슴 녀나믄 득죄리 이번의 아니 드러온 죈가 시브다 이 죄ᄂᆞᆫ 오로 심텰동의 죄니 보채고 싸화라〈1652년~1659년, 숙명신한첩-03, 효종(아버지)→숙명공주(딸)〉

죄지은 것이야 무슨 다른 죄를 지었겠느냐 이번에 아니 들어온 죄인가 싶다. 이렇게 들어오지 못한 죄를 지은 것은 전부 네 남편인 심철동 때문에 생긴 것이니 그를 들볶고 싸워라.

(6)

네 글월은 예셔 고텨셔 보채려 ᄒᆞᄂᆞᆫ 줄도 모로고 갓시 드러셔 싸호ᄂᆞᆫ다 요쇼락아 ᄌᆞ시 보와라〈1652년~1659년, 숙명신한첩-04, 효종(아버지)→숙명공주(딸)〉

네 글월은 여기서 고쳐서 부치려 하는 줄도 모르고 부부가 들고 나서서 싸우느냐? 요 소락아 자세히 보아라.

(6-1)

문안 엿ᄌᆞᆸ고 야간 셩후 안녕ᄒᆞᄋᆞ오신 문안 아ᄋᆞᆸ고져 ᄇᆞ라오며 날이 ᄑᆞ오니 더옥 섭섭ᄒᆞ오미 아ᄆᆞ라타 업ᄉᆞ와 ᄒᆞᄋᆞᆸ노이다〈1652년~1659년, 숙명신한첩-05-1, 숙명공주(딸)→효종(아버지)〉

문안 여쭙고, 밤사이 아바마마께서는 안녕하신지 알고자 바라오며, 뵙지 못한 채 날이 거듭 지나니 더욱 섭섭함이 무어라고 할 말 없어 하옵니다.

(7)

글월 보고 됴히 이시니 깃거ᄒᆞ노라 어제 냥 ᄉᆡᆨ촉 보내엿더니 본다 면ᄌᆞ등이 수대로 보내노라〈1652년~1659년, 숙명신한첩-05, 효종(아버지)→숙명공주(딸)〉

편지 보고, 잘 있으니 기뻐한다. 어제 두 色燭(물들인 초)을 보내었는데 받아 보았느냐? 면자등을 이 수만큼 보낸다.

(8)

긔운이나 무ᄉᆞᄒᆞᆫ가 ᄒᆞ며 너희 집 일이야 어이 내내 다 뎍으리 그 아희가 그리 될 줄을 어이 알리 어룬들히 혈복ᄒᆞ야 그런가 ᄒᆞ노라 하 닛디 못ᄒᆞ니 이제ᄂᆞᆫ 아희들흘 ᄎᆞ싱 졍 브터 아니 기ᄅᆞ려 ᄒᆞ노라 졍은 무궁ᄒᆞ되 ᄆᆞᄋᆞᆷ이 아니ᄭᅩ와 잠간 뎍노라 우흐로 부모롤 ᄉᆡᆼ각ᄒᆞ고 ᄉᆡᆼ심도 무익ᄒᆞᆫ 슬쓔지 말고 밥이나 힘써 먹고 병드러 근심 기티디 말아 부마과 ᄒᆞᆫ가지로 보와라 늘근 졍승 안흘 ᄉᆡᆼ각ᄒᆞ니 더옥 ᄀᆞ이업다〈1654년~1659년, 숙명신한첩-06, 효종(아버지)

→숙명공주(딸)〉

기운이나 무사한가 하며 너희 집의 일이야 어이 내내 모두 적겠느냐. 그 아이가 그렇게 죽게 될 줄을 어찌 알겠느냐. 어른들이 너무나 복이 없어서 그런가 한다. 정말 잊지 못하니 이제는 아이들을 이 세상에서 정 붙여 기르지 않으려 한다. 정은 끝이 없지만, 마음이 편치 않아서 잠깐 적는다. 위로 부모를 생각하고, 무익하게 비통한 마음을 먹지 말고 밥이나 힘써 먹고, 病이 들어 근심 끼치지 말아라. 이 편지를 부마와 함께 보아라. 네 시아버지인 늙은 정승의 마음을 생각하니 더욱 안타깝기 그지없다.

(9)

글월 보고 됴히 이시니 반기노라 나는 됴히 왓노라〈1652년~1659년, 숙명신한첩-07, 효종(아버지)→숙명공주(딸)〉

글월 보고 잘 있으니 반기노라. 나는 잘 왔노라.

(10)

아홉 가지 왜능화 오십오 댱 가니 닙춘 써 드린 샹으로 부마 주어라〈1652년~1659년, 숙명신한첩-08, 효종대왕(아버지)→숙명공주(딸)〉

아홉 가지 왜능화 종이 오십오 장을 보내니, 부마가 입춘서를 써서 궁으로 들여보낸 상으로 주는 것이니까 부마에게 주어라.

(11)

그리 밤나즐 시위ᄒᆞᄋᆞᆸ고 잇ᄉᆞᆸ다가 이리 오ᄅᆞ오시니 온 집이 다 뷘 ᄃᆞᆺᄒᆞ고 하 섭섭ᄒᆞ오니 웃뎐으로겨오셔야 더 즉히 싱각ᄒᆞ오시랴 하졍이 아ᄆᆞ라타 업서 ᄒᆞ노라 ᄒᆞᆫ업시 섭섭ᄒᆞ야 ᄒᆞᄋᆞᆸᄂᆞᆫ 졍셩과 ᄠᅳ들 아오시긔 ᄒᆞ야라〈1659년, 숙명신한첩-09, 효종(아버지)→숙명공주(딸)〉

그리 밤낮을 시위하고 있다가 이렇게 올라오시니 온 집이 다 빈 듯하고 하 섭섭하니 대전에 계셔야 더 오죽하게 생각하시랴. 나의 마음이 아무렇다 할 말이 없어 한다. 한없이 섭섭하여 하고 정성과 뜻을 (윗전께) 아시게 하여라.

(12)

글월 보고 됴히 이시니 반가와ᄒᆞ노라 ᄂᆡ일면 볼 거시니 잠 뎍노라 문 〈1642년~1659년, 숙휘신한첩-01, 효종(아버지)→숙휘공주(딸)〉

글월 보고 잘 있으니 반가워하노라. 내일이면 만나볼 것이니 잠깐 적노라.

(13)

너희ᄂᆞᆫ 세히 마치 ᄒᆞᆫ 말로 글월을 뎍어시니 ᄀᆞ장 졍셩 업ᄉᆞ니 후에 ᄯᅩ 이리ᄒᆞ면 아니 바들 거시니 알라 슉휘공쥬〈1642년~1659년, 숙휘신한첩-02, 효종(아버지)→숙휘공주(딸)〉

너희는 셋이 마치 똑같은 말로 글월을 적었으니 매우 정성 없으니 후에 또 이렇게 하면 아니 받을 것이니 (그리) 알아라.

3. 현종의 언간

(1)

됴자의 뎡찰 보고 보ᄂᆞᆫ ᄃᆞᆺ 든든 반기며 작일 봉샹의셔 환션 두로던 거시 긔 뉜고 ᄌᆞ 아는다 ᄏᆞ니와 아모 날이나 별로 볼 일이 내ᄃᆞᄅᆞ면 내 가 뵈오리이다 휘 졍 냥 ᄆᆡᄌᆞᄃᆞ려 ᄒᆞᆫ가지로 니ᄅᆞ쇼셔 이년 신튝 윤칠 순칠일 악착 흉녕 ᄒᆞᆫ 장은 보내라 ᄒᆞ야시매 이러 나아간다〈1661년, 숙명신한첩-10, 현종(남동생)→숙명공주(누나)〉

아침의(조자의) 편지 보고 보는 듯 든든하고 반기며 어제 봉상루(鳳翔樓)에서 부채 두르던 것이 그 누구인가 안다 하거니와 아무 날이나 따로 볼일이 있으면 내 가 뵙겠습니다. 숙휘, 숙정 두 동생에게 한 가지로 말하십시오.

이년 신축년 윤칠월 십칠일

악착스럽고 독하게 한 장은 보내라 하였으니 이렇게 보낸다.

(2)

밤ᄉᆞ이 평안ᄒᆞ옵신 일 아옵고져 ᄇᆞ라오며 오늘은 졍찰도 못 어더 보오니 ᄀᆞ이업습더이다 이 황감 칠 ᄆᆡ 극쇼 블관ᄒᆞ오나 졍으로 모도온 거시라 가오니 젹다 마옵시고 웃고 자옵쇼셔〈1652년~1674년, 숙명신한첩-11, 현종(남동생)→숙명공주(누나)〉

밤새 평안하옵신 일 아옵고자 바라오며 오늘은 정겨운 편지도 못 얻어 보니 그립기 그지없었습니다. 이 황감(黃柑, 귤) 일곱 개가 너무 적은 것을 상관하지 않고 정으로 모은 것이라 보내오니 적다 마시고 웃고 잡수십시오.

(3)

齊賢 思叔아 反駁之說 極爲過甚矣 그 말은 본ᄃᆡ 누우님이 그 ᄎᆡᆨ 일홈을 아디 못ᄒᆞ야 그 일홈을 써 달라 ᄒᆞ거ᄂᆞᆯ 내 므이 녀겨 그리 써 주니 누우님이 부러 思叔을 욕ᄒᆞ노라 보내엿거를 齊賢은 아디 못ᄒᆞ며 감히 反駁 二字 써시니 그 ᄉᆞᆯ펴 못ᄒᆞᆫ 죄를 후일의 블무기벌이니 디지ᄒᆞ라〈1653년~1662년, 숙휘신한첩-03, 현종대왕(처남)→정제현(매제)〉

제현 사숙아, (그대가) 반박한 말은 지나치게 심하였다. 그 말은 본디 누님이 그 책의 이름을 알지 못하여 그 이름을 써 달라 하거늘 내가 두렵게 여겨 그리 써 주니 누님이 일부러 사숙을 욕하노라 보내었거늘, (신하인) 제현은 알지 못하며 감히 (임금인 나에게) 반박하였으니 그 살피지 못한 죄를 훗날에 벌하지 않을 수 없으니 그리 알라.

(4)

나ᄂᆞᆫ 오ᄂᆞᆯ도 예 왓ᄉᆞᆸ거니와 앗가 양심합의 ᄂᆡ관 나실 제ᄂᆞᆫ 엇디 아니와 겨ᄋᆞᆸ시더니잇가 나ᄂᆞᆫ 오ᄂᆞᆯ 오ᄋᆞᆸ다가 어ᄉᆞ 노ᄅᆞᆺ술 ᄒᆞ얏ᄉᆞᆸ디니 덕ᄉᆞᆸ노이다 ᄀᆞ뢰군이 시방 젼 병경문 안 두 아름은 ᄒᆞᆫ 이운 밤긔 둑거온 계요 보젼ᄒᆞ야 풍우 ᄀᆞ이오던 피부을 벗겨 모도와 사하 가져가고져 ᄒᆞ다가 내게 들려 사문ᄒᆞ오니 셩명은 니ᄅᆞ돌 아니ᄒᆞᄋᆞᆸ고 공칭ᄒᆞ오ᄃᆡ ᄌᆞ뎐하 ᄂᆡ이ᄋᆞᆸ더니 겁질이 들먹ᄒᆞ얏ᄉᆞᆸ거ᄂᆞᆯ 벗겨노라 ᄒᆞ오니 제 공ᄉᆞ 아오로 벗겨 가ᄋᆞᆸᄂᆞ이다 잠간 일 여가 잇거든 예보와 못 오옵시리잇가 년ᄒᆞ야 혼자 겨옵시니 청티 못 ᄒᆞ오니 굼굼ᄒᆞ옵더이다〈1641년~1674년, 숙휘신한첩-04, 현종대왕(아들)→인선왕후(어머니)〉

나는 오늘도 여기 왔사옵기니와 아까 양심합에 (모후의) 내관이 나왔을 적에는 어찌 아니 와 계시었습니까? 나는 오늘 오나가 어사 노릇을 하였는데, (그 일을) 적습니다. 어떤 일꾼이, 시방 예전의 병경문 안에 있는, 두 아름은 하는, 시든 밤나무에, 두꺼운, 겨우 보전하여 비바람 가리던 껍질을 작작 벗겨 모아 쌓아 가져가고자 하다가, 나에게 들키어 조사하여 따져 물으니, 성명은 이르지를 아니하옵고 공칭하오되, “자전하 소속 내의이온데, 껍질이 들먹하였삽거늘 벗겼노라.” 하오니 자기가 공사를 겸하여 벗겨 가는 것이옵니다. 잠깐 여가 있거든 틈을 보아 못 오시겠습니까? 계속하여 혼자 계시오니 청하지 못하오니 궁금하였습니다.

(5)

ᄉᆞ연 덜고 거번 가실 제 셔후ᄒᆡᆼ의 눗말을 엿ᄌᆞ와숩더니 슈슈 듕 발락을 못 미처 아라 와시니 하 보채니 얍신저으니 이빼 즉시 아라 회셔ᄒᆞ옵쇼셔 다리예 도든 거ᄉᆞ로 약 ᄇᆞᄅᆞ고 산침 맛기로 너머 못 가ᄂᆞ니 더욱 섭섭ᄒᆞ와 ᄒᆞ옵ᄂᆡ이 삼ᄉᆞᄆᆡ 일양 보쇼셔〈1641년~1674년, 숙휘신한첩-05, 현종(아들)→인선왕후(어머니)〉

사연 줄이고 지난 번 가실 제 서후행을 통해 누이에 대한 말을 여쭈었더니 뒤숭숭한 가운데 일의 결말을 미처 알아 오지 못하였으니, 매우 보채고 샘바르고 시기하는 마음이 있는 듯하니, 이때 즉시 알아 회서하옵소서.

(내가) 다리에 돋은 것 때문에 약 바르고 산침을 맞기 때문에 가서 보지 못하니 더욱 섭섭해하네. 둘째, 셋째, 넷째 누이와 함께 보소서.

(6)

[大王大妃殿進上]

넘ᄉᆞ일 ᄂᆡ관 오와ᄂᆞᆯ 어셔 지슈ᄒᆞᄋᆞ와 비봉 흠완ᄒᆞᄋᆞᆸ고 경광을 쳠앙ᄒᆞᄋᆞᆸᄂᆞᆫ ᄃᆞᆺ 무궁〈명안공주-01, 현종(손자)→장렬왕후(할머니), 1641년~1674년〉

이십사일 내관 오거늘 주신 글을 공경히 받고 몸을 굽혀 높은 덕을 우러러 사모하는 듯 무궁(합니다).

(7)

지축ᄲᅮᆫ이ᄋᆞᆸ 신은 멀리 니위ᄒᆞᄋᆞ완 디 날포 되오니 년모 하졍이 ᄀᆞ이업ᄉᆞᆸ 신의 믁축ᄒᆞᄋᆞᆸ기ᄂᆞᆫ ᄌᆞ후 강령ᄒᆞ오시미ᄋᆞᆸ 눈도 알프ᄋᆞᆸ고 일긔 져므와 초초ᄒᆞᄋᆞ오니 황공ᄒᆞ와 ᄒᆞᄋᆞᆸ〈1659년~1674년, 명안어필-02, 현종(손자)→장렬왕후(할머니)〉

지극히 빌 뿐입니다. 신은 멀리 부모님을 떠난 지 며칠이 되니 그리워하는 마음이 끝이 없습니다. 신이 묵묵히 비는 것은 대왕대비께서 강녕하신 것입니다. 눈도 아프고 날도 저물어 간략히 적으니 황공하여 합니다.

(8)

문안 엿ᄌᆞᆸ고 일긔 브뎍ᄒᆞᄋᆞ오니 셩후 안령ᄒᆞ오신 일 아ᄋᆞᆸ고져 ᄇᆞ라ᄋᆞᆸ 신은 일리 와 안ᄌᆞ온 후 운쇄 아으라ᄒᆞᄋᆞᆸ고 산쳔이 조격ᄒᆞᄋᆞ오니 머리 드와 븍녁흘 ᄇᆞ라오니 년모 비감지회을 이긔ᄋᆞᆸ디 못ᄒᆞ와 ᄒᆞᄋᆞᆸ 아므려나 안령 ᄒᆞᄋᆞ심 ᄇᆞ라ᄋᆞᆸ 글시 황잡ᄒᆞ오니 황공ᄒᆞ와 ᄒᆞᄋᆞᆸ 팔월 이십뉵일 진시 □〈1659년~1673년, 명안공주-03, 1659년~1674년, 현종(손자)→장렬왕후(할머니)〉

문안 여쭙고 날씨가 적당하지 않으니 몸이 안녕하신가 아옵고자 바랍니다. 신은 이리 와 앉은 후 왕의 지위가 아스라하고 산천이 막히고 머니 머리 들어 북녘을 바라보니 그리운 마음에 슬픔을 이기지 못하여 합니다. 아무튼 안녕하시기를 바랍니다. 글씨 거칠고 조잡하니 황공하여 합니다. 팔월 이십육일 진시

(9)

문안 엿ᄌᆞᆸ고 수일 간 ᄌᆞ후 안녕ᄒᆞᄋᆞ오신 일 아ᄋᆞᆸ고져 ᄇᆞ라오며 신은 이리 와 안ᄌᆞ오니 ᄉᆞ이 쳔리 ᄀᆞᆺᄌᆞ와 강한 격ᄒᆞ온 ᄃᆞᆺᄒᆞᄋᆞ오니 하졍의 섭섭 무료ᄒᆞᄋᆞᆸ고 구구ᄒᆞ온 복모 깁ᄉᆞ와 ᄒᆞᄋᆞᆸ〈1667년~1674년, 명안공주-04, 현종(아버지)→명안공주(딸)〉

문안 여쭙고 수일간 대왕대비의 기후 안녕하신가 알고자 바라오며 신은 이리 와서 앉으니 사이가 천리 같아 한양이 먼 듯하오니 제 마음이 섭섭하고 무안하고 여러 가지로 그리는 마음 깊습니다.

(10)

됴히 잇ᄂᆞᆫ다 나ᄂᆞᆫ 오ᄂᆞᆯ 가 보려 ᄒᆞ얏더니 몸 거북ᄒᆞ야 못 가 보니 섭섭기 ᄀᆞ이업다 ᄒᆞ리면 즉시 갈 거시니 악 하 ᄡᅳ디 말고 됴히 잇거라〈1667년~1674년, 명안공주-05, 현종(아버지)→명안공주(딸)〉

잘 지내느냐? 나는 오늘 가보려 하였더니 몸이 거북하여 못 가 보니 섭섭하기 그지없다. 몸이 나으면 즉시 갈 것이니 기운 많이 쓰지 말고 잘 있거라.

(11)

신년의 ᄇᆡᆨ병은 다 업고 슈복은 하원ᄒᆞ다 ᄒᆞ니 깃브기 ᄀᆞ이업다 나간 디 날이 파 오니 언제 볼고 기ᄃᆞ리노라 위셩됴우읍경딘〈1667년~1674년, 명안어필-06, 현종(아버지)→명안공주(딸)〉

신년에 온갖 병은 다 없고 오래 살고 복을 누리는 일은 끝이 없다고 하니 기쁘기 한이 없다. 나간 지 날이 거듭되니 언제 보겠는가? 기다린다. 위성에 내리는 비에 먼지가 가라앉으니.

(12)

새 집의 가셔 밤의 ᄌᆞᆷ이나 됴히 잔다 어제ᄂᆞᆫ 그리 덧업시 내여 보내고 섭섭 무료ᄒᆞᄒᆞ기 ᄀᆞ이업서 ᄒᆞ노라 너도 우리ᄅᆞᆯ ᄉᆡᆼ각ᄒᆞᄂᆞᆫ다 이 병풍은 오ᄂᆞᆯ 보내마 ᄒᆞ여던 거시라 마초아 아조 ᄆᆡᆫᄃᆞᆫ 거시 이시매 보내니 티고 노라라 날 칩기 심ᄒᆞ니 몸 잘 됴리ᄒᆞ야 긔운이 튱실ᄒᆞ면 쟝ᄂᆡ ᄌᆞ로 드러올 거시니 밥의 ᄂᆞ물것 ᄒᆞ야 잘 먹어라〈1667년~1674년, 명안어필-07, 현종(아버지)→명안공주(딸)〉

새 집에 가서 밤에 잠이나 잘 잤느냐? 어제는 그리 덧없이 내 보내고 섭섭하고 무료하기가 한이 없어 한다. 너도 우리를 생각하느냐? 이 병풍은 오늘 보내마 하였던 것이라 마침 아주 만든 것이 있으니 보내니 치고 놀아라. 날이 춥기가 심하니 몸 잘 조리하여 기운이 충실하면 장내 자주 들어올 것이니 밥에 나물 반찬 하여 잘 먹어라.

4. 숙종의 언간

(1)

밤 ᄉᆞ이 평안ᄒᆞ옵시니잇가 나가옵실 제 ᄂᆡ일 ᄃᆞ려오옵쇼셔 ᄒᆞ엿ᄉᆞᆸ더니 ᄒᆡ챵위ᄅᆞᆯ 만나 못ᄯᅥ나 ᄒᆞ옵시ᄂᆞ니잇가 아ᄆᆞ리 섭섭ᄒᆞ옵셔도 ᄂᆡ일 ᄇᆞᄃᆡ ᄃᆞ려 오옵쇼셔〈숙종→명성왕후, 1680년~1683년〉

밤 사이 평안하십니까? 나가실 때 내일 들어오십시오 하였더니 해창위를 만나 못 떠나 오십니까? 아무리 섭섭하셔도 내일은 부디 들어오십시오.

(2)

뎡 딕댱 병환은 ᄆᆞᄎᆞᆷ내 믈약지효ᄅᆞᆯ 엇디 못ᄒᆞ와 쳔만 의외예 상ᄉᆡ 나오니 경통 참졀ᄒᆞ오미 아ᄆᆞ라타 업ᄉᆞ온 듕 녯날 ᄒᆞᆫᄃᆡ셔 노던 일을 ᄉᆡᆼ각ᄒᆞ오니 참도ᄒᆞ온 ᄆᆞ음이 더옥 각별ᄒᆞ오이다 아ᄌᆞ마님겨오셔 여러 ᄃᆞᆯ 쵸젼ᄒᆞ옵시던 긋ᄐᆡ 이런 참쳑을 만나옵셔 일야 ᄋᆡ통 곡읍으로 디내옵시니 젹패ᄒᆞ옵신 긔력이 더옥 올ᄉᆞᆸ시랴 념녀 ᄀᆞ이업ᄉᆞ와 ᄒᆞ오며 졍ᄉᆡ 비록 망극ᄒᆞ옵시나 ᄇᆞᄃᆡ 우리 민망ᄒᆞ야 ᄒᆞᄂᆞᆫ 졍을 ᄉᆡᆼ각ᄒᆞ옵셔 식음을 ᄌᆞ로 자옵시믈 쳔만 ᄇᆞ라옵ᄂᆞ이다〈1685년, 숙휘신한첩-06, 숙종(조카)→숙휘공주(고모)〉

정 직장 병환은 마침내 물약지효를 얻지 못하여 천만 의외에 상사가 생기니 경통 참절함이 무어라 할 말이 없사온 중, 옛날 한 곳에서 놀던 일을 생각하오니 참도한 마음이 더욱 각별하옵니다. 아주머님께서 여러 달 초조하고 괴로워하옵시던 끝에 이런 기막히게 슬픈 일을 만나시어 밤낮으로 애통해하시며 통곡하고 눈물을 흘리며 지내옵시니 쇠약해지신 기력이 더욱 옳으실까 염려 가없어하오며 혈육 간의 정이 비록 망극하옵시나 부디 우리가 민망해하는 뜻을 생각하시어 식음을 자주 자시옵기를 천만 바라나이다.

(3)

뎍ᄉᆞ오시니 보옵고 친히 뵈옵ᄂᆞᆫ 듯 든든 반갑ᄉᆞ와 ᄒᆞ오며 아ᄌᆞ마님겨오셔 편티 못ᄒᆞ오신ᄃᆡ 요ᄉᆞ이ᄂᆞᆫ 퍽 낫ᄌᆞ오신가 시브오니 깃브와 ᄒᆞ옵ᄂᆞ이다 일월이 덧업ᄉᆞ와 발인이 머디 아녀ᄉᆞ오니 어ᄂᆞ만 새로이 망극ᄒᆞ야 ᄒᆞ오시거뇨 뵈옵ᄂᆞᆫ 듯 닛줍디 못ᄒᆞ와 ᄒᆞ오며 나ᄂᆞᆫ 요ᄉᆞ이 한ᄌᆡ 극ᄒᆞ오니 일야 쵸젼으로 디내옵ᄂᆞ이다 어제 거동의 니광하가 통네 막혀 압히 인도ᄒᆞ올 제 보옵고 졍니ᄅᆞᆯ ᄉᆡᆼ각ᄒᆞ오니 새로이 참측ᄒᆞ오미 ᄀᆞ이업ᄉᆞᆸ더이다 ᄇᆞᄃᆡ 젼의 뎍ᄉᆞ온 말솜 닛디 마옵시고 지졍을 관억ᄒᆞ옵셔 과히 ᄋᆡ샹티 마옵쇼셔〈1685년, 숙휘신한첩-07, 숙종(조카)→숙휘공주(고모)〉

보내 주신 편지 보고 친히 뵈옵는 듯 든든 반가워하오며 아주머님께서 편치 못하신 곳이 요사이는 퍽 나으신가 싶으니 기뻐하옵나이다. 일월이 덧없어 발인이 멀지 아니하오니 얼마나 새로이 망극하여 하시겠습니까? 뵈옵는 듯 잊지 못하여 하오며, 나는 요사이 한재가 몹시 심하오니 밤낮 초전으로 지내옵나이다. 어제 거둥에 이광하가 통례가 되어 앞에 인도하올 제 보옵고 정리를 생각하오니 새로이 참측함이 그지없더이다. 부디 전 편지에 적사온 말씀 잊지 마옵시고 지정을 관억하옵시어 지나치게 슬퍼하지 마옵소서.

(4)

뎍ᄉᆞ오시니 보ᄋᆞᆸ고 친히 뵈ᄋᆞᆸᄂᆞᆫ ᄃᆞᆺ 든든 몬내 알외와 ᄒᆞ오며 슉환이 채 ᄒᆞ리디 못ᄒᆞᄋᆞᆸ신ᄃᆡ 멀리 노동ᄒᆞᄋᆞᆸ시니 힝혀 뎜샹ᄒᆞᄋᆞᆸ실가 념녀 아ᄆᆞ라타 업ᄉᆞ와 ᄒᆞ오며 브ᄃᆡ 무ᄉᆞ히 ᄃᆞᆫ녀오ᄋᆞᆸ심 ᄇᆞ라ᄋᆞᆸᄂᆞ이다〈1685년, 숙휘신한첩-08, 숙종(조카)→숙휘공주(고모)〉

보내 주신 편지 보고 친히 뵈옵는 듯 든든히 여기는 마음 못내 말씀드리고자 하오며 숙환이 채 낫지 못하셨는데 멀리 길을 나서시니 행여 병환이 덧나실까 염려스럽기 무어라 말씀드릴 수 없어 하오며 부디 무사히 다녀오시길 바라옵나이다.

(5)

뎍ᄉᆞ오시니 보ᄋᆞᆸ고 친히 뵈ᄋᆞᆸᄂᆞᆫ ᄃᆞᆺ 든든 반갑ᄉᆞ와 ᄒᆞ오며 나도 못 뵈완디 ᄃᆞᆯ포 되오니 섭섭ᄒᆞ오미 아ᄆᆞ라타 업ᄉᆞ와 ᄒᆞᄋᆞᆸᄂᆞ이다 ᄉᆞ연은 ᄌᆞ시 아와ᄉᆞ오니 얼현이 ᄒᆞ오리잇가〈1685년, 숙휘신한첩-09, 숙종(조카)→숙휘공주(고모)〉

보내 주신 편지 보고 친히 뵈옵는 듯 든든 반가워하오며 나도 못 뵈온지 달포 되오니 섭섭하옴이 무어라 할 말 없어 하옵나이다. (보내 주신 편지의) 사연은 자세히 알았사오니 소홀히 하겠습니까?

(6)

요ᄉᆞ이 일긔 고ᄅᆞ디 아니ᄒᆞ오니 긔운 엇더ᄒᆞ오시거뇨 아ᄋᆞᆸ고져 ᄇᆞ라오며 젹패ᄒᆞᄋᆞᆸ신 그ᄐᆡ 병환이 ᄃᆞᆯ포 미류ᄒᆞᄋᆞᆸ시니 념녀 ᄀᆞ이 ᄀᆞ이업ᄉᆞ와 ᄒᆞᄋᆞᆸ더니 이제ᄂᆞᆫ 대셰 거의 다 차복ᄒᆞ여 겨ᄋᆞᆸ시니 희힝ᄒᆞᄋᆞᆸ기 아므라타 업ᄉᆞ오

ᄃᆡ 힝혀 병이 나앗다 ᄒᆞᄋᆞᆸ셔 조심ᄒᆞᄋᆞᆸ시던 ᄆᆞᄋᆞᆷ을 프러 ᄇᆞ리ᄋᆞᆸ시고 ᄋᆡ상곡읍을 젼톄로 ᄒᆞᄋᆞᆸ시면 약녁과 됴보ᄒᆞᄋᆞᆸ신 공뷔 다 허일이 되올 거시니 도로혀 념녀 브리ᄋᆞᆸ디 못ᄒᆞ와 ᄒᆞᄋᆞᆸᄂᆞ이다 브ᄃᆡ 내 이리 뎍ᄉᆞᆸᄂᆞᆫ 뜻을 밧ᄌᆞᆸ셔 쇼유지계를 닛디 마ᄋᆞᆸ시고 음식 긔거지절을 ᄇᆡ히 삼가ᄋᆞᆸ셔 원긔 졈졈 더 ᄎᆞᆼ실ᄒᆞᄋᆞᆸ시면 오라디 아녀 든든이 뵈올 거시오니 그만 ᄇᆞ라ᄋᆞᆸ고 잇ᄉᆞᆸᄂᆞ이다〈1685년, 숙휘신한첩-10, 숙종(조카)→숙휘공주(고모)〉

요사이 일기 고르지 아니하오니 기운 어떠하신지 아옵고자 바라오며 적패하옵신 끝에 병환이 달포 미류하옵시니 염려 매우 그지없어 하옵더니 이제는 대세가 거의 다 차도가 있도록 회복하셨으니 기쁘고 다행하옵기 무어라 할 말이 없사오되 행여 병이 나았다 하시어 조심하시던 마음을 풀어 버리시고 애상곡읍을 전처럼 하시면 약의 효력과 조리하옵신 공이 다 헛일이 될 것이니 도리어 염려 놓지 못하여 하옵나이다. 부디 내가 이렇게 적사옵는 뜻을 받자오셔 소유지계를 잊지 마옵시고 음식 기거지절을 더욱 삼가셔서 원기가 점점 더 충실하옵시면 오래지 아니하여 든든히 뵈올 것이오니 그것만 바라옵고 있사옵나이다.

(7)

뎍ᄉᆞ오시니 보ᄋᆞᆸ고 신셰예 평안ᄒᆞᄋᆞᆸ신 일 아ᄋᆞᆸ고 든든 몬내 알외와 ᄒᆞ오며 이번은 날포 든든이 디내ᄋᆞᆸ다가 나가ᄋᆞᆸ시니 섭섭ᄒᆞ오미 아므라타 업ᄉᆞ와 ᄒᆞ오며 아ᄌᆞ마님겨오셔 신년은 슉병이 다 쾌차ᄒᆞᄋᆞᆸ시다 ᄒᆞ오니 깃브와 ᄒᆞᄋᆞᆸᄂᆞ이다〈1661년~1696년, 숙휘신한첩-11, 숙종(조카)→숙휘공주(고모)〉

보내 주신 편지 보고 신세에 평안하신 일 아옵고 든든 못내 아뢰어하오며 이번은 하루 남짓 든든히 지내다가 나가시니 섭섭하옴이 이보다 더한 것이 없어하오며 아주머님께서 신년은 숙병이 다 쾌차하시었다 하오니 기뻐하옵나이다.

(8)

(봉투) 謹封 淑明公主房

몬졔ᄂᆞᆫ 창망 듕 업시 ᄃᆞᆫ녀오오니 그때 심회야 어이 내내 덕ᄉᆞ오리잇가 병환은 나날 낫ᄌᆞ오셔 즉금은 거의 여샹ᄒᆞ오신가 시브오니 흔힝ᄒᆞ오미 아ᄆᆞ라타 업ᄉᆞ와 ᄒᆞ오며 언제 다시 반가이 뵈올고 기ᄃᆞ리고 잇ᄉᆞᆸᄂᆞ이다〈1691년, 숙종(조카)→숙명공주(고모)〉

먼저는 창망 중 다녀오시니 그때 심회야 어이 내내 적겠습니까? 병환은 나날 나으셔서 지금은 거의 평상시와 같은가 싶으니 다행히 뭐라고 할 말이 없으며 언제 다시 반가이 뵐까 기다리고 있습니다.

5. 정조의 언간

(1)

문안 알외ᄋᆞᆸ고 긔후 무ᄉᆞᄒᆞ오신 문안 아ᄋᆞᆸ고져 ᄒᆞ오며 이 죡건은 내게 젹ᄉᆞ오니 슈대 신기ᄋᆞᆸ쇼셔 질

문안 아뢰고 기후 무사하신지 문안을 알고자 합니다. 이 족건(足巾, 버선)은 저에게 작사오니 수대를 신기옵소서. 조카

(2)

오래 봉셔 못 ᄒᆞ옵고 그졔 봉셔 보옵고 든든 반갑ᄉᆞ오며 元孫

오래 편지를 못하여 섭섭했는데 그저께 편지를 보니 든든하고 반갑사오며. 원손

(3)

(봉투) 叔母主前

상풍의 긔후 평안ᄒᆞ오신 문안 아옵고져 ᄇᆞ라오며 뵈완 디 오래오니 섭섭 그립ᄉᆞ와 ᄒᆞ옵다니 어제 봉셔 보옵고 든든 반갑ᄉᆞ와 ᄒᆞ오며 한아바님겨오셔도 평안ᄒᆞ오시다 ᄒᆞ온니 깃브와 ᄒᆞ옵ᄂᆞ이다 元孫〈1752년~1759년, 정조-01, 정조(조카)→여흥민씨(외숙모)〉

(봉투) 숙모님 앞

상풍에 기후 평안하오신 문안 알고자 바라며 뵌 지 오래되니 섭섭하고 그리워하였는데, 어제 봉서 보고 든든하고 반가워하며 할아버님께서도 평안하시다 하오니 기뻐합니다.

원손.

(4)

일긔 극한ᄒᆞ오니 긔운 평안ᄒᆞ오신 문안 아옵고져 ᄇᆞ오며 오래 봉셔도 못ᄒᆞ오니 섭섭이 디내옵더니 돌아지 드러오오니 든든ᄒᆞ오며 드러오기 쉽지 아니ᄒᆞ니 ᄂᆡ일 나가라 ᄒᆞ오니 오ᄂᆞᆯ 나오라 ᄒᆞ여 겨오시다 ᄒᆞ고 단단이 못 이실다 ᄒᆞ오니 한아바님긔 인마 ᄂᆡ일 보내오심 ᄇᆞ라오며 슈대 못 드러

오오니 후일 부대 낫거든 도여 보내오쇼셔 世孫〈1760년경 정조-02, 정조(조카)→여흥민씨(외숙모)〉

날씨가 매우 추우니 기운 평안하신 문안 알고자 바라오며 오래 봉서도 못하니 섭섭하게 지냈었는데 돌 아저씨 들어오니 든든하며 들어오기 쉽지 아니하니 내일 나가려 하니 오늘 나오라 하셨다 하고 꼭 못 있겠다 하니 할아버님께 인마 내일 보내오시기를 바라오며 쉬 못 들어오니 후일 부디 (사정이) 낫거든 돌려 보내십시오. 세손.

(5)

(봉투) 샹셔

야간 문안 아옵고져 ᄇᆞ라오며 오ᄂᆞᆯ은 병환 엇더ᄒᆞ오신디 아옵고져 ᄇᆞ라며 오ᄂᆞᆯ은 아마겨오셔 ᄉᆡᆼ일 음식 ᄒᆞ여 주어 겨오시기 혼자 먹ᄉᆞ와 음식 됴곰 드리오니 잡ᄉᆞ오심 ᄇᆞ라옵 셰손

(봉투) 올리는 글

밤사이 문안 알고자 하며 오늘은 병환이 어떠하신지 알고자 합니다. 오늘은 마마께서 생일 음식을 해 주셨는데 혼자 (다) 먹지 못하여 음식을 조금 드리오니 잡수시기 바랍니다. 세손

(6)

(봉투) 아ᄌᆞ마님 젼 샹후셔 근봉

문안 알외옵고 의외 봉셔 밧ᄌᆞ와 신졍의 긔후 평안ᄒᆞ오신 문안 아옵고 든든 반갑ᄉᆞ와 ᄒᆞ오며 셰환ᄒᆞ오나 즉시 뵈옵디 못ᄒᆞ오니 섭섭 결연ᄒᆞ오이

다 이번은 쳔만 의외 일월지명이 한아버님 단츙을 죠쵹ᄒᆞ오셔 돈유ᄒᆞ오시ᄂᆞᆫ 은쉬 광졀ᄒᆞ오시고 입셩ᄭᆞ디 ᄒᆞ오시니 우로 상셜이 막비조화오시니 ᄃᆞ시 엇디 지필의 만일을 뎍ᄉᆞ올잇가 그 ᄉᆞ이 병환으로 디내오시다 ᄒᆞ오니 요ᄉᆞ이ᄂᆞᆫ 엇더ᄒᆞ오신디 모로와 민망ᄒᆞ오이다 총요ᄒᆞ오나 잠 알외ᄋᆞᆸᄂᆞ이다
정월 념일

(봉투) 아주머님께 올리는 문안 편지. 삼가 봉함

문안 아뢰옵고 뜻밖에 편지 받고 새해에 기후 평안하신지 문안 알게 되니 든든하고 반갑습니다. 해가 바뀌었으나 즉시 뵙지 못하니 섭섭하고 아쉽습니다. 이번은 천만 뜻밖에 일월지명(日月之明, 임금의 총명)이 할아버님의 참된 충성을 환히 비추시어 교지를 내려 정승으로 애쓰기를 권하시는 은혜가 한이 없으시고, (할아버님께서도) 도성에 들어오기까지 하시니 우로상설(雨露霜雪)이 자연의 이치가 아닌 것이 없으니 다시 어찌 지필(紙筆)로 만의 하나라도 적겠습니까? 그 사이 병환으로 지내신다 하니 요사이는 어떠하신지 몰라 민망합니다. 바쁘고 부산하지만 잠깐 아뢰옵니다. 정월 염일[1월 20일]

(7)

(봉투) 국동 입납 근봉

일젼 봉셔 밧ᄌᆞ와 보ᄋᆞᆸ고 츄량의 년ᄒᆞ여 긔후 명안ᄒᆞ오신 문안 아ᄋᆞᆸ고 든든 반갑ᄉᆞ오나 뵈온 디 오래오니 십십 결연ᄒᆞ오이다 이 ᄉᆞ이ᄂᆞᆫ 병환도 쾌히 낫게 디내ᄋᆞᆸ시ᄂᆞᆫ디 념녀 브리ᄋᆞᆸ디 못ᄒᆞᄋᆞᆸᄂᆞ이다 슈영 형졔도 됴히 디내ᄋᆞᆸᄂᆞᆫ잇가 홍진들도 잘ᄒᆞ다 하오니 깃브ᄋᆞᆸ더이다 즉시 회셔나 알외올더 슈슈ᄒᆞ여 이제야 ᄒᆞ오니 괴란ᄒᆞ여 디내ᄋᆞᆸᄂᆞ이다

(봉투) 국동(國洞)에 편지 드림

며칠 전에 편지 받아 보고 서늘한 가을날이 계속되는데 기후 평안하신지 문안 알게 되니 든든하고 반가우나 뵌 지 오래되어 섭섭하고 아쉽습니다. 이 사이는 병환도 쾌히 낫도록 지내시는지 염려를 놓지 못합니다. 수영 형제도 잘 지내시는지요? 홍역도 잘 치렀다 아니 기쁩니다. 즉시 답장이나 아뢰어야 하는데 경황이 없어 이제야 하오니 부끄러이 지내옵니다.

(10)

(봉투) 국동 즉납

근일 극열ᄒᆞ오니 긔후 평안ᄒᆞ옵신 문안 아옵고져 ᄇᆞ라오며 ᄌᆞ궁 듀갑 탄일은 격일ᄒᆞ오시니 하정의 경축 흔힝ᄒᆞ오믈 엇디 다 젹ᄉᆞ올잇가 일긔 하 덥ᄉᆞ오니 드러와 노양 ᄒᆞ옵실 거시기 삼졔 오 쳡 보내오니 드러오시기 젼의 잡숩고 드러오실가 ᄒᆞ옵ᄂᆞ이다

(봉투) 국동에 즉시 바침

요사이 몹시 더운데 기후 평안하신지 문안 알고자 합니다. 어머님 환갑 생신을 하루 앞두고 있으니 제 심정의 경축하고 기쁘고 다행함을 어찌 다 적겠습니까? 날씨가 매우 덥사오니 들어와 기운을 잃으실 듯하여 삼제(蔘劑) 다섯 첩을 보내오니 들어오시기 전에 잡수시고 들어오셨으면 합니다.

(11)

국동 회납

봉셔 밧ᄌᆞ와 보옵고 근일 셜한의 평안ᄒᆞ옵신 문안 아옵고 든든 반갑ᄉᆞ오이다 어제 쳐분은 여러 ᄀᆞ디로 ᄉᆡᆼ각ᄒᆞ여 겨유 ᄒᆞ엿거니와 이거시 다 올

ᄀᆞᆽᄌᆞ온 경년의 만나와 일마다 축경 동경ᄒᆞᄂᆞᆫ ᄆᆞᄋᆞᆷ으로 밀외여 ᄒᆞ엿ᄉᆞ오니 내 ᄆᆞᄋᆞᆷ의 쁜더워 디내오며 봉셔ᄒᆞ여 겨ᄋᆞᆸ시기 공간 섭섭ᄒᆞ와 약삼 두 냥 보내ᄋᆞᆸᄂᆞ이다

(봉투) 국동에 답장함.

편지 받아 보고 요사이 눈 내리는 추위에 평안하신지 문안 알게 되니 든든하고 반갑습니다. 어제 처분은 여러 가지로 생각하여 겨우 하였사오나 이것이 다 올해 같은 경사스러운 해를 만나 일마다 모두 경축하는 마음으로 미루어 하였사오니 제 마음에 흐뭇하여 지냅니다. 편지하셨기에 공간(空簡, 선물이 달리지 않은 편지)은 섭섭하여 약삼 두 냥 보내옵니다.

(12)

국동 입납 乙卯 臘月 初十日 근봉

수일 일긔 다시 극한ᄒᆞ오니 긔후 강경ᄒᆞᄋᆞᆸ신 문안 아ᄋᆞᆸ고져 ᄇᆞ라오며 마마겨오셔ᄂᆞᆫ 연ᄒᆞ여 태평하오시니 축슈ᄒᆞ오며 셰찬은 ᄒᆡ마다 보내ᄋᆞᆸ던 거시기 으졋지 못ᄒᆞ오나 수대로 보오쇼셔 셰졔 머디 아니ᄒᆞ오니 거ᄂᆞ리오시고 과셰 평안이 ᄒᆞᄋᆞᆸ심 ᄇᆞ라ᄋᆞᆸᄂᆞ이다 납월 초십일

인삼 일 냥 젼 일빅 냥 미 일 셕 모ᄌᆞ 오 닙 진소 십 ᄀᆡ 대젼복 일 졉 싱치 삼 슈 건시 이 졉 불염셕어 이 속 싱대구어 일 미 슈어 일 미 잡혜 삼 승 감동혜 삼 승 빅쳥 오 승 젼약 일 긔 의이 삼 승 황다 오 봉 쥬쵹 삼십 병 연듁 일 ᄀᆡ 구간듁 향초 오 근 을묘 십이월 일

(봉투) 국동(國洞)에 편지 드림. 을묘 납월 초십일[1795년 12월 10일] 삼가 봉함

여러 날 날씨가 다시 몹시 추우니 기후 강경하신지 문안 알고자 합니다. 마마께서는 계속하여 태평하시니 축수(祝壽)하오며 세찬은 해마다 보내던 것이기에 변변치 못하오나 수대로 보옵소서. 섣달 그믐날 밤이 멀지 아니하오니 (식구들) 거느리시고 과세(過歲, 설을 쇰) 평안히 하심을 바라옵니다. 납월 초십일[12월 10일]

인삼 한 냥, 돈 일백 냥, 쌀 한 섬, 모자 다섯 개, 참빗 열 개, 큰 전복 한 접, 생치 세 마리, 곶감 두 접, 무염(無鹽) 조기 두 뭇(스무 마리), 생대구 한 마리, 숭어 한 마리, 잡젓 석 되, 감동젓 석 되, 꿀 다섯 되, 전약(煎藥) 한 그릇, 율무 석 되, 황차 다섯 봉, 붉은 초 서른 자루, 담뱃대 한 개, 향담배 다섯 근. 을묘 십이월 일[1795년 12월 일]

(13)

(봉투) 국동 입납

연ᄒᆞ여 늉한이 심ᄒᆞ오니 긔후 평안ᄒᆞ옵신 문안 아옵고져 ᄇᆞ라오며 마마겨오샤ᄂᆞᆫ 긔후 일양 만안ᄒᆞ오시니 하졍의 경ᄒᆡᆼ 츅슈ᄒᆞ옵ᄂᆞ이다 슈증이ᄂᆞᆫ 구실 잘잘ᄒᆞ다 ᄒᆞ오니 공ᄉᆞ의 다ᄒᆡᆼ다ᄒᆡᆼ 하 깃브오니 이로 다 못 알외옵ᄂᆞ이다 셰찬 수동은 보내오니 보옵실가 ᄒᆞ옵ᄂᆞ이다 셰졔 격슌ᄒᆞ엿ᄉᆞ오니 거ᄂᆞ리옵시고 쳬ᄂᆡ 만강ᄒᆞᄋᆞ시고 과셰 만길ᄒᆞ옵시믈 다시옴 ᄇᆞ라옵ᄂᆞ이다

인삼 일 냥 젼 일ᄇᆡᆨ 냥 미 일 셕 모ᄌᆞ 오 닙 쳥다 일 봉 대젼복 일 졉 ᄉᆡᆼ치 삼 슈 대건시 일 졉 오뎍어 이 졉 민어 이 미 셕어 삼 속 반건대구어 이 미 ᄉᆡᆼ대구어 이 미 슈어 일 미 의이 삼 승 ᄇᆡᆨ쳥 오 승 뎐약 일 긔 주촉 삼십 병 연듁 일ᄀᆡ 향초 오 근 병진 십이월 일

(봉투) 국동에 삼가 편지 드림

계속하여 추위가 매우 심하오니 기후 평안하신지 문안 알고자 합니다. 마마께서는 기후가 한결같이 아주 평안하시니 저의 심정에 경사스럽고 다행하여 축수하옵니다. 수증이는 홍역을 잘 치렀다 하니 공사(公私)에 다행스럽고 매우 기뻐 이루 다 못 아룁니다. 세찬 몇 가지 보내오니 보셨으면 하옵니다. 선달 그믐날 밤이 열흘 앞이오니 (식구들) 거느리시고 체내 아주 편안하시고 과세(過歲) 만길(萬吉)하심을 다시금 바라옵니다.

인삼 한 냥, 돈 일백 냥, 쌀 한 섬, 모자 다섯 개, 녹차 한 봉, 큰 전복 한 접, 생치 세 마리, 큰 곶감 한 접, 오징어 두 접, 민어 두 마리, 조시 세 뭇(삼십 마리), 반건대구 두 마리, 생대구 두 마리, 숭어 한 마리, 율무 석 되, 꿀 다섯 되, 전약 한 그릇, 붉은 초 서른 자루, 담뱃대 한 개, 향담배 다섯 근. 병진 십시월 일[1996년 12월 일]

(14)

(봉투) 국동 전납 근봉

신년의 긔후 평안ᄒᆞ옵신잇가 문안 아ᄋᆞᆸ고져 ᄒᆞ오며 마마겨오셔 만안ᄒᆞ오시오니 하졍의 경힝경힝ᄒᆞ와 디내오며 올흔 칠슌이시니 희귀ᄒᆞ와 식믈 보내엿습더니 보오신잇가 슈영이ᄂᆞᆫ 신년브터 쾌히 낫기 조이ᄋᆞᆸᄂᆞ이다 하 슈슈ᄒᆞ니 잠 알외ᄋᆞᆸᄂᆞ이다 무오 졍월 삼일

(봉투) 국동(國洞)에 전달하여 바침. 삼가 봉함.

새해에 기후 평안하십니까? 문안 알고자 하오며 마마께서 아주 평안하시니 제 심정에 경사스럽고 다행하게 지냅니다. (큰외숙모님께서) 올해는 칠순이시니 희귀하여 먹을 것을 보내었는데 보셨사옵니까? 수영이는 새해부

터 쾌히 낫기를 바라며 마음 졸입니다. 너무 경황이 없어 잠깐 아룁니다. 무오 정월 삼일[1798년 1월 3일]

(15)

(봉투) 민집 보와라

네도 잘 디내고 네 어미도 잘 디내ᄂᆞ냐 내 마음의는 네 셔방 셔울 이시면 됴흘 듯ᄒᆞ니 네 어미다려 닐러 보와라〈미상, 정조(외삼촌)→민치성 부인(생질녀, 淸璿公主 女)〉

민집 보아라

너도 잘 지내고 네 어미도 잘 지내느냐? 내 마음에는 네 서방 서울 있으면 좋을 듯하니 네 어미에게 말해 보아라.

(16)

(봉투) 민집 보와라

됴히 잇ᄂᆞ냐 쇼믁 보낸다 네 셔방도 됴히 잇ᄂᆞ냐 색기도 됴히 잇ᄂᆞ냐〈정조(외삼촌)→민치성 부인(생질녀, 淸璿公主 女)〉

민집 보아라, 잘 있느냐? 작은 묵 보낸다. 네 서방도 잘 있느냐? 아이도 잘 있느냐?

(17)

(봉투) 민집 보와라

됴히 잇ᄂᆞ냐 집은 공연이 ᄯᅩ 올모니 웃는다 셰찬 보낸다〈정조(외삼촌)→민

치성 부인(생질녀, 淸璿公主 女)〉

잘 있느냐? 집은 공연히 또 옮기니 웃는다. 세찬 보낸다.

(18)

(봉투) 민집 보와라

됴히 잇ᄂᆞ냐 이것 보내니 보와라 보다가 졈졈 오래니 셥셥ᄒᆞ다

향 하나 바늘 한 봉 가외 하나〈정조(외삼촌)→민치성 부인(생질녀, 淸璿公主 女)〉

잘 있느냐? 이것 보내니 보아라. (자주) 보다가 (본 지) 점점 오래 되니 섭섭하다. 향 하나 바늘 한 봉 가위 하나.

6. 익종의 언간

글시 보고 든든ᄒᆞ며 이 글 오절 지엇기 두어 귀 곳쳐 보ᄂᆡ니 보아라 져두요상향은 날을 ᄉᆡᆼ각ᄒᆞ미인가 그윽기 감ᄉᆞᄒᆞ노라

산챵낙목향 뫼챵의 나모 ᄯᅥ러지는 쇼래애

긔쳡신인슈 몃쳡이나 시ᄒᆞᄂᆞᆫ 사ᄅᆞᆷ의 근심인고

슈월몽변고 파려ᄒᆞᆫ 달이 ᄭᅮᆷ가의 외로와시니

잔등위수유 쇠잔ᄒᆞᆫ 등잔은 눌을 위ᄒᆞ여 머르럿ᄂᆞᆫ고

이 글이 ᄯᅩ 녀사ᄅᆞᆯ ᄉᆡᆼ각ᄒᆞ미로다〈1815년, 순조(아버지)→명온공주(딸)〉

글씨 보고 이 글 오절 지었기 두어 귀 고쳐 보내니 보아라. 저두요상향

은 나를 생각함인가? 그윽히 감사하노라.

산창낙목향 산창에 나무 떨어지는 소리에

기첩신인수 몇 첩이나 시하는 사람의 근심인가?

수월몽변고 파리한 달이 꿈가에 외로우니

잔등위수유 쇠잔한 등잔은 누구를 위하여 머무렀는가?

7. 흥선대원군

(1)

이곳셔 말이 다 쥬문이 다시 들어와야 되ᄀᆡ다 ᄒᆞ고 ᄯᅩ 어제 윤영이가 ᄇᆡ힝ᄒᆞ야 온은 사람이니 즁탕의계도 긴ᄒᆞ고 사람이 상 업지 안니ᄒᆞ야 필담을 시기엇든니 그 ᄃᆡ답이 일어ᄒᆞ니 부ᄃᆡ 진쥬ᄉᆞ을 ᄯᅩ 보ᄂᆡ야 나 나고 안이 나가은 것슨 고ᄉᆞᄒᆞ고 상감 쳬면이 쳔하의 빗치 나ᄀᆡ시니 부ᄃᆡ 잘 알외어 ᄂᆡ 일신을 살려다고 십구일 션즁〈1882년~1885년, 흥선대원군-01, 이하응(아버지)→이재면(아들)〉

이곳의 말이 다 주문이 다시 들어와야 되겠다 하고 또 어제 윤영이 배행하여 온 사람이 중탕에게도 긴하고 사람이 상 없지 아니하여 필담을 시켰더니 그 대답이 이러하니 부디 진주사를 또 보내야겠다. 내가 나가고 아니 나가는 것은 고사하고 상감의 체면이 천하의 빛이 나겠으니 부디 잘 아뢰어 내 일신을 살려다오. 십구일 선중.

(2)

뎐마누라 젼기간 망극지ᄉᆞ을 엇지 만니 외예 안젼 셔ᄉᆞ로 ᄒᆞ올잇가 마누라계셔은 상텬이 도으셔 환위을 ᄒᆞ셧건이와 ᄂᆡ야 엇지 ᄉᆡᆼ환ᄒᆞ기을 바라올잇가 날이 오ᄅᆡ오니 옥도 ᄉᆡ시고 ᄐᆡ평 ᄐᆡ평ᄒᆞ시고 상후 졔졀과 ᄌᆞ뎐 문안 ᄐᆡ평ᄒᆞ시고 동궁 마마 ᄂᆡ외가 안슌ᄒᆞ기을 츅슈 츅슈ᄒᆞᄋᆞᆸᄂᆡ다 나은 다시 ᄉᆡᆼ환은 봇ᄒᆞ고 만니 밧 고혼이 되오니 우리 집 후ᄉᆞ야 양뎐의셔 얼연니 보아 쥬시ᄋᆞᆸᄂᆞᆫ잇가 다시 뵈ᄋᆞᆸ도 못ᄒᆞ고 셰상이 올ᄋᆡ지 안니ᄒᆞᄀᆡ신이 지필을 ᄃᆡᄒᆞ야 한심ᄒᆞ오니다 ᄂᆡᄂᆡ ᄐᆡ평이 지ᄂᆡᄋᆞᆸ시기을 발아ᄋᆞᆸᄂᆡ다 보뎡부 안치 죄 니 샹장 십월 십이일〈1882년, 흥선대원군-02, 이하응(남편)→명성황후(아내)〉

전(殿) 마누라전(前)

그간 망극지사(罔極之事)를 어찌 만리(萬里) 외(外)에 안전(眼前) 서사(書辭)로 하오리까? 마누라께서는 상천(上天)이 도우시어 환위(換位)를 하셨거니와 나야 어찌 생환(生還)하기를 바라오리까? 날이 오래되었으니 옥도(玉度)가 새시고 태평하시고 상후(上候) 제절(諸節)과 자전(慈殿) 문안(問安) 태평(泰平)하시고 동궁(東宮) 마마 내외(內外)가 안순(安順)하기를 축수합니다. 나는 다시 생환(生還)은 못하고 만 리 밖 고혼(孤魂)이 되오니 우리 집 후사(後事)야 양전(兩殿)에서 어련히 보아 주시지 않겠습니까? 다시 뵈옵지도 못하고 세상이 오래지 아니하겠으니 지필(紙筆)을 대하여 한심합니다. 내내 태평(泰平)이 지내시기를 바랍니다. 보정부(保定府) 안치(按治) 죄(罪) 이(李) 상장(上狀). 시월(十月) 십이일(十二日).

(3)

나 나가고 못 나가기은 한 양반의 금심의 잇스니 속기은 놈이 쳔참 만육을 할 놈이지 한 양반이아 엇지 알으시ᄀᆡ는 이 이 다음은 사신과 역원을 갈이어 보ᄂᆡ어라 긔삼이도 모르고 공연이 ᄋᆡ만 ᄡᅳ은가 보다 거위 나가계 되아 십팔일은 호음이 잇ᄀᆡ든니 하로 ᄂᆡ로 결단이 낫다 무비 ᄂᆡ 팔ᄌᆞ이 누구를 한 ᄒᆞᄀᆡ는니 이곳 죠ᄉᆞ들이 ᄃᆡ단이 말ᄒᆞ고 즉금은 쳔진 바닥에 다 안다 직금은 밀이 말 못ᄒᆞᆫ다 가만이 잇고 죠심만 ᄒᆞ아라 신문지의 경평이는 ᄂᆡ 편이오 영익이은 싼 편으로 말ᄒᆞ고 영익이가 낙발ᄒᆞ얏다 ᄒᆞ면셔 일번 긔별ᄒᆞ야 원슈을 갑은다 ᄒᆞ얏스니 웃는다 ᄉᆞ신을 ᄯᅩ 보ᄂᆡ어야 ᄒᆞ지 안니 보ᄂᆡ면 상감이 불효지명 면틀 못할 것신니 부ᄃᆡ 쥬션ᄒᆞ되 만일 너덜어 들어갈라 ᄒᆞ면 이것시 외슈니 힝여 속들 말어라〈1882년~1885년, 흥선대원군-03, 이하응(아버지)→이재면(아들)〉

나 나가고 못 나가기는 한 양반의 금심에 달렸으니 속이는 놈이 천번 만번 죽일 놈이지 한 양반이야 어찌 알겠느냐? 이 다음에는 사신과 역원을 가려 보내거라. 기삼이도 모르고 공연이 애만 쓰는가 보다. 거의 나가게 되어 십팔일은 좋은 소식이 있겠다 하였더니 하루 내로 결단이 났다. 비할 데 없는 내 팔자니 누구를 한하느냐? 이곳 조사들이 대단하게 말하고 지금은 천진 사람들이 다 안다. 지금은 말 못 한다. 가만히 있고 조심만 하여라. 심문지(審問紙)에 경평이는 내 편이오, 영익이는 다른 편으로 말하고 영익이가 머리가 빠졌다고 하면서 한편으로 기별하여 원수를 갚는다 하였으니 웃는다. 사신을 또 보내야 하지, 아니 보내면 상감이 불효지명을 면하지 못할 것이니 부디 주선하되 만일 너한테 들어가라 하면 이것은 속임수이니 행여라도 속지 말아라.

배영환(裵泳煥)

충북대학교 국어국문학과 졸업
한국학중앙연구원 한국학대학원 석사, 박사 졸업(문학박사)
현, 제주대학교 국어국문학과 교수

주요 논저
ㆆ-말음 어간의 재구조화(2011, 지식산업사)
현존 最古의 한글편지 '신창맹씨묘출토언간'에 대한 국어학적 연구(2012, 국어사연구)
조선시대 한글편지 어휘사전1-6(공저, 2016, 역락)
역주 동의보감언해(공저, 2018, 한국학중앙연구원출판부)
언간 연구의 국어사적 성과와 전망(2019, 한말연구) 등 다수

조선시대 언간을 통해 본 왕실 남성의 삶

초판 1쇄 인쇄 2021년 12월 13일
초판 1쇄 발행 2021년 12월 23일

지은이 배영환

펴낸이 이대현

책임편집 강윤경 | **편집** 이태곤 권분옥 문선희 임애정

디자인 안혜진 최선주 이경진 | **마케팅** 박태훈 안현진

펴낸곳 도서출판 역락 | **등록** 1999년 4월 19일 제303-2002-000014호

주소 서울시 서초구 동광로46길 6-6 문창빌딩 2층(우06589)

전화 02-3409-2060(편집부), 2058(영업부) | **팩스** 02-3409-2059

전자우편 youkrack@hanmail.net | **홈페이지** www.youkrackbooks.com

ISBN 979-11-6742-263-7 94910
979-11-6742-262-0 (세트)

정가는 뒤표지에 있습니다.
잘못된 책은 바꿔 드립니다.